Daniel Rössler

Das Gegenteil von Gut

Daniel Rössler

Das Gegenteil von Gut

... ist gut gemeint

Seifert Verlag

Umwelthinweis:
Dieses Buch und der Schutzumschlag wurden auf chlorfrei gebleichtem Papier gedruckt. Die Einschrumpffolie – zum Schutz vor Verschmutzung – ist aus umweltverträglichem und recyclingfähigem PE-Material.

1. Auflage

Umschlaggestaltung: Rubik Creative Supervision, unter Verwendung eines Fotos von © Klaus Rubik
Druck und Bindung: CPI Books GmbH, Leck
ISBN: 978-3-902924-42-1
Printed in Austria

Inhalt

»Ihr wisst schon genug. Ich auch. Nicht an Wissen mangelt es uns. Was fehlt, ist der Mut, begreifen zu wollen, was wir wissen, und daraus die Konsequenzen zu ziehen.«

Sven Lindqvist: Durch das Herz der Finsternis

Prolog

Die Wand wuchs schnell. Von allen Seiten langten flinke Hände nach ihr, öffneten sich kleine Fäuste voll braunen Lehms, strichen zarte Finger weiche Erdklumpen fest. Schicht für Schicht neuen Materials wurde aufgetragen, ein unförmiger Ziegel auf den nächsten gesetzt. Vor den stolzen Augen ihrer kleinen Erbauer gewann die Konstruktion mit jeder Minute an Höhe, wuchs weiter und weiter in den wolkenlosen Himmel. Unter der Sonne der westafrikanischen Savanne bauten sich zwanzig Kinder ihr eigenes Waisenhaus, und ihre Eltern sahen ihnen dabei zu.

In den Weiten der ghanaischen Savanne geschieht Seltsames. Aus ihren kargen Böden werden seit einigen Jahren Einrichtungen gestampft, die es eigentlich gar nicht geben sollte. Obwohl Waisenhäuser kein Bestandteil ghanaischer Kultur sind und in diesem Teil der Erde bis vor kurzem noch völlig unbekannt waren, findet man sie heute im ganzen Land. Fünf Waisenhäuser gab es in Ghana Mitte der 1990er-Jahre, heute sind es über hundertfünfzig. Die meisten von ihnen sind illegal – denn es braucht sie nicht, neun von zehn Waisenkindern haben eigentlich Familie. Dass tausende Kinder südlich der Sahara nicht bei ihren Müttern und Vätern, ihren Brüdern und Schwestern aufwachsen, ist nicht zuletzt auf einen bizarren Markt am anderen Ende der Welt zurückzuführen.

Die unsichtbare Hand dieses Marktes reicht weit, ihre Finger langen bis in die tiefste Savanne. An jenem Nachmittag, in der flirrenden Hitze eines abgelegenen Dorfes irgendwo im abgeschiedenen Norden Ghanas, konnte ich sie arbeiten sehen. Konnte miterleben, wie sie laut johlende Kinder dazu brachte, Lehm aus dem Boden zu schaben und auf eine immer größer werdende Mauer zu klatschen; wie sie danebenstehende Männer mit dürren Stöcken einen Grundriss in den trockenen Boden zeichnen und eine junge Frau ein Holzschild mit der Aufschrift »Waisenhaus« herantragen ließ; und wie sie die Eltern dieser Kinder an den Rand drängte, sie in den Schatten eines abseits stehenden Baobab-Baums und hinein in stillschweigende Beobachtung trieb. Ich stand dort neben ihnen und starrte ungläubig dahin, wo vor wenigen Momenten nichts gewesen war außer endloser Savanne – und wo jetzt plötzlich eine Mauer stand, eine Wand zwischen Kindern und ihren Eltern. Die Mütter und Väter neben mir betrachteten das Geschehen mit einem Blick, den ich damals nicht verstehen konnte. In ihm lagen Hoffnung und Trauer zugleich.

Heute kann ich diesen Blick deuten. Ich bin ihm während der darauffolgenden Monate so häufig begegnet, dass er mir mittlerweile nicht mehr widersprüchlich erscheint, sondern kohärent und völlig nachvollziehbar. Vielleicht liegt das auch daran, dass ich in den acht Monaten meines Aufenthalts in Ghana gelernt habe, dass Dinge nicht immer das sind, was sie zu sein scheinen; dass es lohnt, unter die Oberflächen und hinter die Fassaden zu blicken; und dass dort eindeutige Zuordnungen in Richtig oder Falsch, in Schwarz oder Weiß, in Gut oder Schlecht oft nicht möglich sind.

Die Geschehnisse rund um westafrikanische Waisenhäuser entziehen sich einer solchen Zuordnung. Während der Zeit, die ich als Leiter eines österreichischen Entwicklungsprojektes in der Savanne verbrachte, habe ich dieses dubiose Geschäft aus nächster Nähe miterleben und dennoch nie zur Gänze verstehen können. Ich war vereinnahmt von Oberflächen und Fassaden, hatte gemeinsam mit meinen Mitarbeitern ein herausforderndes Portfolio an Vorhaben zur Verbesserung der Schulsituation, zur Ankurbelung des regionalen Unternehmertums und zur Wiedervereinigung und Stärkung armer Familien zu implementieren. Nach einem halben Jahr glänzte die Fassade. Warum diese Familien aber jemals getrennt waren, warum deren Kinder anstelle ihres Zuhauses jahrelang grundlos in einem Waisenhaus lebten, das war ihr nicht zu entnehmen. Ich hätte mehr Zeit gebraucht und wahrscheinlich auch mehr Mut, um hinter diese Fassade zu blicken. Um über die Grenzen meines Einsatzortes hinwegzusehen und zu verstehen, warum dort täglich Familien getrennt, Kinder grundlos ihrem Zuhause entrissen und neue Waisenhäuser im Wildwuchs errichtet wurden. Und warum an jenem Nachmittag, in einem abgelegenen Dorf irgendwo inmitten der westafrikanischen Savanne, zwanzig Kinder eine Kette bildeten und sich Lehmklumpen in Richtung eines größer und größer werdenden Gebäudes weiterreichten.

Die Antworten auf diese Fragen sind unangenehm. Denn sie haben mit uns zu tun. Mit unserem Bild von Afrika. Mit dem Wunsch, diesem Afrika zu helfen. Und mit einer Industrie, die diesen Wunsch kommerzialisiert. Die ihr Angebot an der Nachfrage ausrichtet – und mit touristischen Einsätzen in afrikanischen Waisenhäusern einen Tophit gelandet hat. Doch die Lieferkette dieses Geschäfts ist lang, und sie wird auf dem Rücken vieler Verlierer geflochten. Im theoretischen Hilfswunsch eines zahlungsbereiten Kunden aus dem Westen findet sie ihren Anfang, in jenen lehmverschmierten Kindern des Savannendorfes ihre letzten, schwächsten Glieder und ihr Ende.

Ich habe diese Lieferkette nachverfolgt. Ein Jahr nach

meiner Rückkehr nach Österreich bin ich ein weiteres Mal in Richtung Ghana aufgebrochen und habe den Versuch ihrer Entflechtung unternommen. In einer Reise, die mich quer durch das Land führte, in Lehmhütten und Ministerialbüros, in leere Waisenhäuser und lebendige Familienverbände, in Gespräche mit Waisenkindern und ihren Eltern, mit Geschäftsmännern, Regierungsvertretern und weißen Freiwilligen, offenbarte sich nach und nach eine bizarre Realität: eine Realität, in der Schlechtes passiert, obwohl alle Gutes wollen. In der Trauer und Hoffnung Hand in Hand gehen können. In der die Grenzen zwischen Profit und Nächstenliebe verschwimmen. Eine Realität, die geschaffen wird – und in der Weiße Waisen machen.

Teil I

Leben (in der Savanne)

1. Hakeem und die Weißen

Wenn man den kleinen Hakeem zum ersten Mal sieht, weiß man nicht, ob man lachen oder weinen soll. Mit großen Augen blickt einen da ein Kind an, das aussieht wie einer Spendenreklame entstiegen: Ein dürrer Körper, eingehüllt in ein schmutziges und viel zu großes Hemd, mit schmalen Armen und aufgeschundenen Beinen. Aber all das sieht man erst auf den zweiten Blick, denn im ersten Moment ist man überwältigt von einem freudenstrahlenden Gesicht, in dem ein riesiges Lächeln von einem Ohr zum anderen reicht und unendliche Fröhlichkeit aus zwei tiefschwarzen Augen funkelt. Erst nach einiger Zeit, erst nachdem der Bann der ersten Begegnung nachgelassen hat, wird man sich des Widerspruchs zwischen dem mitleiderregenden Äußeren des Jungen und seinem Gemütszustand bewusst: Sollte dieses Kind nicht weinen? Aber bevor man diese Frage stellen kann, hat der kleine Afrikaner einen schon an der Hand genommen und weggezogen in die engen, verzweigten Gassen des Savannendorfes.

Hakeem ist zwölf Jahre alt und hat schon viele weiße Menschen an die Hand genommen. Als er das erste Mal eine Europäerin gesehen hat, war er acht und hatte Angst vor dieser Person, die so ganz anders aussah als er und die anderen Leute im Dorf. Ihre Haare waren merkwürdig lang und glatt und hatten eine Farbe, deren Namen er nicht kannte. Sie ähnelte dem Wasser, das an besonders heißen Tagen seinen Körper verließ, aber wie es auf den Kopf dieser jungen Frau kam, das konnte er sich nicht erklären und wollte es auch gar nicht wissen. Später kamen andere, mit anderen Haaren in anderen Farben, mit eigenartigen Kleidern und mit Dingen, von denen nicht einmal die Lehrer in der Dorfschule wussten, wie sie hießen und wofür sie gut waren.

Am Anfang hielten Hakeem und die anderen Kinder im Dorf immer genügend Abstand zu den Besuchern, die so schwer abzuschätzen waren wie seltene Tiere aus dem Busch und sich wie diese auch zuallererst besser aus sicherer Entfernung beobachten ließen. Nach und nach stellte sich heraus, dass die Weißen nicht gefährlich waren. Ganz im Gegenteil, es waren freundliche und lustige Menschen, und wenn man vor ihnen tanzte oder sang, dann lachten sie laut. Nach und nach verlor Hakeem die Scheu vor den neuen Besuchern, wie die anderen Kinder im Dorf auch gewöhnte er sich an sie und wunderte sich immer weniger über ihre sonderbaren Eigenheiten.

Dass Hakeem heute noch lebt, hat er einer dieser sonderbaren Eigenheiten zu verdanken. Aus irgendeinem Grund – und hier sind sich nicht einmal die sonst allwissenden Dorfältesten einig – kommen die Weißen freiwillig nach Afrika und kümmern sich um die Kinder der Savanne. Nicht nur in Hakeems Dorf ist das so, auch aus vielen anderen Ortschaften in der Umgebung hört man von jungen Europäern, deren Weg sie in die verlassensten Siedlungen des westafrikanischen Busches führt und zu oft monatelanger Arbeit in Krankenhäusern, Schulen oder Waisenhäusern. Vor allem den Waisenhäusern scheinen die Weißen zugetan zu sein, darüber ist sich dann auch der Ältestenrat in Hakeems Dorf wieder einig.

Durch dieses Dorf werde ich nun von Hakeem geführt, mit schnellen Schritten zieht er seinen Besucher auf sandigen Wegen vorbei an traditionellen Lehmbauten, durchläuft den Schatten mächtiger Baobab-Bäume, überspringt querende, gackernde Hühner und bringt seinen viel zu langsamen und ungelenken Begleiter schließlich vor ein Gebäude, an dessen Tür ein schiefes Schild den Schriftzug »Waisenhaus« trägt: Hakeems Zuhause.

2. Morgensonne

Es ist früher Morgen im Dorf Guabuliga. Zwischen vereinzelten Hahnenschreien lässt sich das ruhige, verschlafene Gemurmel eben erst aufgestandener Menschen vernehmen, aus der Richtung des Dorfbrunnens hört man den leisen Gesang einer wasserholenden Frau. Noch tauchen die Strahlen der aufgehenden Sonne die Ortschaft und ihre Lehmbauten in warmes Licht, sehr bald werden sie erbarmungslos auf die Erde niederbrennen und die Menschen und Tiere des Dorfes in die Schatten ihrer Häuser, Sträucher und Bäume treiben.

Besonders weite Schatten werden in Guabuliga aber nicht geworfen, in dem Savannendorf ist nach wie vor die Natur die Erbauerin der höchsten Gebilde. Die mächtigen Baobab-Bäume überragen die wenigen Gebäude des Dorfes bei weitem, ebenerdig und überschaubar zerstreuen sich die Höfe der Familien und werden nur durch ein scheinbar loses, weitverzweigtes Netz aus sandigen Wegen zu einer Einheit verbunden. Inmitten der kargen Savanne trotzen die zweitausend Bewohner den unwirtlichen Bedingungen dieses Fleckchens Erde, verteidigen ihr Dorf täglich aufs Neue vor den vielfältigen Okkupierungsversuchen des Buschs. Dieser umschließt den kleinen Ort und scheint ihn sich jeden Tag auf neue und kreative Weise wieder einverleiben zu wollen: Einmal wächst das wilde Savannengras schneller, als die Bewohner es schneiden und von ihren Gärten abwehren können, ein anderes Mal sind es die Schlangen, Termiten und Heuschrecken, die es hinter die Grenzen des Dorfes zurückzudrängen gilt. Auf Seiten des Buschs immer mit dabei im Kampf gegen die Menschen sind Trockenheit und Hitze. Manchmal schicken sie unbändige Lauffeuer quer durch die Savanne, dann wieder entziehen sie einem ohnehin fast leeren Brunnen seinen letzten Tropfen Wasser und trocknen ihn zur Gänze aus. Es ist ein ungleicher Kampf, der hier Tag für Tag stattfindet, über Jahrhunderte von unzähligen Generationen mit den immer selben Waffen geführt.

So auch heute. Die Sonne hat sich bereits in Stellung gebracht, und man kann spüren, dass sie es wieder nicht gut meint mit den Menschen. Die Bewohner von Guabuliga wissen das und versuchen, ihr soweit als möglich aus dem Weg zu gehen. Ihre Tage beginnen sie deshalb sehr früh. Gegen vier Uhr kann man schon die ersten Frauen beim Feuermachen und kurze Zeit später ihre Männer auf die Felder gehen sehen. Der Weg dorthin ist oft weit, ihre kargen Äcker liegen tief im Busch und wären ohne den Schutz der Morgendämmerung kaum zu erreichen. So marschieren sie in kleinen Gruppen zu den

Plätzen, an denen sie der trockenen Erde Mais, Yams oder Reis zu entziehen versuchen, und lassen ihre Frauen und Kinder während des Tages alleine im Dorf zurück.

So bestimmen auch jetzt die Zurückgebliebenen das Bild. Von meinem Platz im Vorhof des Waisenhauses kann ich die jungen Frauen und Mädchen in bunten Kleidern und mit großen Gefäßen auf dem Kopf zum Dorfbrunnen spazieren sehen. Einige diskutieren laut, andere singen und erzählen in ihren Liedern von den neuesten Vorkommnissen im Dorf. Am Brunnen werden diese Neuigkeiten ausgiebig besprochen, erörtert, kommentiert – dass an diesem Ort nicht nur Wasser aus der Tiefe gezogen und Wäsche gewaschen wird, kann man im ganzen Dorf hören. Noch sind die Menschen nicht geschwächt durch die Sonne, aber sehr bald wird es zu heiß sein, um zu arbeiten, zu heiß, um sich im Freien zu bewegen, zu heiß oft, um einen klaren Gedanken fassen zu können. Der Rhythmus des Lebens verlangsamt sich mit dem Aufstieg der Sonne. Und während der Gesang der Dorfbewohner nach und nach leiser, ihr Gang langsamer und ihr Lachen seltener wird, beginnen die ersten starken Sonnenstrahlen wie kleine Stiche auf meiner Haut zu brennen. Während des letzten Jahres habe ich diesen Schmerz völlig vergessen, obwohl er acht Monate lang mein täglicher Begleiter war. Jetzt erinnere ich mich wieder daran, wie weh die Savanne tun kann.

3. Ein Platz im Schatten

Hakeem sitzt neben mir im Innenhof des Waisenhauses, besorgt blickt er zuerst in mein Gesicht und dann auf meine entblößten Unterarme. Er hat schon zu oft gesehen, wie erschreckend schnell sich die weiße Haut der europäischen Besucher unter der afrikanischen Sonne ins Rötliche färbt und ihnen dann tagelang Schmerzen bereitet. Sanft, aber doch bestimmt, zieht er mich unter den Schatten des Vordaches. Ich sehe mich um – viel scheint sich nicht verändert zu haben, seitdem ich vor über einem Jahr das letzte Mal hier war. Die Wand, die sich ringförmig um den Gebäudekomplex zieht, ist nach wie vor bunt bemalt, an manchen Stellen bröckelt der Lehm herab. Brüchig wirken auch die Räume der Kinder, wobei jene beiden der Buben – linkerhand im Innenhof liegend und leicht erkennbar durch ein Dutzend an die Türe gekritzelter Fußballer-Namen – um einiges abgewohnter und unordentlicher aussehen, als die der Mädchen. »Es sind nicht mehr viele da«, sagt Hakeem plötzlich in ernstem Tonfall und zuckt, fast wie zur Entschuldigung, mit den Schultern. Ich bin überrascht über den Klang seiner Stimme, und über den Ernst, der in ihr liegt. Sein Blick schweift hastig durch den leeren Innenhof, er scheint ihn auf etwas Bestimmtes hin abzusuchen. Aber bis auf eine gelbe Plastiksandale, die abgewetzt und kaputt vor dem Eingangstor liegt, ist da nichts. Mir fällt erst jetzt auf, wie ruhig es hier ist, wie verlassen dieser Ort wirkt. Ich erinnere mich an das letzte Mal, als ich hier war, an die johlenden Kindergruppen, an die singenden Mädchen, die Ball spielenden Buben, die aufgeregten Weißen, den Lärm, das Lachen. Plötzlich fällt es mir schwer zu glauben, dass dieses Waisenhaus tatsächlich dasselbe sein soll wie jenes, in dem ich monatelang gearbeitet habe. Hakeem wirft einen verstohlenen Blick in meine Richtung, noch einmal zuckt er mit seinen schmalen Schultern und lächelt dabei schüchtern.

Waisenhäuser wie jenes von Guabuliga gibt es viele in der Savanne Ghanas. Der fremde Besucher wird erstaunt sein, wie viele solcher Institutionen in den weit verstreuten Ortschaften des Nordens existieren, wie häufig wackelige Holzschilder selbst in den abgeschiedensten Dörfern Gebäude als Waisenhäuser ausweisen. Und er wird sich wundern, wie ähnlich sie einander sind, wie sehr sie sich gleichen in ihrer Architektur, ihrer Belegschaft, ihren Bewohnern, ihren Besuchern – und in ihrer Geschichte. Denn die meisten dieser Kinderheime stecken selbst noch in den Kinderschuhen, sind nicht selten kaum wenige Jahre alt und erst in jüngster Vergangenheit gegründet worden. Die Institution des Waisenhauses wurzelt nicht in der ghanaischen Kultur, war noch bis vor kurzem unbekannt in diesem Teil der Erde und nicht benötigt. Trotzdem gibt es sie mittlerweile im gesamten Land – betrieben von lokalen Direktoren, besucht von weißen Helfern, bewohnt von Kindern wie Hakeem.

Der sitzt immer noch neben mir und spitzt jetzt konzentriert die Ohren. Von draußen, jenseits der Mauern des Waisenhauses und irgendwo aus dem Dorf, lässt sich lautes Kinderjohlen vernehmen. Ein Trupp von Buben, fröhlich schreiend und lachend, scheint sich durch den Ort und in Richtung des Waisenhauses zu bewegen. Ich kann spüren, wie unruhig der kleine Hakeem neben mir wird, wie gerne er am Treiben der anderen Kinder teilhaben würde. Doch äußerlich lässt er sich nichts anmerken, als guter Gastgeber sitzt er bedachtsam neben mir und vergewissert sich mit prüfendem Blick, ob der weiße Besucher sich nach wie vor im schnell wandernden Schatten befindet. Ganz zufrieden ist er nicht, er weiß, dass das kleine Vordach nicht mehr lange Schutz bieten wird. »Die Sonne ist nicht gut für euch«, sagt er auf einmal unvermittelt und blickt mir direkt ins Gesicht: »Ihr Sulimingas habt Angst vor ihr.« Draußen ist das Lärmen der Kinder wieder leiser geworden, die Gruppe ist am Waisenhaus vorbeigelaufen und nur mehr leise aus der Ferne zu hören. Ich nicke meinem Sitznachbarn abwesend zu, im Gedanken immer noch bei jenen heißen, lauten Nachmittagen, an denen die pralle Sonne und das Lachen dutzender Menschen den Innenhof dieses Waisenhauses erfüllten. Jetzt ist es hier absolut ruhig, nur einmal noch lässt sich aus Richtung der Dorfmitte her ein vereinzelter Hahnenschrei vernehmen. In die darauffolgende Stille fragt Hakeem plötzlich mit leiser Stimme: »Kommen deine Leute wegen der Sonne nicht mehr zu uns?«

Jetzt schiebe ich meine Erinnerung beiseite und blicke ihn an. Ich weiß nicht, was ich sagen soll, wundere mich erneut über die Ernsthaftigkeit in seinem Gesichtsausdruck. Als ich nicht antworte, zupft er mich schließlich an meinem Hemdsärmel weiter zu sich in den Schatten und setzt mit fester Stimme nach: »Sag ihnen, dass es bei uns genügend Schatten gibt. Schatten für alle.«

4. Afrika für Anfänger

Ghana ist ein schönes Land. Der Staat am Golf von Guinea liegt mitten im Herzen des westafrikanischen Subkontinents, nahe am Äquator. Eingebettet zwischen Togo, Burkina Faso und der Elfenbeinküste, erstreckt es sich über eine Größe von 2 385 000 Quadratkilometern und ist damit nur um weniges kleiner als seine ehemalige Kolonialmacht Großbritannien. »Goldküste« hatten die britischen Herrscher das Gebiet damals benannt, und damit bereits im Namen große Verheißungen an dieses Stückchen Erde festgeschrieben. Im Gegensatz zu vielen anderen Ländern der Region kann es viele dieser verheißungsvollen Erwartungen auch tatsächlich einlösen. Ghana ist in mehrerlei Hinsicht ein reiches Land: gut ausgestattet mit natürlichen Ressourcen und Rohstoffen, geprägt von kultureller Vielfalt und landschaftlicher Schönheit. Wer das Land an einem Stück von Süden nach Norden durchquert, der bewegt sich innerhalb eines einzigen Tages zwischen Welten: Von den Küstenebenen mit ihren Lagunen und Buchten im Süden führt der Weg des Reisenden durch die tropischen Regenwälder in der Landesmitte und entlässt ihn schließlich in die endlosen Weiten der Baum- und Grassavanne des Nordens. So unterschiedlich die Landschaften, so unterschiedlich sind auch die Menschen, die sie bewohnen. Die Akan-Völker im Zentrum und Westen des Landes – mit 41% die zahlenmäßig stärkste Ethnie des Landes – weisen eine andere Kultur- und Lebensweise auf als die Mole-Dagbani im Norden (16%), die Ewe im Osten (13%) eine andere als die Ga-Adangme in Accra (8%). Dass in Ghana – neben der offiziellen Amtssprache Englisch – 75 Sprachen und Dialekte gesprochen werden, mag diese kulturelle Vielfalt verdeutlichen und auf eine sehr ausdifferenzierte und kleinteilige Gesellschaft hinweisen. So bereichernd diese kulturelle Fülle zweifellos ist, so kann man sich auch vorstellen, wie schwierig sie eine gemeinschaftliche, gesamtheitliche Entwicklung des Landes macht. Die Unterschiede innerhalb der Bevölkerung sind immens: Dass die Geschäftsmänner, die in maßgeschneiderten Anzügen und mit Laptops unter dem Arm auf den Straßen Accras flanieren, von derselben Nationalität sein sollen wie die spärlich bekleideten Ziegenhirten, die ihre kleinen Herden durch die kargen Savannenlandschaften des Nordens treiben, ist schwer vorstellbar. Es sind oft nur die vergilbten, in den verstaubten Schubladen der vielen Amtsstuben archivierten Personalakten, die diese ungleichen Menschen trotz ihrer unterschiedlichen Lebensweise, Sprache und Geschichte zu Landsleuten machen.

Als Erbe der Kolonialzeit hat Ghana – wie so viele andere afrikanische Länder auch – durch willkürliche, auf den Reißbrettern europäischer Konferenzräume gezogene Grenzen ein heterogenes Gebiet voll unterschiedlichster Kulturen als einheitliches Land, als Nation zu erhalten. Wie schwierig das ist, erfuhren bereits jene, die für diese unüberlegte Grenzziehung mitverantwortlich waren: Für die britischen Kolonialisten war der Zusammenhalt des Landes, war vor allem die Beherrschung des Nordens ein durchgehender Kraftakt, der mit viel Geld und noch mehr Blut bezahlt werden musste. Die unabhängigen, stolzen Völker jenseits der Küste ließen sich nicht so ohne weiteres unter fremde Herrschaft stellen, und die Briten ihrerseits hatten daran auch kein sehr großes Interesse. Da im Norden weder Gold noch Holz, Diamanten oder Elfenbein zu erwarten waren, blieben diese rohstoffärmeren Gegenden von den Assimilationsplänen der Kolonialherren weitgehend verschont. Auch heute noch ist dieses aus kolonialen Tagen stammende Entwicklungsgefälle zwischen dem Norden und dem Süden nicht überwunden, bestehen große soziale Unterschiede zwischen den Regionen. Macht, Reichtum, Infrastruktur sind immer noch weitgehend auf das südliche Städtedreieck zwischen Accra, Kumasi und Sekondi-Takoradi konzentriert. Hier lebt auch der Großteil der 24 Millionen Einwohner Ghanas, das mit dieser Bevölkerungszahl eines der am dichtesten besiedelten Länder Westafrikas ist. Es ist auch das Land mit der höchsten durchschnittlichen Lebenserwartung in der Region: Eine Frau wird hier im Schnitt 67, ein Mann 62 Jahre alt. Doch die meisten verbringen diese Jahre in bitterer

Armut[1]: 75% der Ghanaer haben weniger als 2 US-Dollar pro Tag zur Verfügung, rund 30% leben unter der Armutsgrenze und müssen mit weniger als 1,25 US-Dollar pro Tag ihr Auslangen finden. Auch hier bestehen große regionale Unterscheide, wieder ist es der Norden, der mit einer Armutsquote von 90% am stärksten von der Situation betroffen ist. Dass in den abgelegenen Dörfern des Nordens neun von zehn Menschen tagtäglich aufs Neue einen Kampf ums Überleben und gegen die Armut führen, lässt sich auf den asphaltierten Straßen der südlichen Hauptstadt schnell vergessen.

Zu bunt sind dort die vielen Werbeflächen, zu laut und lebensfroh die Lieder, die aus den Lautsprechern der Cafés und Geschäfte dröhnen, als dass das Elend des Nordens durch sie nicht innerhalb kürzester Zeit zu einer blassen Erinnerung verkommen würde. In Accra pulsiert das Leben, hier zeigt sich eine afrikanische Metropole von ihrer besten, belebtesten Seite. Das wissen auch die weißen Besucher zu schätzen, die sich in den Bars und Fast-Food-Restaurants bei gekühlten Getränken auf die weitere Reise ins Landesinnere vorbereiten oder von einer solchen erholen. Über Strapazen wird dabei oft gesprochen, über unsauberes Wasser, harte Betten, lästige Moskitos. Alles, was von einem Afrika-Trip also erwartet wird. Nie aber – und hier unterscheidet sich das friedliche Ghana von seinen Nachbarstaaten – hört man Reisende von Gewalt berichten, von Überfällen, von Krieg. Ghana ist sicher, und das macht es auch für westliche Besucher attraktiv. »Afrika für Anfänger«, so wird das Land in Reiseführern gerne beschrieben.

5. Gut, um Gutes zu tun

Während in Accra der Abendverkehr laut hupende und stinkende Autokolonnen vor sich durch die Straßen der Hauptstadt treibt, lassen sich auf der einzigen Straße Guabuligas von weitem die schemenhaften Gestalten der heimkehrenden Bauern ausmachen. Gemächlich gehen sie ihren Weg von den Feldern zurück ins Dorf, und ebenso gemächlich erwarten sie dort ihre kochenden Frauen und spielenden Kinder. Es ist ein idyllisches Bild, gezeichnet mit den Farben einer untergehenden und nun milde gestimmten Sonne. Einzig die umherschwirrenden Moskitos stören die Idylle, ihr Surren schwillt mit jeder Minute an und zeugt von einer durch nichts aufzuhaltenden Angriffsbereitschaft. Wieder reibe ich mir die Haut ein, diesmal mit einem klebrigen Anti-Gelsenmittel. Die Paste riecht äußerst unangenehm, ihr scharfer Duft umgibt mich wie eine unsichtbare Wolke. Der Geruch ruft in mir plötzlich ein Bild aus vergangenen Tagen hervor, erinnert mich an damals, an den ersten Abend in der Savanne, vor über zwei Jahren. An das warme Bier, mit dem meine Frau und ich auf den Beginn unseres Einsatzes anstießen. An die Kerzen, die so schnell nach unten brannten und uns nach einer halben Stunde auf unserer Terrasse im Dunkeln sitzen ließen. An die Geräusche tausender und abertausender Buschinsekten, die uns aus diesem Dunkeln entgegen zirpten. An die Vorfreude und die Aufregung, die wir dabei fühlten. Und an dieses schreckliche Anti-Gelsenmittel, das uns für die nächsten Monate zu einer zweiten Haut werden würde. Es war nicht die angenehmste und erfüllendste Art, einen harten Arbeitstag zu Ende zu bringen, aber es ließ sich nicht vermeiden: Jeden Abend, pünktlich um 6 Uhr und nach acht Stunden schweißtreibender Arbeit im Dorfentwicklungsprojekt, hieß es kurz die Nase zu-

zuhalten und Paste auftragen. »Für einen Projektleiter riechst du aber ganz schön schlecht!«, hatte eine meiner Mitarbeiterinnen einmal während eines abendlichen Meetings gewitzelt, und mein offizielles Arbeitsende war ab diesem Tag der Sonnenuntergang. Geholfen hat das auch nicht, zwei oder drei Moskitos scheint der Geruch nichts ausgemacht zu haben. Während ich schaudernd an die dunkle Welt des Fiebers denke, hole ich die Tube noch einmal hervor. Ich bin nicht hierher zurückgekehrt, um krank zu werden, sondern um eine Geschichte zu recherchieren. Um einer Frage nachzugehen, die sich mir damals in Ghana und auch nach meiner Rückkehr in Österreich stellte. Die ich von Wien aus zu recherchieren begonnen habe, die sich aber während der kommenden drei Wochen hier in der Savanne und durch ihre Menschen beantworten lassen muss. Ich habe nicht viel Zeit zu verschwenden – und definitiv keinen Tropfen Blut. Ich reibe mich noch einmal ein und blicke mich um. Einen Moment lang wundere ich mich, dass Hakeem und die anderen Kinder immer noch da sind, dass sie neben mir sitzen bleiben und bei diesem Gestank nicht unverzüglich das Weite suchen. Ich würde das tun, wenn ich eine Wahl hätte. Aber Hakeem ist so gewohnt an die Mittel der Weißen, dass er sie kaum mehr wahrnimmt. So viele Europäer hat er schon gesehen, die sich damit einschmieren, so viele schon gerochen. Er weiß, dass sie Angst vor den Moskitos haben, aber er weiß auch, dass sie trotzdem gerne kommen. Seit Jahren kommen sie schon, immer wieder aufs Neue, manche sogar zwei- oder dreimal. Und sie bringen diese eigenartig riechenden Mittel mit, gegen die Sonne, gegen die Moskitos, gegen das Brunnenwasser, gegen ihren eigenen Schweiß, gegen wer weiß was alles. Und obwohl sie vor so viel Angst zu haben scheinen, finden sie immer wieder den Weg ins Dorf. Und auch in die anderen Dörfer. Wenn es stimmt, was die größeren Burschen Hakeem erzählt haben, dann kommen sehr viele Leute von sehr weit her, um hier, in seinem Land, Zeit zu verbringen. »Weil der Rest von Afrika so gefährlich und nicht schön ist, deshalb ist ihnen Ghana am liebsten«, hatte ihm einer der Buben erklärt. »Und« – das hatte ihm ein junges, weißes Mädchen aus einem Land, dessen Namen er sich nicht merken konnte, selbst gesagt – »weil man hier am besten helfen kann.«

Teil II

Helfen (um jeden Preis)

6. Ein alter Wunsch

Der Wunsch zu helfen ist nicht neu. In jeder Zeit und an jedem Ort halfen und helfen Menschen einander, die einen etwas mehr und die anderen etwas weniger. So wie es immer Starke und Schwache, Reiche und Arme, Gesunde und Kranke, so wie es also immer Ungleichheiten zwischen Menschen gegeben hat, so gab es auch immer welche, die diesen Ungleichheiten entgegentreten und den Benachteiligten der Gesellschaft zur Seite stehen wollten. War die Hilfe in frühen Zeiten noch auf die Familie, die unmittelbare Gemeinschaft, das Dorf begrenzt, so weitete sie sich nach und nach aus. Helfen ist schon lange keine rein private Angelegenheit mehr, es ist auch ein Geschäft, ein Beruf, eine Industrie. Helfen ist professionalisiert und umfasst als »soziale Arbeit« unterschiedlichste Berufe. Von der Krankenschwester und dem Altenpfleger über den Behindertenbetreuer bis hin zum Jugendarbeiter und der Kindergärtnerin: Für sie alle steht die Hilfe, steht der Dienst am Menschen im Mittelpunkt ihrer Tätigkeit. Es sind nicht mehr – wie bis ins späte 16. Jahrhundert – moralisch-religiöse Überzeugungen, die solche Tätigkeiten begründen, es sind nicht mehr Almosen, die hier aus mildtätigen Motiven erbracht werden, es sind professionelle Dienstleistungen, durchgeführt von fachkundigem Personen und gegen Bezahlung. Damit wird Hilfe in unserer funktional differenzierten Gegenwartsgesellschaft auf spezialisierte Organisationen verlagert. »Hilfe wird« – so wie das der Soziologe Niklas Luhmann beschreibt –, »eine in nie zuvor erreichter Weise zuverlässig erwartbare Leistung«.[2]

Und erwartet wird die Hilfe schon lange nicht mehr nur in der eigenen Gesellschaft. Dass es auch jenseits von Europa, in den Ländern des Ostens und Südens, bedürftige Menschen, und damit Tätigkeitsbereiche für Hilfe gibt, wurde bereits von den ersten Forschungsreisenden im achtzehnten Jahrhundert in Expeditionstagebüchern beschrieben und später – in den geschmückten, wohltemperierten Räumlichkeiten geographischer Akademien und ministerieller Empfangshallen – vor faszinierten Zuhörerschaften in den Hauptstädten der Kolonialmächte bildhaft vorgetragen. Heute ist die internationale Hilfe – zuerst Entwicklungshilfe, dann Entwicklungszusammenarbeit genannt – eine weltweite Industrie und beschäftigt mehr als fünfhunderttausend Menschen. Doch auch hier gilt: Zutritt nur für Berechtigte. Die Entwicklungszusammenarbeit ist längst hoch-professionalisiert, ihre spezialisierten Organisationen legen hohe Teilnahmebedingungen fest und bestimmen damit, wer helfen darf und wer nicht. Problematisch wird das, wenn mehr Menschen helfen wollen, als helfen dürfen. Wenn international Helfen zum Trend wird.

Was früher noch als Schrulligkeit einiger weniger belächelt und als alters- oder religionsbedingte Sozialromantik abgestempelt wurde, scheint heute mehrheitsfähig und gesellschaftlich akzeptiert. Helfen ist *in*, gehört zum guten Ton, ist salon- und clubfähig. In einer kapitalistischen und konsumorientierten Welt scheint das Prinzip des Helfens eine Renaissance zu erleben, sich frei von konfessionellem Beigeschmack und politischer Diktion neu entfalten zu können. Vor allem unter den jüngeren Generationen lässt sich der Wunsch nach sinnstiftender Tätigkeit in einer oft als sinnentleert empfundenen Welt verstärkt bemerken, das zeigen Umfragedaten ebenso wie Facebook-Likes und Spendenvolumina. Dass sich dieser Wunsch aber zumeist in freizeitlichen Aktivitäten manifestiert und nicht in beruflichen Entscheidungen, mag ebenso eine Eigenheit dieser »Hilfsbereitschaft 2.0« sein wie der Umstand, dass sie oft nicht ohne Eigennutz oder nicht aus purem Altruismus erfolgt.

Denn es tut gut, Gutes zu tun. Und es sieht auch ziemlich gut aus. Das finden mittlerweile auch die Personalabteilungen der großen Firmen und durchforsten die Lebensläufe ihrer Bewerber nach Hinweisen auf ihre »soziale Kompetenz«.[3] Dem bisherigen Hilfs-Engagement der potenziellen Arbeitnehmer wird inzwischen fast ebenso hohe Bedeutung zugemessen wie ihren Sprachkenntnissen oder Auslandserfahrungen, in einigen multinationalen Konzernen sind mehrmonatige soziale Einsätze bereits als Voraussetzung für den weiteren Aufstieg in der Firma fest in die Karriereplanung eingeschrieben.[4]

Tue Gutes und rede darüber: In einer Welt, in der Zeit knapp, Aufmerksamkeit begrenzt und gute Kommunikation alles ist, werden auch die Anforderungen an das »gute Tun« höher. Sinnvoll sollte es natürlich sein, aber wenn möglich nicht allzu anstrengend oder gar langweilig. Ein wenig Spaß machen müsste es, es sollte schöne

Bilder ermöglichen und im Idealfall auch im Lebenslauf etwas hermachen. Die Arbeit im nächstgelegenen Altersheim oder in der städtischen Behindertenwerkstatt eignet sich hierzu nicht besonders gut, auch das Asylantenheim scheint nicht der richtige Ort für das soziale Engagement zu sein. Während diese Tätigkeiten den hauptberuflichen, meist schlecht bezahlten Fachkräften überlassen werden, zieht es die jungen Helfer bevorzugt in exotischere Gefilde. Der Wunsch zu helfen ist nicht neu – es überall auf der Welt tun zu können aber sehr wohl.

7. Diagnose Defizit

Es gibt wohl kaum einen anderen Ort auf der Welt, der so verklärt ist wie Afrika. Der »Schwarze Kontinent« dient seit Jahrhunderten als Projektionsfläche für die Sehnsüchte, Wünsche, Hoffnungen und Ängste von Menschen, die – mal in hellen, mal in düsteren Tönen – ihr Afrika-Bild meist mit surrealen Farben zeichnen. »In Wirklichkeit gibt es dieses Afrika gar nicht«, kommt der polnische Journalist Ryszard Kapuscinski nach vierzig Jahren des Schreibens, Reisens und Lebens in Ländern südlich der Sahara zum Schluss: »Dieser Kontinent ist zu groß, als dass man ihn beschreiben könnte. Er ist ein regelrechter Ozean, ein eigener Planet, ein vielfältiger, reicher Kosmos. Wir sprechen nur der Einfachheit, der Bequemlichkeit halber von Afrika.«[5]

In dieser Bequemlichkeit findet die Verklärung einen reichen Nährboden, und so wird der Kontinent weiterhin idealisiert und gleichzeitig verteufelt, verherrlicht und im selben Moment verflucht. Unzählige Mythen ranken sich um jenen Ort, der in Geschichten, Liedern, Erzählungen und Gedichten immer und immer wieder aufs Neue auf jede nur vorstellbare Weise beschrieben und den Zuhörern dennoch für ewig ein Rätsel bleiben wird. Unvorstellbar, unfassbar, unbegreifbar war Afrika den Weißen von Anfang an, bereits in den frühesten und ersten Reisetagebüchern der europäischen Abenteurer, Forscher und Missionare lässt sich neben Überheblichkeit und Arroganz, neben Verwunderung und Respekt immer und vor allem Verständnislosigkeit herauslesen. Über die Jahrhunderte mag sich diese wilde Mischung der Zuschreibungen in Nuancen geändert und an die jeweiligen zeitgeistigen Konjunkturen angepasst haben, die Basis ist mit der Verständnislosigkeit jedoch immer dieselbe geblieben. Gleichgültig ob in den feinen Räumlichkeiten europäischer Herrenclubs von »edlen Wilden« oder »niederen Rassen«, von »gottloser Hölle« oder »aufstrebenden Märkten« die Rede war – Afrika wurde und wird nicht als Gesamtes verstanden, das ist sein Fluch und sein Segen zugleich. »Etwas fehlt« befinden jene, die den Kontinent beschreiben, die Vorstellung eines Defizits zieht sich von der ersten Seite des frühesten Reiseberichts bis zum letzten Satz des aktuellsten CNN-Beitrags. Mal fehlt Wasser, mal politischer Gestaltungswille und gute Regierungsführung, fast immer fehlt Geld. Mal mangelt es am richtigen genetischen Erbe oder dem Glauben an den richtigen Gott, ein anderes Mal an Wissen und modernen Maschinen. Kulturtechniken gehen ebenso ab wie stabile Rahmenbedingungen für den Privatsektor, hygienische Sanitäranlagen ebenso wie protestantische Moral und Arbeitseifer. Mangel wird dem Kontinent seit jeher bescheinigt, als Ort des Mangels wird er beschrieben, als Ort des Mangels wird er wahrgenommen.

Diagnose also: Defizit. Viele sind während der letzten Jahrhunderte ans Krankenbett des afrikanischen Patienten gepilgert, haben sich dort mit den unterschiedlichsten Mitteln, Therapien und Operationen an seiner Genesung versucht und es doch bis heute nicht geschafft, den Kranken ganz gesund zu machen. Gleich aber, ob von Erfolg gekrönt oder nicht, die Behandlung ist intensiv und kostet sehr viel Geld. Geld, das von öffentlichen und privaten Gebern fließen und die durchgehende Behandlung des Patienten sichern muss. Geld, das sich nur auftreiben lässt, wenn man die Leiden des Kranken sichtbar macht, öffentlichkeitswirksam präsentiert, an mögliche Financiers kommuniziert. Dass der Patient auf diese Weise vorgeführt wird, muss man dabei ebenso in Kauf nehmen wie den Umstand, dass er auf ewig mit seinen Krankheiten in Verbindung gebracht wird, ohne sie gar nicht mehr gedacht werden kann. In der öffentlichen Wahrnehmung war, ist und bleibt Afrika krank, die langjährige Praxis der Schau-Operationen vor zahlendem Publikum hat das Bild des Kontinents nachhaltig und irreparabel geprägt. Dass der Kranke in der Zwischenzeit gesundet sein könnte, will man nicht in Betracht ziehen. Was bliebe denn den Helfern zu tun, stünde der Patient einfach auf und ginge weg?

8. Entwicklung auf Umwegen

In der Geschichte der Entwicklungszusammenarbeit ist Ähnliches schon passiert, wenngleich derartige Genesungen eher die Ausnahme als die Regel bilden. Denn der bisherige Weg der internationalen Entwicklungszusammenarbeit war ein holpriger.

Seinen Beginn fand er in der Zeit nach dem Zweiten Weltkrieg, als Entwicklungshilfe zum ersten Mal als politisches Konzept diskutiert wurde: Eine Verringerung des Entwicklungsrückstandes zwischen westlichen und nicht-westlichen Staaten würde – so die Überlegung der Staatsmänner des Nordens – der heimischen Wirtschaft neue Absatz- und Rohstoffmärkte eröffnen und gleichzeitig zu politischer Stabilisation und internationaler Sicherheit beitragen. Dass neben humanitären und moralisch-ethischen immer auch wirtschaftliche und politische Motivationen hinter den Aktivitäten der Entwicklungszusammenarbeit stehen, ist seit ihrem Beginn evident und lässt sich bereits aus ihrem »Geburtsdokument« herauslesen. Als dieses gilt die Antrittsrede von US-Präsident Harry S. Truman, mit der er am 20. Januar 1949 den Beginn der Entwicklungspolitik ankündigte: »Wir müssen ein kühnes Programm auf den Weg bringen, um die Vorzüge unseres wissenschaftlichen und industriellen Fortschritts der Verbesserung und dem Wachstum der unterentwickelten Gebiete verfügbar zu machen (…). Ihre Armut ist ein Hemmnis und eine Bedrohung, sowohl für sie als auch die wohlhabenderen Gebiete (…) Unser Ziel sollte sein, den freien Völkern der Welt zu helfen, durch ihre eigenen Anstrengungen mehr Nahrung, mehr Kleidung, mehr Baumaterial und mehr mechanisches Gerät herzustellen.(…) Was uns vorschwebt, ist ein Programm der Entwicklung auf der Grundlage von demokratischem, fairem Handeln.«[6]

Bis diesen Worten aber Taten folgten, sollte noch über ein Jahrzehnt vergehen. Vor 1960 gab es keine Entwicklungszusammenarbeit, die diesen Namen verdient hätte, zu sehr waren die USA und die europäischen Mächte mit den Folgen des Zweiten Weltkrieges und dem Aufbau des zerstörten Europas beschäftigt. Entwicklungshilfe war in dieser Zeit nicht mehr als ein außenpolitisches Instrument zur Unterstützung jener südlichen Länder, in denen man potentielle Bündnispartner für den Kalten Krieg zu erkennen glaubte und die es zur Eindämmung des Sowjet-Kommunismus aufzubauen galt. Erst mit Beginn der 1960er-Jahre änderten sich Ausrichtung und Bedeutung von Entwicklungszusammenarbeit. Wenn auch immer noch nicht unabhängig von politischen und wirtschaftlichen Überlegungen, rückte nun tatsächlich das Wohlergehen von armen, benachteiligten Staaten in den Mittelpunkt des Interesses und die Verbesserung ihrer Situation ins Zentrum der entwicklungspolitischen Zielsetzungen. Die Vorstellung einer zweigeteilten Welt – mit entwickelten Staaten auf der einen Seite und weniger fortgeschrittenen, unterentwickelten auf der anderen – wird zwar bis heute kritisiert, bereitete aber die Basis für die Entwicklungspolitik der kommenden Jahrzehnte und hatte die Gründung einer Vielzahl von internationalen und nationalen Organisationen zur Folge. Mit dem Ziel, »Entwicklungshilfe zu leisten«, wurden zu dieser Zeit nicht nur staatliche Agenturen wie die amerikanische USAID oder das deutsche BMZ[7] gegründet, sondern auch zivilgesellschaftliche, private, nicht-staatliche Organisationen. Parallel zu den Organisationen entstanden – mit den Entwicklungshelfern, den Entwicklungsexperten, den Beratern – neue Berufe, die es bis dahin nicht gegeben hatte und die die internationale Entwicklungsindustrie als Tätigkeits- und Berufsfeld etablierten.

In diesen jungen Jahren folgte die Branche dem Prinzip »Entwicklung durch Wachstum«: Unter der Annahme, die problematische Lage der Entwicklungsländer resultiere lediglich aus Kapitalmangel, sollten die armen Länder ihren Entwicklungsrückstand gegenüber den Industrieländern kreditgestützt wettmachen und durch Kapitaltransfer »nachziehen«. Der Rückstand wurde aber nicht aufgeholt, sondern ganz im Gegenteil sogar noch vergrößert: Weder führte mehr Kapital zu einem Mehr an Entwicklung, noch sickerten die bescheidenen Wachstumsgewinne – wie durch den sogenannten »Trickle-Down-Effekt« erwartet – in marginalisierte Regionen, rückständige Sektoren oder niedere soziale Schichten. Die Strategie der »Entwicklung durch Wachstum« musste als gescheitert betrachtet werden[8] und wurde Anfang der 1980er Jahre mit der neoliberalen Wende durch ein neues Paradigma ersetzt. Von nun an wurde nach den Prinzipien des von der Weltbank und dem Internationalen Währungsfonds propagierten »Washington-Konsensus« gearbeitet und »Strukturanpassung« – durch die Privatisierung staatlicher Betriebe, die Öffnung von Märkten für ausländische Investitionen und eine strikte Sparpolitik des öffentlichen Sektors – betrieben. Auch diese Vorgehensweise war nicht von Erfolg gekrönt[9] und verschlechterte die Situation der ohnehin schon krisengebeutelten Entwicklungsländer erneut: Lokale Unternehmen, einheimische Produzenten und die Landwirtschaft wurden durch die Marktliberalisierung empfindlich geschwächt, die Qualität im Bildungs- und Gesundheitssektor verminderte sich durch Sparmaßnahmen drastisch. Statt einer Lösung des Schuldenproblems brachten die Anpassungsprogramme neue strukturelle Probleme hervor.

Damit musste sich die Entwicklungszusammenarbeit ein weiteres Mal neu ausrichten, ein weiteres Mal neu positionieren. Seit der Jahrtausendwende wird mit dem Fokus auf Armutsbekämpfung eine Strategie verfolgt, die die Reduktion von Armut in den Mittelpunkt aller Entwicklungsanstrengungen stellt und die Eigenverantwortung der Empfängerländer wieder stärker berücksichtigt. Auf den internationalen Konferenzen, in den Gremien der Planer und den Kabinetten der Empfängerregierungen machen sich Müdigkeitserscheinungen breit ob dieser Vielfalt an Strategien, Plänen, Versuchen, Experimenten, Schlagworten. Mehr als ein halbes Jahrhundert »Entwicklung« – also des planmäßigen Einsatzes von wirtschaftlichen und politischen Mitteln zur Beseitigung von Armut – hat bescheidene Wirkung erzielt. Anfang des neuen Jahrtausends lebten auf dieser Welt nach wie vor 2,7 Milliarden Menschen in Armut, 1,4 Milliarden Menschen galten als »absolut arm« und hatten weniger als 1,25 US-Dollar pro Tag zum Leben zur Verfügung.[10] Der Weg ist nach wie vor holprig, und er ist noch weit.

9. Die Logik der Hilfsindustrie

Am beschwerlichsten ist der Weg wohl in Afrika: Hier wird sich die internationale Hilfe noch lange um Besserung bemühen können, noch lange ein Tätigkeitsfeld vorfinden. Vor allem die Länder südlich der Sahara sind weit davon entfernt, ihr Krankenbett selbstständig verlassen zu können oder zu wollen, und so bleiben die Helfer aus dem Westen und führen ihre Arbeit unbeirrt fort. Afrika ist der internationalen Entwicklungszusammenarbeit – bei allem Zynismus, der mit einer solchen Wortwahl einhergeht – ein Tätigkeitsfeld der Zukunft. Während die Geber-Gemeinschaft in anderen Regionen der Erde auf Erfolge zurückblicken kann und einigen Ländern – vor allem im östlichen Europa und Asien – zu veritablen Entwicklungsschüben verholfen hat, tritt sie mit ihren Bemühungen um Afrika seit Jahrzehnten auf der Stelle. Zumindest bietet der Kontinent noch genügend Platz zum Vertreten, anders als jene erfolgreich bearbeiteten, nun entwickelten, nun ehemaligen Entwicklungsländer, die der Unterstützung ihrer Helfer nicht mehr bedürfen und ihnen damit ihr Tätigkeitsfeld entziehen. Es ist eine bizarre Logik, nach der die Hilfsindustrie agiert: Ihre Arbeit ist beendet, sobald das Ziel erreicht ist, ihre Existenzgrundlage verloren, sobald Erfolg eintritt. Langfristig bestehen kann und darf die Entwicklungszusammenarbeit damit in letzter Konsequenz nur, wenn sie nie ganz erfolgreich ist, nie ganz ans Ziel kommt. Während in einigen Ländern bereits mit gekühlten Getränken im Auslauf gefeiert wird, ist in Afrika aber nach über einem halben Jahrhundert des Rennens noch nicht einmal die Zielgerade in Sicht.

Damit bleibt der Hilfsindustrie hier ein langfristiges Betätigungsfeld, wird sie mit ihren Visionen und Utopien weiterhin das Leben auf dem Kontinent und dessen öffentliche Wahrnehmung im Westen beeinflussen. Mit ihren Institutionen, Diskursen und Praktiken bestimmt die Entwicklungszusammenarbeit aber nicht nur die sozioökonomische Realität in den Empfängerländern, sondern ist selbst schon Teil ihrer Geschichte und Gegenstand der Geschichtsschreibung geworden. Das Selbstverständnis der meisten afrikanischen Staaten ist im selben Maße von entwicklungspolitischen Vorstellungen geprägt, wie ihre öffentliche Darstellung im Westen durch die Mittelbeschaffungsstrategien der Hilfsagenturen verzerrt ist. Die Bilder der »Dritten Welt« und mit ihr die Ideen der »Entwicklungshilfe« haben Generationen westlicher Gesellschaften in ihrer Afrika-Wahrnehmung geprägt und beeinflusst.[11] Wenn man –

so wie der deutsche Ökonom und Entwicklungsforscher Philipp Lepenies – Entwicklungshilfe als besonderes Modell der Wissensvermittlung, nämlich als »institutionalisierte Besserwisserei« versteht,[12] dann kommt man nicht umhin zu fragen: Wissen wir es tatsächlich besser? Weiß Europa wirklich mehr als Afrika? Mag die Hilfsindustrie auch nicht besonders erfolgreich in Hinblick auf die Beseitigung der Armut in Afrika gewesen sein – sie war zweifellos ausgesprochen erfolgreich darin, diese Armut und die Vorstellung eines »unterentwickelten Kontinents« in den Köpfen der westlichen Bevölkerung zu verankern. Und mit ihr ein trügerisches Gefühl von Überlegenheit.

10. Helfen als Hobby

Die jahrzehntelange Praxis der Entwicklungszusammenarbeit hat ihre Spuren hinterlassen, nicht nur in den Entwicklungsländern. Zu oft wurde das Bild des hungernden schwarzen Kindes gemeinsam mit jenem des weißen Helfers gezeigt, als dass sich dieses Rollenverständnis nicht tief in die kollektive Wahrnehmung der westlichen Gesellschaft eingeprägt hätte. Was ihnen, den Spendern, den Gebern, den Wohltätern hier über Jahrzehnte tagtäglich durch Plakate, Zeitungsannoncen und Fernsehspots vermittelt wurde, war Macht: die Macht, helfen zu können. Die Macht, Ungleichheit zu verringern. Die Macht, einen Transfer von Dingen zu bewirken, von dem »wir hier« viel und »die da unten« zu wenig haben. Was die Hilfsindustrie damit meint, ist Geld, ist in erster Linie der Transfer von finanziellen Mitteln. Wenngleich ihre Beschaffungsmaßnahmen damit vor allem auf die wirtschaftliche Macht der Klientel zielen, erwecken sie dennoch das Trugbild einer Option und lassen das Spenden von Geld als eine von mehreren Möglichkeiten des Helfens erscheinen. Mag die Strategie zumeist auch aufgehen und die Geldspende – als komfortabelste und effizienteste Option – erfolgreich an die hilfsbereiten Bürger verkauft werden, so ebnet sie latent aber immer auch den Weg zu einer alternativen Form von Hilfe. Die Vorstellung von Macht und das Prinzip des Transfers von Nord nach Süd – von frühesten kolonialen Zeiten bis zum gegenwärtigen Zeitpunkt prägende Elemente der Entwicklungspolitik[13] – verhelfen der Hilfsindustrie zwar zu höheren Spendeneinnahmen, bereiten aber gleichzeitig auch den Boden für »Hobbyhilfe« in Form von kommerzieller Freiwilligenarbeit.

Dabei kommt es nicht zum Transfer von Geld, sondern zum Transfer von Arbeitskraft. Das ist an sich nicht neu, auch in der professionellen Entwicklungszusammenarbeit wurde und wird Personal entsandt und Expertentätigkeit zielgerichtet als Unterstützungsmaßnahme eingesetzt. Ingenieure, Ärztinnen, Verwaltungsfachleute werden seit Jahrzehnten in die Länder des Südens geschickt, um dort in ihrem jeweiligen Fachgebiet zu arbeiten. Das Ziel ist auch hier der Transfer, der Transfer von Wissen, von Know How, von Expertise. Das Wesen der Hobbyhilfe in Form kommerzieller Freiwilligenarbeit ist jedoch ein anderes, sie suggeriert, dass jeder helfen kann: Egal, wie alt oder jung du bist, egal, ob du über berufliche Fähigkeiten oder eine Ausbildung verfügst, egal, wie ernst es dir um dein Engagement ist und wie lange du es auszuführen gedenkst – du kannst helfen!

Damit zielt diese Art der Hilfe nicht dezidiert auf den Transfer von Wissen, vernachlässigt Berufserfahrung oder Ausbildung und spricht auch – und in erster Linie – junge Zielgruppen ohne professionelle Fertigkeiten an. Googelt man nach dem Wort »Freiwilligenarbeit«, erscheinen 842.134 Treffer – und nach dem Besuch der ersten dutzend Websites wird schnell klar, dass die Ansprüche an diese Freiwilligenarbeit nicht sehr hoch, Anforderungsprofile kaum vorhanden, Auswahlverfahren nicht vorgesehen sind. Hobbyhilfe ist nicht an den Transfer von Expertise gebunden. Und sie muss es auch nicht sein – denn sie ist keine Hilfe im eigentlichen und professionellen Sinn, sondern ein Produkt. Ein Produkt, das man kaufen kann. Ein Produkt, nach dem große Nachfrage herrscht.

Der Wunsch, helfen zu wollen und der Glaube, helfen zu können, haben die Nachfrage nach Möglichkeiten zu einer solchen Hilfe geschaffen. Schnell und sensibel wie immer hat das kapitalistische System diesen Kundenwunsch bereits in seiner frühen Entstehungsphase erkannt und ein adäquates Angebot auf den Markt gebracht. Kommerzielle Freiwilligenarbeit ist keine Hilfe – sie ist ein touristisches Produkt, das sich entwicklungspolitischer Semantik bedient, tatsächlich aber nach marktwirtschaftlicher Logik konzeptioniert ist. Angebot und Nachfrage bestimmen den Markt, der Kunde bestimmt, was er kaufen will: ein erlebnisorientiertes, gut kommunizierbares, sicheres und doch abenteuerliches, zeitlich begrenztes Produkt: Freiwilligenarbeit in Afrika.

Teil III

Arbeiten (und Zahlen)

11. Suliminga

»Suliminga! Suliminga!«, schallt es durchs ganze Dorf. Wie aus einer Kehle schreien, lachen und rufen die Kinder Guabuligas ihrem Besucher das Wort zur Begrüßung entgegen. Es ist jedes Mal das gleiche Schauspiel, das sich bei der Ankunft fremder Gäste vollzieht: Ist ein Neuankömmling mit weißer Haut erst einmal ausgemacht – und das geschieht meist in derselben Sekunde, in der er den Dorfeingang im Auto oder auf dem Motorrad erreicht hat –, folgen einem ersten lauten, aufgeregten Ruf unzählige andere nach, verstärken sich gegenseitig und hallen schließlich einem Echo gleich durch den ganzen Ort. Wie ein Lauffeuer verbreitet sich die Nachricht, dass ein Weißer im Dorf angekommen ist, und nur wenige lassen sich die Gelegenheit entgehen, den Fremden gleich in Augenschein zu nehmen. Kaum ist er im Dorf angekommen, sieht er sich umringt von einer

Menschentraube und beschallt mit einem Wort, das ihn während seines Aufenthaltes nicht mehr loslassen wird: *Suliminga*. Im lokalen Mampruli-Dialekt – der Sprache des Volkes der Mamprusi – bedeutet der Begriff soviel wie »Weißer Mensch«. Das Wort hallt oft wider an den Straßenrändern der Savanne, selbst wenn weit und breit niemand mit weißer Haut zugegen ist. Weil Sulimingas fast immer mit Autos in die Dörfer Nordghanas gebracht werden, vermuten deren Kinder in jedem an- oder vorüberfahrenden Wagen einen Besucher aus weiter Ferne und heißen ihn dementsprechend lautstark willkommen.

Auch heute liegen die Kinder mit ihren Rufen richtig: Aus dem Jeep, der am Dorfplatz zum Stehen kommt und dessen Beifahrertür sich langsam öffnet, steigt zögerlich ein junges weißes Mädchen und blickt unsicher um sich. Sofort ist sie umringt von einer Gruppe von Kindern, und ein jedes einzelne versucht, sie an der Hand zu fassen. Im Gewühl um die neue Besucherin ganz vorne mit dabei ist Hakeem. In dem Moment, in dem das erste laute »Suliminga!« durch das Dorf hallte, war er von seinem Platz neben mir aufgesprungen und in Richtung der Straße gerannt. Mit freudiger Aufregung drängt er sich nun mit den anderen Kindern an die kaum zwanzigjährige blonde Europäerin und versucht, ihr einen ihrer zwei Koffer abzunehmen. Dass es in der westafrikanischen Kultur ein Zeichen von Respekt und Hochachtung ist, das Gepäck eines Besuchers zu tragen, weiß die junge Frau offenbar noch nicht. Ängstlich klammert sie Koffer und Rucksack an sich und weist die jungen Afrikaner beharrlich ab. Denen scheint das nichts auszumachen, fröhlich johlend laufen die Mädchen und Buben neben der Besucherin her. Die bunte, laute Gruppe schiebt sich immer weiter vom Dorfplatz weg und verschwindet schließlich hinter der Kirche.

Dieses Schauspiel habe ich viele Male erlebt, und zweimal stand ich selbst in der Mitte dieser Gruppe. Das erste Mal – vor über zwei Jahren – noch überfordert, verschüchtert und unschlüssig, das zweite Mal dann gestern, müde zwar, aber entspannt und belustigt. Lachen musste ich vor allem wegen Hakeem, der mir mit seinem schmutzigen, viel zu großen Hemd und einem breiten Grinsen im Gesicht auf die völlig gleiche Art und Weise entgegenlief, wie bei meiner ersten Ankunft im Sommer 2011. Als ich damals in jenem Dorf ankam, in dem ich während der kommenden acht Monate leben und für eine österreichische Entwicklungshilfeorganisation arbeiten sollte, war es eben dieses Grinsen, das mich den ersten Schock der Ankunft überwinden ließ: Zu schelmisch, zu vergnügt, zu durch und durch ehrlich war dieses Lachen, als dass es nicht alle Bedenken des ankommenden Besuchers von einer Sekunde auf die andere hätte vertreiben müssen. Und so wie vor zwei Jahren, so lachte mir Hakeem auch bei meiner Ankunft gestern entgegen, und so wie vor zwei Jahren verflogen auch diesmal mit seinem Lachen alle mitgebrachten Zweifel.

Jetzt aber, wo Hakeem weg und die erbarmungsglose Mittagshitze wieder zurück ist, holen meine Gedanken mich ein: War es richtig, wieder hierher zu kommen? Erneut an diesen Ort zu reisen, an dem ich vor zwei Jahren eine so intensive Zeit – im Guten wie im Schlechten verbracht – hatte? Durch die Savanne zu ziehen, ausgestattet nur mit Rucksack, Laptop, Antigelsen-Mittel – und mit der vagen Idee einer Geschichte? Und innerhalb von drei Wochen ein Problem zu ergründen, das sich mir während meines ersten Aufenthaltes nicht einmal innerhalb von acht Monaten erschlossen hatte? Ich wusste damals, dass Waisenhäuser schlecht sind, gefährlich für die Kinder und obendrein verboten. Ich habe daran gearbeitet, eines dieser unnötigen Waisenhäuser zu schließen und die Kinder zurück zu ihren Familien zu bringen. Doch ich hatte nicht die Zeit, nicht das Mandat, und wahrscheinlich auch nicht den Mut, mich mit den Gründen des Problems auseinander zu setzen. An diesem Ort, an dem der Kauf eines Sackes Reis einen ganzen Nachmittag in Anspruch nehmen konnte – und sich damit auch die Umsetzung eines Dorfentwicklungsprojektes mit Wirtschafts-, Bildungs- und Sozialprogrammen dementsprechend arbeits- und zeitintensiv gestaltete – blieb mir damals nicht viel mehr übrig, als mich zu wundern. Über die Geschichten, die man sich an Markttagen über neue Waisenhäuser erzählte. Über Einrichtungen, die in den Dörfern der Umgebung über Nacht entstanden. Und über die Tatsache, dass in diesen Einrichtungen neben Waisen auch immer Weiße zugegen waren.

Das Geräusch eines aufheulenden Motors reißt mich aus meinen Grübeleien. Der grüne Jeep, in dem das blonde Mädchen hierher gebracht wurde, setzt sich abrupt in Bewegung und verlässt das Dorf auf der einzigen Straße in Richtung Norden. Immer kleiner erscheint es auf der roterdigen Straße, bis es schließlich als kleiner Punkt in der Savanne verschwindet.

12. Ehrenamt auf Urlaubslänge

Ich bin nicht der Einzige, der dem Wagen nachstarrt. Autos sind in diesem Teil Ghanas nach wie vor eine Seltenheit, oft bekommt man sie nicht zu Gesicht. Im Dorf besitzt nur der Häuptling eines, und das ist alt und funktioniert die meiste Zeit nicht. Wenn die Bewohner

Guabuligas das Geräusch eines herannahenden Autos vernehmen – und das tun sie sehr früh, vor allem wenn der Südwind weht und die motorisierten Besucher bereits lange vor ihrer Ankunft ankündigt –, dann erwarten sie mit dem Wagen auch Sulimingas. Die Weißen mögen mit Autos kommen, aber die Autos sind auch erst mit den Weißen gekommen.

»Angefangen hat das vor ungefähr zehn Jahren«, meint Malam, der großgewachsene, graumelierte Bauer, der mir damals Nachbar und vertrauter Mitarbeiter war. Jetzt sitzt er mit mir unter dem großen Baobab-Baum des Dorfes und blickt immer noch in die Richtung des mittlerweile verschwundenen Autos. »Drei Mädchen waren es damals, sie kamen mit einem alten, kleinen Auto. Ich glaube, es war ein deutscher Wagen.« Er lächelt und zündet sich seine selbstgedrehte Zigarette an. Grober Tabak glimmt in einem gerollten Blatt, nach dem ersten Zug hustet Malam in den dunklen Qualm. »Es war das erste Mal, dass wir hier so ein Auto gesehen haben. Und für viele war es auch das erste Mal, dass sie Menschen mit weißer Haut begegneten. Die kleineren Kinder weinten oder liefen weg vor Angst, die Alten wunderten sich nur. ›Was wollen die hier?‹ ›Wollen die wirklich hier bleiben?‹« Ich erinnere mich an das abgeklärte Verhalten der Bewohner bei der Ankunft des letzten Gastes vor wenigen Minuten, und es fällt mir schwer, mir Angst in den Gesichtern der Jungen oder Verwunderung in jenen der Alten vorzustellen. Malam bemerkt meinen zweifelnden Ausdruck und lacht: »Heute ist es ganz normal, dass Weiße kommen. Sie kommen nach Guabuliga, sie kommen nach Walaga, sie kommen in fast alle unsere Dörfer und Städte. Aber das ist noch nicht lange so.« Er blickt wieder auf die Straße, ohne hinzusehen zerdrückt er die halbverglühte Zigarette mit dem rechten Fuß.

Was mir Malam erzählt, habe ich in ähnlicher Form schon während meines ersten Ghana-Aufenthalts gehört. Nicht nur in diesem Dorf, auch in anderen Ortschaften der Umgebung waren die Weißen mit dem neuen Jahrtausend aufgetaucht und hatten vielerorts für Verwunderung und Erstaunen gesorgt. Zwar hatte es auch zuvor vereinzelt Reisende aus den fernen Ländern Europas und Amerikas gegeben, doch deren Geschäfts-, Missionar- oder Forschungstätigkeit führte sie nur in seltenen Ausnahmefällen in die abgelegenen Dörfer der nördlichen Savanne. Dass das heute anders ist und sich junge Ausländer – auch ohne finanzielle, religiöse oder wissenschaftliche Motivation – wochenlang dort aufhalten, hängt nicht zuletzt mit dem aufstrebenden Tourismus im Land zusammen. Wie an so vielen anderen Ecken der Welt hat sich dieser auch im exotischen Ghana rasant entwickelt, mit 720.000 Besuchern zählte die staatliche Tourismusbehörde GTB – Ghana Tourism Board – im Jahr 2010 bereits doppelt so viele Gäste wie zehn Jahre zuvor. Auch wenn die meisten von ihnen ausschließlich in die großen Städte reisen und sich in den Provinzstädtchen der Peripherie kaum blicken lassen, so wächst die Gruppe derer, die ihre sauberen Hotelzimmer gegen Lehmhütten tauschen, beständig. Warum sie das tun? »Sie wollen helfen!«, sagt Malam und schüttelt den Kopf. »Sie wollen einfach nur helfen, und dafür kommen sie in unsere Dörfer und arbeiten hier ohne Bezahlung. Sie bekommen nichts dafür, nicht einen einzigen Sack Mais, nicht einmal eine Yamswurzel.« Er dreht sich die nächste Zigarette und schüttelt erneut ungläubig den Kopf.

Freiwilligenarbeit – Volunteering – ist das, was Malam hier beschreibt. Menschen aus der westlichen Welt reisen in Länder des globalen Südens, engagieren sich dort sozial und verrichten ihre Arbeit unentgeltlich. Dass diese meist jungen Weißen für ihren Einsatz weder Gehalt noch einen Sack Reis bekommen, ist für Malam schon eigenartig genug. Würde ich ihm erzählen, dass viele dieser Menschen sogar noch Geld dafür bezahlen, würde er mich – und mit mir wohl mein gesamtes Volk – für verrückt erklären. Dennoch ist es so, kommerzielle Freiwilligenarbeit treibt seit zehn Jahren mehr und mehr Weiße aus ihren komfortablen Elternhäusern und Studentenwohnungen hinaus in die afrikanische Wildnis und lässt sie dort gegen Bezahlung Gutes tun. Aus Deutschland, Österreich, der Schweiz, den Niederlanden oder den Vereinigten Staaten reisen diese Menschen an, um sich in den Hospitälern, Schulen und Waisenhäusern armer Regionen sozial zu betätigen. Wie intensiv, professionell, nachhaltig oder notwendig diese Hilfe ist, unterscheidet sich ebenso wie die Menschen, die sie leisten. Junge Menschen zwischen 17 und 25 Jahren – zumeist Schülerinnen oder Studenten, die Zeit haben zwischen zwei Lebensabschnitten und diese sinnvoll nutzen wollen – machen die größte Gruppe unter den Freiwilligen aus. Dazu gesellen sich seit einiger Zeit aber auch neue Akteure, Angestellte mittleren Alters in mittleren Lebenskrisen etwa, Freiberufler auf Sinnsuche oder Pensionisten mit viel Zeit und noch mehr Geld. Vielen ist es ernst, einigen weniger, manche bleiben lange, andere sind bald nach ihrer Ankunft wieder fort. Bis zu zwölf Monate kann ein Einsatz dauern, wobei seriöser und nicht gewinnorientierter Freiwilligenarbeit häufig eine intensive Einschulung im Herkunftsland des Volunteers vorgeschaltet ist. Die Angebote kommerziell orientierter Agenturen beginnen hingegen schon bei einer Mindestdauer von zwei Wochen, und statt einer Vor- und Nachbereitung werden die Einsätze mit Entspannungsurlaub und Sightseeing-Trips kombiniert. Rund um den Wunsch zu helfen hat sich eine Industrie herausgebildet, ein milliardenschweres Geschäft. Und die Nachfrage ist weiter steigend.

»In Guabuliga ist es das Waisenhaus!«, reißt mich Malam aus meinen Gedanken. Er deutet mit der Hand auf das bunte Gebäude etwas abseits des Dorfplatzes, gleich neben dem großen Baobab-Baum. »Hierher kommen alle Sulimingas, hierher zu den Waisenkindern.« Im selben Moment taucht hinter der Kirche die junge weiße Besucherin wieder auf: Ohne Gepäck nun, aber immer noch umringt von mindestens zehn Kindern. Während sie auf das Waisenhaus zugehen, blickt mir Malam mit zufriedener Miene ins Gesicht: »Siehst du? Sie kommen, um die Leiden der Waisen zu stillen!«

13. Die Leiden der Waisen

Die Leiden der Kinder Westafrikas sind tatsächlich vielfältig: Mangelnde Gesundheitsversorgung, unzureichende Schulbildung, Unterernährung und nicht selten Hunger bestimmen das Leben der meisten jungen Menschen dieses Teils der Erde. Ein kurzer Spaziergang durch eines der zahlreichen Dörfer Nordghanas genügt, um sich schlagartig der schwerwiegenden Probleme bewusst zu werden, mit denen sich die Bevölkerung eines derartig »unterentwickelten« Landes konfrontiert sieht: Das nächste Krankenhaus ist einen halben Tagesmarsch weg, in der Schule unterrichten viel zu wenige Lehrer in viel zu kleinen Klassenzimmern vor viel zu vielen Schülern, auf den Feldern lässt sich wegen fehlender Maschinen und sengender Hitze nicht einmal ein Bruchteil der benötigten Nahrung ernten. Betroffen von dieser Situation sind alle Bewohner, am meisten aber leiden – wie so oft und wie fast überall – die jüngsten unter ihnen. Die

Kinder sind es, deren Zukunft durch mangelnde Bildung verbaut, deren Gesundheit durch fehlende medizinische Versorgung am stärksten gefährdet, deren Leben durch Mittellosigkeit von Beginn an zerrüttet wird. Hineingeboren in einen zerstörerischen Kreislauf der Armut, gelingt es den wenigsten, diesem jemals wieder zu entfliehen. Die meisten bleiben darin ihr Leben lang verhaftet und nehmen dessen bescheidene Bedingungen als gegeben und unabänderlich hin. In einem Dorf wie Gu-abuliga lassen sich die Auswirkungen dieser schwierigen Lebensumstände auf vielfältige Weise erkennen: In den breiten Zahnlücken gerade mal zwanzigjähriger Frauen, am alkoholisierten Atem junger Männer an Sonntagvormittagen, an der rotfleckigen Haut typhusfiebernder Mütter, in den traurigen Augen von Hakeems Schwester.

Diese Augen haben schon zu viel gesehen, zu oft geweint, als dass aus ihnen jene Fröhlichkeit funkeln könnte, mit der ihr jüngerer Bruder in die Welt blickt. Mit ihren vierzehn Jahren und als einziges Mädchen der Familie trägt Rahi nicht nur die Last ihres eigenen Lebens, sondern auch gleich jene für das ihrer drei Brüder. In der Schule hat sie noch gar nicht so weit zu zählen gelernt, als dass sie die vielen Nächte beziffern könnte, die sie in Sorge um einen von ihnen schlaflos verbracht hat. Auch nicht gelernt hat sie, was genau ihren jüngsten Bruder Hakeem an manchen Tagen schwach in der Ecke liegen, regelmäßig fiebern, in kontinuierlichen Abständen vor Schmerzen weinen lässt. Ein einziges Mal während ihrer unzähligen, erschöpfenden Besuche im immer überfüllten Provinzhospital hatte sich einer der Ärzte die Zeit genommen, um ihr die Krankheit ihres Bruders zu erklären. In ihrer Aufregung hatte sie das meiste davon nicht verstanden, lediglich das Wort »Hepatitis« konnte sie sich mit viel Konzentration während des gesamten vierstündigen Heimwegs hindurch bis zu ihrer Rückkehr ins Dorf merken und den Älteren übermitteln. Das »C« hatte sie zwar vergessen, aber es hätte keinen großen Unterschied gemacht: Hakeem war krank, anscheinend schwer krank, und nicht einmal der ansonsten so mächtige Dorfheiler konnte diese Krankheit aus seinem kleinen Körper vertreiben. Als sich sogar das aufwendig hergestellte Mittel aus getrockneter Schlangenhaut und zerriebenen Chamäleonknochen als wirkungslos erwies, kapitulierte der Medizinmann und übergab den Fall an niemand Geringeren als Gott, der – *Inshallah!* – dem kleinen Jungen in seiner großen Güte wohl helfen werde. Tatsächlich lebt Hakeem heute noch immer, ob das aber Gott oder doch jemand anderem zu verdanken ist, ist in der Dorfgemeinschaft bis heute nicht endgültig ausdiskutiert.

Dass Gott sein Wirken jedoch öfter demonstrieren sollte, das wird während des Abendgebetes in der kleinen Moschee von Guabuliga ebenso erbeten wie in den Andachten der stickigen, ewig überfüllten Kirche der Christen. In der Sonntagsmesse, in der die Dorfbewohner ihren Glauben ausgelassen und nicht selten über drei bis vier Stunden hinweg feiern, lassen sich bei allen Freudengesängen und Dankensgebeten immer auch konkrete Forderungen an ihren Heiland hören. In nicht enden wollenden Fürbitten erschlossen sich mir auch in der gestrigen Predigt einmal mehr die Leiden des Dorfes, sie hatten sich während der letzten beiden Jahre kaum geändert: »Herr, lass die Früchte auf unseren Feldern gedeihen, auf dass sie unsere Kinder sättigen können.« »Herr, erbarme dich unser.« »Herr, gib den Lehrern Kraft, damit sie regelmäßig zum Unterricht erscheinen und unsere Kinder ordentlich erziehen können.« »Herr, erbarme dich unser.« »Herr, vertreibe die Krankheiten aus unserem Dorf, heile die Menschen und mache vor allem die Alten und die Kinder wieder gesund.« »Herr, erbarme dich unser.«

»Herr, lass das Wasser in den Brunnen nicht verfaulen und versiegen, auf dass unsere Kinder nicht durstig zu Bett gehen müssen.« »Herr erbarme dich unser.«

Der Herr erbarmt sich nicht immer, viele der Bitten bleiben ungehört. Doch mag Gott auch hart sein, eines verbittet er sich für die Menschen in der Savanne: Einsamkeit. Wenn die Gläubigen nach der letzten Segnung die Kirche verlassen, dann tun sie das gemeinsam, in Gruppen. In diesen großen, lauten und bunten Gruppen schieben sie sich hinaus ins Freie, durch das Dorf, durch den Alltag, durch das Leben. Alleine ist hier niemand, alleine kann hier niemand sein. Und dass in diesem Dorf ausgerechnet ein Kind durch das engmaschige Netz der Gemeinschaft fallen, allein und völlig auf sich selbst gestellt sein könnte, das will und kann man sich hier nicht vorstellen. Und so hat nicht einmal der greise Pfarrer Jonathan in seinen angeblich hundert Lebensjahren je ein Waisenkind in seiner Gemeinde zu Gesicht bekommen. »Unsere Kinder sind arm, aber alleine sind sie nicht«, meinte er gestern nach seiner Predigt, mit halb geschlossen Augen gegen die Mittagssonne blinzelnd. »Und in letzter Zeit kommen sogar Weiße, um mit ihnen zu spielen. Gott vergelte es ihnen.« Wie zur Bestätigung ertönte aus dem Inneren der Kirche plötzlich die rostige Glocke, und ihr dünner, blecherner Klang wurde begleitet vom ausgelassenen Lachen läutender Kinder.

14. Die Leiden der Weißen

Das Leben ist nicht einfach im afrikanischen Busch. Nicht für dessen Bewohner, und schon gar nicht für die Weißen. Dass man als Europäer nicht gemacht ist für diesen Teil der Erde, das lässt einen die Savanne ohne Unterlass und mit Beharrlichkeit spüren. Mit der brennenden Hitze, die den Kopf schmerzend, die Gedanken langsam, die weiße Haut rot und die Nächte schweißtreibend werden lässt. Mit den tückischen Tieren, die aus den unzähligen Nestern, Bauten und Höhlen des Umlands immer wieder den Weg zu den weißen Besuchern suchen und ihn schlängelnd, kriechend, fliegend auch finden. Mit den ungewohnten Gerüchen und Geräuschen, mit denen die schwere Luft vollgesogen ist. Und mit außergewöhnlicher Stille.

Es sind wohl genau diese Bedingungen, die viele weiße Helfer suchen und durch einen Freiwilligeneinsatz im Busch zu erleben erhoffen. Die einen Einsatz in Ghana so attraktiv machen und ihn zu einem begehrten und teuer zu bezahlenden Produkt aufwerten. Die immer neue und immer mehr Weiße in die Abgeschiedenheit der Savanne treiben. Und die dieselben Weißen oft schnell wieder zurück in ihre klimatisierten Flieger scheuchen. Denn was die meist jungen Besucher an ihrem Einsatzort vorfinden, steht nicht immer im Einklang mit ihren Erwartungen, mit den Fotos, die ihnen zu Hause auf Katalogen, Homepages und Rückseiten von Zahlscheinen vorgeführt wurden. Afrika entspricht oft nicht dem Bild von Afrika. Und das einfache Leben in der Savanne häufig nicht der verträumten Vorstellung davon. An die teuer erkaufte Sozialromantik muss man sich erst gewöhnen: Stationiert in einem abgelegenen Gebiet, fernab jedweder Zivilisation, haben sich die Helfer für die Dauer ihres Aufenthalts oft mit einfachsten Lebensbedingungen zu begnügen, meist mit nicht mehr als einem kleinen Zimmer im Hof einer einheimischen Familie. Wenn sie Glück haben, gibt es dort Elektrizität, ein Bett mit Matratze, ein Moskitonetz. Haben sie Pech, gibt es nichts davon. Das »Nicht-Haben« ist es, das man erst lernen und an das man sich mühsam gewöhnen muss. Anders als in der Heimat gibt es plötzlich kein fließendes Wasser, keine gekühlten Getränke, kein jederzeit verfügbares Sortiment aus vierzig verschiedenen Käsesorten, kein Internet, keinen Fernseher, keine Tageszeitung, kein Restaurant, kein Kino und keine Kneipe um die Ecke. Während einige genau deshalb gekommen sind, ist die stetige Entbehrung für die anderen nur schwer zu ertragen. Zugleich gilt es, neben dem physischen Kampf immer auch einen psychischen auszufechten. Denn den neuankommenden Weißen trifft bei seiner Ankunft in einem Dorf irgendwo in der Savanne Westafrikas nicht nur eine Hitzewelle, sondern zugleich auch ein ordentlicher Kulturschock.

Diese erste Intuition, diese anfängliche Fassungslosigkeit in Anbetracht der unbekannten Gesichter, Bekleidungen, Gerüche, Berührungen, Klänge mag nach einiger Zeit abnehmen, das Gefühl der Fremdheit aber bleibt bestehen. Man ist anders, daran kann weder das afrikanische Outfit noch der eifrige Versuch, die lokale Sprache zu lernen, etwas ändern. Dass die einen schwarz sind und die anderen weiß, ist nur eine – wenngleich auch die offensichtlichste und endgültigste – der vielen Unterschiedlichkeiten. Dass die Menschen um einen herum aber vielleicht auch noch an Hexen glauben, Begräbnisse mit ausgelassenen Festen feiern oder Fledermäuse essen, kann nachhaltig verstören. Es sind dies Ingredienzien der Exotik, zugleich aber auch jene der Abgrenzung und Isolation.

Pfarrer Jonathan hat in seinem Leben einige Weiße kennengelernt, auch wenn sie nicht oft in seine Kirche kommen. »Ihr Sulimingas sagt immer, ihr wollt Afrika kennenlernen«, lachte er gestern, immer noch gegen die Mittagssonne gewandt und nun mit gänzlich geschlossenen Augen. Ich war mir plötzlich nicht sicher, ob er überhaupt noch sehen konnte. Ein Ministrant hatte ihn eben nach draußen begleitet und saß nun etwas abseits im Schatten der maroden Kirchenmauer. »Aber wenn ihr dann hier ankommt, dann scheint ihr immer schon genau zu wissen, wie Afrika ist.« Er gluckste ein zahnloses Lachen, sein Gesicht hatte einen fast schelmischen Ausdruck angenommen. »Euer Bild von Afrika habt ihr schon zu Hause gemalt, mit Löwen drauf, mit Kindern voller Fliegen im Gesicht, mit Häusern, in denen diese Kinder auf euch warten.« Seine Lider blinzelten, als schienen sie sich nicht öffnen, die Augen nicht der prallen Sonne aussetzen zu wollen. »Würdet ihr genauer hinschauen, dann würdet ihr viel mehr sehen, als was ihr ohnehin schon kennt. Würdet ihr in meine Kirche kommen, dann würdet ihr hören, was uns bewegt. Und würdet ihr länger bleiben, dann würdet ihr es verstehen können. Und irgendwann auch fühlen.« Er öffnete plötzlich die Augen, blickte mir direkt ins Gesicht und sah in dem Moment wirklich aus wie hundert Jahre alt.

Viele Weiße schauen nicht genauer hin. Nur wenige gehen in Jonathans Kirche. Und die meisten bleiben auch nicht lange. So bleibt in der kurzen Zeit des Aufenthaltes oft nicht mehr als der Versuch, ein in Europa gezeichnetes Afrika-Bild in der afrikanischen Realität wiederzufinden. Findet man es nicht, ist man enttäuscht. Und findet man es doch, muss man sich auch seinem Negativ stellen.

15. Im Busch

So sehr sich die Lebensbedingungen der ghanaischen Dorfbewohner von denen ihrer europäischen Gäste auch unterscheiden mögen, während der Zeit ihres Aufenthaltes in Afrika haben die Weißen mit denselben Herausforderungen zu kämpfen wie die Schwarzen. Sie mögen zwar mehr Hilfsmittel besitzen, besser ausgerüstet sein und mehr Geld in der Hosentasche stecken haben, die Savanne aber macht keinen Unterschied zwischen Arm und Reich. Ihre Mücken sendet sie auf helle wie auf dunkle Haut, und mit ihnen Krankheit und manchmal Tod.

Das Fieber schleicht sich langsam an seine Opfer heran. Man bemerkt es erst nach einer Weile, am Anfang glaubt – und hofft – man, das Schwindelgefühl, der Brechreiz, der Durchfall, die Müdigkeit lassen sich auf das tropische Klima zurückführen und werden so schnell verschwinden, wie sie gekommen sind. Aber sie verschwinden nicht. Wenn dann der Griff an die glühend heiße Stirn die letzte Hoffnung auf Schonung zunichte gemacht hat, hat die Malaria längst volle Macht über den Körper ergriffen und mit ihrer schrecklichen Arbeit begonnen. In heftigen Schüben fällt sie über den Gast her, lässt ihn im Schüttelfrost vor Kälte zittern und kurz später in treibenden Hitzewallungen schwitzen. Dazwischen, in kurzen Phasen der Erholung, lässt sie von ihrem Opfer ab, gönnt ihm etwas Ruhe, erlaubt ihm eine Verschnaufpause. Doch die Rast wird nicht lange gewährt. Kaum haben sich die Muskeln entspannt und der Herzschlag verringert, kaum hat man die dunkle Welt des Deliriums für einen Moment verlassen, spürt man die nächste Welle bereits herannahen. Sie schwillt an und begräbt den Kranken mit lautem Getöse unter sich, ohne ihn wissen zu lassen, ob und wann er wieder auftauchen wird.

Es ist ein gemeiner, ein unfairer, ein furchterregender Kampf. Ich musste ihn mehrmals antreten, und ohne Hilfe hätte ich ihn gleich beim ersten Mal kläglich verloren. Es ist unvorstellbar, wie viele Menschen den Angriffen dieser Krankheit während der letzten Jahrhunderte schutzlos ausgeliefert waren. Und es ist noch unvorstellbarer, wie viele Menschen das heute – im 21. Jahrhundert – immer noch sind. Im Jahr 2010 sind weltweit über 1,2 Millionen Personen an den Folgen einer Malariainfektion gestorben.[14] Allein auf dem afrikanischen Kontinent – der von der Seuche am schlimmsten betroffen ist – raffte die Krankheit im selben Jahr rund 714.000 Kinder unter fünf Jahren dahin.

Einige von ihnen habe ich kennengelernt. In den Dörfern der Savanne glühten viele kleine Körper, auch wenn man es nicht immer gleich auf den ersten Blick erkannte. Dass ein Kind krank war, merkte man am ehesten an der Stille, die es umgab: Leise, bedrückt, matt in der Ecke oder unter einem Baum kauernd, trugen sie ihren Kampf alleine und in lautloser Isolation aus. Es ist irritierend, mit welcher Tapferkeit die Kinder – selbst die jüngsten unter ihnen – mit der Krankheit und ihren Schmerzen umgehen. Mehr als einmal habe ich erlebt, wie solch ein kleiner, zerbrechlicher Mensch von den schlimmsten Fieberschüben gebeutelt wird und dabei doch all sein Leid gefasst auf sich nimmt, den Schmerz hinunterschluckt. Man hört kein Schreien, kein Klagen, kein Weinen – nur eine Träne sieht man manchmal die kindliche schwarze Wange hinunter kullern, als stiller Zeuge des inneren Kampfes.

Es war während eines solchen inneren Kampfes, als mir Hakeem – zu Beginn meines Einsatzes und bei unserer allerersten Begegnung – den Anstoß zu monatelangen Nachforschungen und meiner jetzigen Rechercheriese geben sollte. Fiebernd in seinem Bett im Waisenhaus sich windend, verlangte er weinend nach seiner Mutter. Er wollte nach Hause zu seiner Familie. »Was macht dieser Junge hier? Warum ist er nicht daheim?«, fragte ich mich, während ich ihm die heiße Stirn befühlte. Warum er anstelle seines Zuhauses in einer anonymen Institution lebte, warum er statt von den Seinen von weißen Jugendlichen umgeben war, das fragte ich mich an jenem Abend und an vielen darauffolgenden Abenden.

Ein lautes Klatschen reißt mich aus meinen Erinnerungen. Malam wischt sich mit der flachen Hand eine Mücke von seinem Arm, mit abschätzigem Blick inspiziert er das am Boden liegende Insekt. »Biester«, sagt er, zuerst seine Handfläche, dann mich musternd. »Sind für nichts gut und bringen nur Verderben. Du hast es ja am eigenen Leib erfahren.«

Ich nicke geistesabwesend, will nicht nachdenken über die endlosen Tage und Wochen, die ich damals fiebergebeutelt in meinem schweißgetränkten Bett verbracht habe. Malam, der gute Nachbar, der er war, kam an jenen Tagen oft vorbei und stellte mir selbstgemachte Tinkturen und Kräutermischungen – »Malariavernichter«, wie er sie nannte – vor meine Haustür. Ob sie geholfen haben oder nicht, kann ich nicht sagen, aber allein die Geste erfüllt mich heute noch mich Dankbarkeit. Jetzt mustert er mich noch immer: »Ich dachte nicht, dass du noch einmal hierher zurückkommen wirst. Ich freue mich, dass du da bist.« Er zögert kurz. »Aber warum bist du eigentlich da?« Ich schlucke, weiß die Antwort selbst nicht genau. Irgendwo im Dorf bellt ein Hund, ansonsten ist kein Laut zu hören. Malam blickt kurz in Richtung der Häuser, dann wieder auf mich. »Ich habe vor zwei Jahren Dinge erlebt, die mich nicht mehr losgelassen haben«, sage ich schließlich. Ich kann das Zögern in meiner eigenen Stimme nicht überhören, Malam muss es wohl auch wahrnehmen. »Ich weiß, dass rund um die

Waisenhäuser in eurer Gegend Seltsames vorgeht. Und ich will herausfinden, was es ist.« Malam runzelt die Stirn. »Und deshalb bist du den ganzen Weg von Europa hierher in den Busch gekommen?« Jetzt liegt Zweifel in seiner Stimme, aber ich beharre darauf: »Etwas ist hier im Busch. Und ich habe drei Wochen Zeit, um es aufzuspüren.« Malam blickt kopfschüttelnd in die Savanne, die sich an der rechten Seite des Dorfes erstreckt und in der untergehenden Sonne in warmes Licht getaucht ist. Mit dem Abend sind auch die Moskitos gekommen, ihr Surren ist laut geworden in den letzten Minuten. »Dann lass dich aber nicht stechen dabei«, sagt er und klatscht sich eine weitere Mücke vom Arm. Ich lache und denke an meinen Aufenthalt vor zwei Jahren: Heute bin ich besser vorbereitet, auf alles. Damals, im Jahr 2011, war alles neu.

Teil IV

Inszenieren (und Mitspielen)

16. Du hast eine Mutter?

»Ich will heim zu meiner Mutter!« Mit großen Augen starrte mich Hakeem an, mit noch größeren starrte ich zurück. Was hatte er gesagt? Er möchte heim zu seiner Mutter? Der Regen trommelte hart auf das Wellblechdach des Waisenhauses und war so laut, dass man außer den schweren Tropfen kaum etwas anderes hören konnte. An jenem Juliabend des Jahres 2011, am ersten Tag meines lang erwarteten Afrika-Einsatzes und während einer der ersten Niederschläge einer noch länger erwarteten Regenzeit, schleuderte mir dieser kleine Junge eine seltsame Wahrheit ins Gesicht. »Du hast eine Mutter?«, fragte ich verdutzt und setzte mich auf die Kante seines Bettes. »Wo?« Eine kleine Hand kam unter der Decke hervor und wies mit zitternden Fingern vage in Richtung des Dorfes. Gleich darauf ließ Hakeem die Hand wieder sinken und schloss die Augen. Dieses Kind war krank, das konnte man sehen und – nach einem kurzen Griff auf die Stirn – auch fühlen. »Seine Mutter wohnt am Ende des Dorfes, gleich neben der Schneiderin Mavis.« Ich blickte nach oben, verwundert über diese unerwartete Wortmeldung aus der zweiten Etage des Hochbettes. Ein etwas älterer Junge sah von oben auf uns herunter, schüchtern beantwortete er für seinen kranken Bettnachbar meine Frage: »Wenn du hinter der Kirche rechts die Straße nach Walaga entlanggehst, kommst du direkt an ihrem Haus vorbei. Es ist ein kleines Haus. Aber seine Mutter ist sehr nett.« »Ja, das stimmt!«, tönte es plötzlich vom Nebenbett, und auch die anderen Kinder im Raum schienen der Meinung des älteren Jungen zu sein. Ich blickte mich um: Das letzte der vier Zimmer des Waisenhauses beherbergte die jüngsten Buben, insgesamt lebten hier – sowie in den anderen drei Zimmern auch – zehn Kinder in einem kleinen, dunklen und nur mit einem winzigen Fenster ausgestatteten Raum. Bei meinem ersten abendlichen Rundgang durch das Waisenhaus hatte ich zuerst in den beiden Räumen der Älteren vorbeigeschaut, doch sowohl die Burschen als auch die Mädchen waren recht still und verhielten sich zurückhaltend. Aus den zwei Zimmern der Jüngeren konnte man bei weitem mehr Lärm vernehmen, und laut blieb es auch nach meinem Eintreten. Einem kurzen, stillen Moment der Überraschung folgte ein Wortschwall nach dem anderen, die kleineren Kinder waren voller Neugierde und Redseligkeit. Nur Hakeem blieb ruhig. Mit glasigen Augen blickte er von Zeit zu Zeit an die Decke, mit Verwunderung im Blick, und wohl auch etwas Furcht über das wütende Lärmen dieses Niederschlags, der da draußen auf sein Dorf herunterging. Während sein Blick nach und nach schläfriger und die Kinder um ihn herum müder und leiser wurden, verschwand langsam auch der Regen. Nur mehr einzelne Tropfen waren zu hören, als ich mich von den Kindern verabschiedete, dem Nachtwärter die

Hand schüttelte und das Waisenhaus schließlich in der dunklen Nacht hinter mir zurückließ. Es regnete nicht mehr, aber dichte Wolken versperrten dem Mond die Sicht und ließen mich im Finsteren durch das nächtliche Savannendorf spazieren. Zum Glück gab es hier nur eine Straße, und dieser sandige Pfad führte mich direkt in mein neues Zuhause.

Links und rechts des Weges lagen vereinzelte Hütten in der Dunkelheit, aus manchen drang leises Stimmengewirr und der flackernde Schein eines kleinen Feuers. Frauen sangen, Männer murmelten, Kinder lachten, gedämpft, und doch voller Leben schwangen die Geräusche menschlichen Zusammenseins durch den nächtlichen Ort. »Ob wohl auch Hakeems Mutter gerade kocht oder singt?«, dachte ich mir, »ob wohl auch in ihrer Hütte gerade zusammen gesessen, geredet, gegessen wird?« Ich dachte an Hakeem, wie er alleine und fiebernd im Bett lag: »Warum ist dieser Junge nicht bei seiner Familie?« Bevor ich meine Gedanken zu Ende denken konnte, war ich vor meinem Haus am Ausgang des Dorfes angekommen. Ich öffnete das eiserne Tor des Gebäudes – das in seiner Bauweise zwar an den lokale Lehmbaustil angelehnt, aber wegen seiner robusten und aufwendigen Bauweise doch auffallend und für die Gegend untypisch war – und setzte mich auf die Holzbank im Innenhof. Im fahlen Licht des eben hervorgetretenen Mondes konnte ich die Silhouette meiner Frau sehen, die in unserem kleinen Schlafzimmer zwischen offenen Reisekoffern auf Zehenspitzen stand und für unsere erste Nacht im Busch ein Moskitonetz über dem Bett anzubringen versuchte. Ich hatte gewusst, dass uns in Ghana eine schwierige Aufgabe erwarten würde und war darauf vorbereitet, aber mit den Bildern von Hakeem und seiner Mutter im Kopf konnte ich in jener Julinacht 2011 nicht und nicht einschlafen.

Ich sollte noch sehr oft schlecht schlafen in den darauffolgenden acht Monaten meines Einsatzes. So einfach und klar mein Job in der Stellenausschreibung in Österreich noch ausgesehen hatte, so schwierig und herausfordernd sollte er sich vor Ort in Ghana gestalten. »Projektleiter für Entwicklungsprojekt in Ghana«, war das Inserat betitelt, das ich zu Ostern 2011 im Internet gesehen und gleich darauf begeistert meiner Frau Maggie gezeigt hatte. »Was müsstest du denn dort machen?«, fragte sie, und ich las ihr aus der Stellenausschreibung vor: »Gesamtleitung des Dorfentwicklungsprojektes in Guabuliga, Nordghana. Management von 8 lokalen Mitarbeitern. Budgetverantwortung. Zentrale Aufgaben: Verbesserung der Schulsituation, Wirtschafts- und Beschäftigungsförderung durch Mikrokredit- und Landwirtschaftsprogramm, Unterstützung des lokalen Waisenhauses und Re-Integration von 45 Kindern.« Das hörte sich nicht uninteressant an, und bis auf den Bereich des Waisenhauses entsprach es auch meinen Qualifikationen. So sahen das nach zwei Bewerbungsgesprächen auch die Vorstandsmitglieder der oberösterreichischen Organisation, die das Projekt seit 2008 von Linz aus steuerten und finanzierten.

Die Weichen für unseren Einsatz in Afrika waren damit gestellt, und nach Kündigung meines Jobs in Wien und zweimonatiger Vorbereitung saßen wir am 31. Juni 2011 schließlich voller Enthusiasmus und hochtrabender Pläne im Flugzeug nach Accra. Während wir die Sahara überflogen und ich durch das kleine Flugzeugfenster auf die endlosen Dünen der Wüste blickte, waren meine Gedanken bei Mikrokrediten, Schulprogrammen, Bewässerungsprojekten, Elektrifizierungsvorhaben. Über das Waisenhaus und die fünfundvierzig Kinder machte ich mir wenig Sorgen. Die Situation schien klar, meine Aufgabe ebenfalls. Jetzt aber, drei Tage und ein paar Gespräche später, ließen mich die Gedanken daran keinen Schlaf finden.

Dass Ghana übersät ist mit Waisenhäusern, das wusste ich. Dass in fast jedem größeren Ort eine solche Einrichtung zu finden war, habe ich im Zuge meiner Vorbereitungen gelesen und schon in den ersten Tagen in Ghana während der Fahrt in den Norden gesehen. Ebenso gelesen hatte ich von den Problemen, die mit der stetig wachsenden Anzahl von Waisenhäusern einhergingen. Sowohl in ghanaischen Zeitungen als auch in den Berichten internationaler Organisationen wurde immer wieder von Missständen in diesen Institutionen berichtet. Die Heime waren in schlechtem Zustand, beherbergten zu viele Kinder, wurden geführt von ungeeignetem Personal ohne entsprechende Qualifikation. Und es waren zu viele – viel zu viele, wenn es nach der Meinung internationaler Experten und der ghanaischen Regierung ging. Im Jahr 2009 wurde mit der »Care Reform Initiative« schließlich ein neues Gesetz erlassen, das den Wildwuchs an Waisenhäusern stoppen sollte: Die Errichtung neuer Waisenhäuser wurde verboten, bestehende Einrichtungen sollten stärker kontrolliert und zu einem großen Teil geschlossen werden. So lautete das Gesetz. Und so lautete damit auch mein Auftrag. »Die meisten fahren nach Afrika, um in einem Waisenhaus zu arbeiten. Du fährst hin, um eines zu schließen!«, hatte Maggie lachend zu mir gesagt, als ich ihr nach meinem ersten Bewerbungsgespräch von den Aufgaben erzählte, die der Job in Ghana mit sich bringen würde. Es war tatsächlich eine eigenartige Mission, die ich hier zu erfüllen hatte. Und die jetzt, wo ich wirklich hier war, wo ich das Waisenhaus, die Kinder und das Dorf direkt vor mir hatte, eine Menge Fragen aufwarf. Ich dachte wieder an Hakeem: Warum war er nicht bei seiner Mutter, warum war er im Waisenhaus? Und warum gab es dieses Waisenhaus überhaupt? Müde von den trüben Gedanken und beruhigt vom monotonen Gesang abertausender Buschgrillen, schlief ich endlich ein.

Es sollte noch eine Weile dauern, bis sich Antworten auf diese Fragen finden ließen. Im Trubel der ersten Wochen waren wir zu beschäftigt und völlig vereinnahmt von den täglichen Herausforderungen, die das Leben und die Arbeit in diesem neuen Umfeld an uns stellten, als dass wir uns der Lösung dieses verworrenen Rätsels hätten widmen können. Vorerst waren es die kleinen Rätsel des afrikanischen Alltags, die es zu lösen galt: Wo bekam man sauberes Trinkwasser her? Wie konnte man an Essen gelangen, wie sich frisches Gemüse oder hin und wieder sogar Fleisch beschaffen? Wie ließen sich die Schlangen aus dem Garten vertreiben, wie schmutzige Kleidungsstücke waschen? Doch mit den Wochen kam die Routine, im alltäglichen Leben ebenso wie in der Arbeit. Das Projekt entwickelte sich sehr gut. Ich und mein Team – bestehend aus acht freundlichen, professionellen und durch die Bank motivierten Ghanaern – fanden rasch zueinander, und nachdem in ersten Besprechungen Ziele festgelegt und Zuständigkeiten verteilt wurden, ging es in allen Aufgabenbereichen zügig und zufriedenstellend voran. Auch mit den Entscheidungsträgern im Dorf – allen voran mit dem Häuptling und seinem Ältestenrat – herrschte ein gutes Einvernehmen, jeden Sonntag traf man sich und tauschte sich über die Situation im Dorf und den Stand der einzelnen Vorhaben aus. Hakeems Mutter hatte ich über all diesem Stress völlig vergessen.

Bis sie eines Tages vor meiner Tür stand. Groß, in ein buntes Kleid gehüllt und mit einem freundlichen Lächeln im Gesicht blickte sie mich an, aus ihren Augen sprachen Sanftmut und stille Freude. Ich hatte sofort gewusst, wer diese Frau war – die Ähnlichkeit mit ihrem Sohn war verblüffend. Sie sprach kein Englisch, und meine Kenntnisse der lokalen Mampruli-Sprache reichten gerade mal zu einer holprigen Begrüßung. Aber es bedurfte keiner Worte. Sie nahm meine Hand, schüttelte sie fest und sagte leise »Mm pooh-see-ah«. Nach diesem »Danke!« verschwand sie so schnell und unauffällig, wie sie gekommen war. Ich blickte der Frau nach, wie sie aufrechten und stolzen Ganges die sandige Straße zum Dorf zurückging. »Sie liebt ihre Kinder, und sie dankt dir dafür, dass du dich um sie kümmerst.« Baba – unserer Dolmetscher und nach kürzester Zeit mein engster Mitarbeiter und Vertrauter – hatte die kurze Zusammenkunft zwischen mir und Hakeems Mutter von einiger Entfernung beobachtet und kam nun mit ernster Miene auf mich zu. »Aber warum leben ihre Kinder denn nicht bei ihr? Warum lässt sie sie alleine?«, fragte ich ihn. Baba lächelte, traurig und bitter zugleich: »Das kann man sich nicht immer aussuchen. Hakeems Mutter ist keine schlechte Mutter, ganz im Gegenteil. Aber manche Dinge passieren einfach, und nicht einmal jene, die es betrifft, verstehen, wie oder warum.« Baba erkannte meinen zweifelnden Blick, zögerte kurz und fügte dann hinzu: »Wenn du wirklich verstehen willst, wie so etwas passieren kann, dann begleite mich morgen in das Dorf Walaga. Dort wirst du sehen, wie Waisen gemacht werden.«

17. Inszenierung

»Lächeln!«, rief der Direktor des Waisenhauses und schaute mit strengem Blick in Richtung der Kindergruppe. Bis auf einen kleinen Buben, der laut schreiend in der Mitte saß und sich weder durch das flüsternde Zureden des älteren Mädchens zu seiner Linken noch durch die immer heftiger werdenden Schubser seines Sitznachbarn zu seiner Rechten beruhigen ließ, folgten alle Kinder der Aufforderung und starrten mit breitem Lachen in die Kamera des Besuchers. »Lächeln!«, rief der Direktor erneut, lauter noch als beim ersten Mal, und diesmal auch in meine Richtung. Erschöpft drückte ich auf den Auslöser.

Wir waren gerade erst angekommen, der Weg in das Dorf Walaga war weit gewesen. Über eine Stunde waren Baba und ich auf einer holprigen Pistenstraße durch die menschenleere Savanne dahingefahren, bis die winzige Ortschaft in der Ferne endlich auszumachen war. Von weitem schon war ein kleiner Mann zu sehen, der am Straßenrand stand und uns freudig zuwinkte. »Das ist Salifu, der Direktor des Waisenhauses«, meinte Baba zu mir, während er dem Mann lächelnd zurückwinkte. »Ich habe ihm von deinem Kommen erzählt. Er ist aufgeregt, du bist der erste weiße Besucher seit langem.« Salifu begrüßte uns mit betonter Freundlichkeit, herzlich schüttelte er zuerst meine Hand und führte seine beiden Besucher schließlich in ein Gebäude am Rande des Dorfes. »Willkommen im Waisenhaus Walaga!«, sagte er zu mir, während wir durch den Eingang schritten und den Innenhof betraten. Zwei dutzend Kinder starrten mich an, zuerst mit Schrecken und – nach dem ersten laut geforderten »Lächeln!« von Salifu – mit einem Lachen im Gesicht.

Es ist ein schönes Bild geworden, das ich an jenem Julinachmittag im Waisenhaus Walaga machen sollte. Zweiundzwanzig afrikanische Kinder sind darauf zu sehen. Aufgereiht vor einem blau bemalten Gebäude mit roten Türen blicken sie mit großen Augen in die Kamera. Der Größe nach geordnet, stehen links die Mädchen und rechts die Burschen, und bis auf den kleinen Buben in der Mitte scheinen alle Spaß zu haben. Lachende Kindergesichter, weiße Zähne, dunkle Augen, bunte Kleider, bloße Füße: Es ist ein Bild, wie es im Internet und in den Fotobüchern weißer Heimkehrer zu tausenden existiert und auf die immer selbe Art und Weise die Geschichte afrikanischer Waisenhausidylle erzählt. Doch etwas hier stimmte nicht, und das Schreien des kleinen Jungen war nicht das Einzige, was diese Idylle in Frage stellte, sie unecht und aufgesetzt erscheinen ließ. Hätte ich die Kamera nach diesem ersten Schnappschuss nicht weggelegt, sondern weiterfotografiert, dann wären nach dem ersten Musterbild noch einige seltsame Aufnahmen entstanden: von einer sich zögerlich auflösenden Kindergruppe etwa, die sich unschlüssig und planlos im Innenhof verliert. Von Mädchen und Buben, die sich offensichtlich kaum kennen und einander verlegen mustern. Von zwei Jungen, die den Ausgang ins Freie nicht finden können. Und von einem Gebäude, dem nicht im entferntesten anzusehen ist, dass es zwei dutzend Kindern als Wohnort dient.

Überhaupt schien dieser Ort wenig belebt, von der heiteren Freude und der ansonsten allgegenwärtigen Lebendigkeit afrikanischer Kindergruppen war in diesem Waisenhaus nichts zu spüren. Die Kinder standen herum, in kleinen Gruppen oder allein, wussten nicht recht, was tun, und wirkten sichtlich enttäuscht über ihre Besucher, die so ganz ohne Geschenke gekommen waren. Dem Direktor schien das nichts auszumachen, beschwingt kam er auf mich zu: »Das ist sicher ein tolles Bild geworden! Das musst du unbedingt zu Hause in Europa herzeigen, damit bald wieder neue Helfer zu unseren Kindern kommen.« Ich nickte zerstreut, abgelenkt durch ein Huhn, das wirr und laut gackernd durch den Innenhof lief. In chaotischem Zickzack, immer wieder abrupt und ohne erkennbaren Grund die Richtung ändernd, suchte es sich einen Weg durch die Kinderschar und entkam den immer zahlreicher werdenden, grapschenden Händen schließlich tatsächlich durch das geöffnete Eingangstor. Plötzlich war Leben in die Gruppe gekommen, laut johlend setzten die Burschen dem Tier nach draußen nach, und auch einige der Mädchen nahmen die Verfolgung auf. Während sich draußen das panische Gackern eines flüchtenden Huhnes mit den verzückten Schreien jagender Kinder vermischte, wurde es im Inneren des Gebäudes leise. So schnell die Lebendigkeit entstanden war, so schnell war sie auch wieder verschwunden. Nur mehr fünf kleine Mädchen saßen dort an die Mauer gelehnt, der Innenhof wirkte nun noch verwahrloster und einsamer als zuvor. Es war später Nachmittag, die langsam sinkende Sonne tauchte das Haus in warmes Licht und den Schatten der kleinen, verbleibenden Kindergruppe an die Lehmmauer. Während Salifu mir aufzählte, was im Waisenhaus alles benötigt wurde und von den zukünftigen Freiwilligen mitgebracht werden sollte – »Spielsachen«, »Zahnbürsten«, »Hosen«, »Matratzen, unbedingt Matratzen!« –, wurde der Schatten an der Mauer immer länger und seine Konturen immer schwächer. »Die Kinder müssten doch schon längst wieder zurück sein?«, unterbrach ich meinen Gesprächspartner nach einiger Weile. »Nein, nein, die tauchen nicht mehr auf!«, lachte Salifu. »Aber keine Sorge. Sobald die Helfer kommen, werden auch die Kinder wieder da sein!« Baba blickte mich an und sah, dass er mir auf dem Rückweg einiges erklären würde müssen.

18. Geschäftsmodell Waisenhaus

»Es ist ein einfaches Modell: Es gibt ein leeres Haus im Dorf. Es gibt Kinder im Dorf. Und sobald weiße Freiwillige aus Europa kommen, werden die beiden zusammengebracht, und es entsteht ein vorübergehendes Waisenhaus. Ganz einfach!« Baba lachte über seine Erklärung, während er im Rückspiegel auf den immer kleiner werdenden Salifu blickte und ihm durch das Fenster zuwinkte. Wir hatten das Dorf im letzten Licht des Tages verlassen, dreißig Kilometer holprige Buschstraße und eine mühsame Fahrt lagen vor uns. Ich holte seufzend Luft, gleichermaßen im Gedanken an den langen Weg als auch den zweifelhaften Erlebnissen dieses Nachmittags: »Aber ich verstehe nicht. Du meinst, diese Kinder sind gar keine Waisen? Und dieses Haus – dieses Haus ist kein Waisenhaus?« Baba nickte. Jetzt, wo wir alleine und von nichts außer endloser Savanne umgeben waren, hätte ich mich gerne aus dem Fenster gelehnt und meinen Kopf in den lauen Fahrtwind gehalten. Doch trotz der angenehmen abendlichen Brise ging das nicht, die Fenster mussten geschlossen bleiben, der Moskitos wegen. Es war viel zu heiß in diesem Auto, wie sollte man hier zu einem klaren Gedanken kommen? Wie sollte man hier in Ruhe überlegen können? Wie verstehen, was man soeben gesehen und gehört hatte? Und wie um alles in der Welt brachte Baba es zustande, bei dieser Hitze nicht zu schwitzen? Er lächelte jetzt bescheiden, vom Beifahrersitz schaute er mir ruhig entgegen: »Ich bin einiges gewohnt. An das Klima und die Waisenhäuser hier. Du brauchst für beides noch etwas Zeit.« Wir schwiegen und fuhren polternd den sandigen Weg entlang. Die Savanne war mittlerweile pechschwarz, nur mehr die rote Straßenerde im Lichtkegel des Autoscheinwerfers konnte man sehen und die Insekten, die davor herumschwirrten.

Die Fahrt war anstrengend, aber sie war auch beruhigend. Nach einer Weile hatte ich mich wieder gesammelt: »Du sagst also, dass dieses Waisenhaus in Walaga eigentlich gar nicht existiert? Dass alles, was wir heute gesehen haben, eine Lüge ist?« Ein pelziges Tier huschte aus dem Busch über die Straße, erst im letzten Moment und mit einem abrupten Linksschwenk konnte ich einen Zusammenstoß verhindern. »Das habe ich nicht gesagt.« Baba richtete sich wieder zurecht, die wilde Fahrweise hatte ihn tief in die rechte Seitentüre gedrückt. »Es ist keine Lüge. Es gibt ein Haus, es gibt arme Kinder. Aber ein Waisenhaus gibt es nicht. Die Kinder haben alle Familie.« Ich hatte Probleme, mich gleichzeitig auf die Straße zu konzentrieren und dem Gespräch zu folgen: »Aber warum sprechen dann alle immer von einem Waisenhaus, warum steht das Wort in bunten Lettern auf das Gebäude gemalt?« Baba runzelte die Stirn: »Das solltest du wohl mal deine Leute daheim in Europa fragen. Sulimingas haben das da drauf geschrieben.«

Die Straße wurde schlechter, übersät mit Schlaglöchern und Steinen. Die Ausweichmanöver warfen uns in unseren Sitzen hin und her, quietschend ächzten die Stoßdämpfer durch die ansonsten ruhige Nacht. »Sulimingas haben das in vielen Dörfern auf Gebäude geschrieben. Sie kommen her, wollen Waisenkindern helfen und tun das auch. Dass die meisten dieser Kinder gar keine Waisen sind, das wissen sie entweder nicht, oder es ist ihnen egal. Wenn sie kommen, sind Kinder da. Und die Kinder bleiben – so lange, bis die Freiwilligen wieder wegfahren.« Ich musste lachen, das Ganze war zu absurd: Da kamen Menschen den ganzen Weg aus Europa oder Amerika oder Australien angereist, um dann in einem Waisenhaus zu arbeiten, das gar keins war, und das – ich musste erneut auflachen – eigentlich nur ihretwegen da war. Ein Konstrukt, ein Fake, ein Schauspiel. Es wurde Theater gespielt: Die Kinder gaben die Waisen, der Direktor war der Regisseur, und aufgeführt wurde für das zahlende Publikum aus weißen Freiwilligen. Ich schüttelte den Kopf und konnte mich nicht entscheiden, ob ich das Ganze lustig finden sollte oder bestürzend. Ich übersah ein Schlagloch nach dem anderen, der Wagen kämpfte sich von einer tiefen Auswölbung in die nächste. Baba blickte besorgt, war aber – wie immer – viel zu höflich, um mich auf meinen erbärmlichen Fahrstil aufmerksam zu machen. Ich war im Gedanken bei all den Waisenhäusern, die ich während der ersten beiden Monate in Ghana gesehen hatte, ging im Kopf jedes einzelne durch, das ich besucht hatte. Es waren so viele gewesen: das Waisenhaus in Langbinsi, mit den Kindern, die so gut Fußball spielten. Das Waisenhaus in Timbela, mit der engagierten Direktorin, die schon so alt, aber immer noch so energisch war. Das Waisenhaus in Walewale mit den zwei Freiwilligen aus Norwegen, das Waisenhaus in Kpasenkpe mit den Zwillingen. Das Waisenhaus in Silinga, das Waisenhaus in Bolga, in Tamale, Koforidua, Dui, Sila, Montigne. All die Kinder, die bunten Kleider, die fröhlichen Gesichter, all die freundlichen Waisenhausdirektoren, die bunt bemalten Gebäude. Mir wurde schwindlig. Ich nahm den Fuß vom Gaspedal, ich war viel zu schnell unterwegs für diese Straße, für diese Tageszeit, für dieses Auto. Die Hoffnung, dass sich mit der Fahrtgeschwindigkeit auch das Rasen meiner Gedanken verringern würde, erfüllte sich nicht. Neue Fragen schossen mir durch den Kopf: Was passierte, wenn Freiwillige immer da waren? Wenn immer wieder neue kämen, immer jemand vor Ort wäre? Baba – unsicher, ob er mir noch mehr zumuten könnte – antwortete erst nach einigem Zögern: »Wenn Freiwillige bleiben, dann bleiben die Kinder. Und wenn Freiwillige immer da sind, dann sind auch die Kinder immer da. Sie bleiben im Waisenhaus, sie gewöhnen sich daran. Irgendwann, nach Monaten, ist das Waisenhaus ihr neues, ihr ständiges Zuhause. Sie gehen nicht mehr heim.« Ich dachte an Hakeem und verstand.

19. Familie über allem

Familie steht in Ghana über allem. Sie ist der Kitt, der die Gesellschaft im Innersten zusammenhält, die Basis des alltäglichen Lebens. Sie stellt den seit Jahrhunderten unverrückbaren Grundstein sozialer Organisation dar, gibt Strukturen vor, setzt Regeln fest, bietet Orientierung an. Sie ist der Mittelpunkt allen Miteinanders, der Dreh- und Angelpunkt sowohl im städtischen als auch – und viel stärker noch – im ländlichen Leben. Für die Gemeinschaften in der Peripherie, in den unzähligen Dörfern des ruralen Ghana, ist die Familie dabei nicht nur eine Form des Zusammenlebens, sondern ein Mittel des Überlebens: ein soziales Sicherungsnetz, das emotionalen und materiellen Schutz bietet und zumeist auch dringend benötigt wird. In einem Land, in dem die nationale Sozialpolitik oft nicht viel weiter reicht als über die Türschwelle des Regierungsbüros, in dem sie entworfen wurde, spielt der Staat im Leben der meisten Menschen eine marginale Rolle. Das Konzept sozialer Sicherungssysteme ist im Hinterland Ghanas nahezu unbekannt, unverständlich für die meisten und viel zu abstrakt, als dass man sich darauf verlassen könnte. Also ist und bleibt die Familie die zentrale Instanz des sozialen Überlebens, trägt Sorge und Verantwortung für ihre Mitglieder und bietet den Schwächsten unter ihnen – Kindern und Alten allen voran – Schutz und Sicherheit. Es braucht keine Sozialversicherung, wo der Generationenvertrag unverändert gilt und selbsttragende Familiensysteme hervorbringt.

»Das Netz der Familie umschließt uns alle, es fängt uns alle auf«, meinte Baba, während wir langsam und im ersten Gang durch das nächtliche Guabuliga fuhren. Vorbei an den Lehmhütten, die ruhig im hellen Licht des

Mondes lagen und nur mehr vereinzelt durch den Schein kleiner Feuer beleuchtet wurden, quälte sich der Wagen auf den letzten Metern der langen Fahrt dahin und kam schließlich unter dem Baobab-Baum am Ende des Dorfes zum Stehen. Es war bereits spät, der Weg zurück ins Dorf hatte – vielleicht wegen des Zustandes der Straße, vielleicht aber auch wegen des verstörenden Gespräches – viel mehr Zeit in Anspruch genommen als geplant. Ich war erschöpft, auch Baba schien müde. Trotzdem waren der Tag und unser gemeinsamer Ausflug für ihn noch nicht zu Ende: »Du sollst meine Familie kennenlernen. Nachdem wir heute so viel darüber geredet haben, sollst du sehen, was ich meine. Und wir müssen essen.« Ich war zu ermattet, um Widerspruch einzulegen, und hungrig war ich auch.

Babas Haus lag etwas abseits, wortlos folgte ich meinem Gastgeber auf dem sandigen Pfad dorthin. Von außen lag das lehmerdende Gehöft völlig still, erst als wir durch den Eingang traten, ließen sich gedämpfte Stimmen vernehmen. Am Boden des Innenhofes schliefen Menschen, etwa fünfzehn Personen lagen dort eng aneinander gedrängt im Dunkeln. Im schwachen Schein einer Kerze, die in einer leeren Coca-Cola-Flasche im hinteren Teil des Hofs und etwas abseits von der Gruppe brannte, ließen sich die Gesichter der Schlafenden nur schemenhaft ausmachen. Es waren Erwachsene und Kinder darunter, soviel konnte ich sehen, und bis auf drei leise aufeinander einredende Frauen schienen alle tief zu schlummern. Baba schnalzte mit der Zunge, ein Geräusch, das die drei Frauen ihr Gespräch abrupt beenden und auf uns zukommen ließ. »Das ist meine Mutter«, stellte er mir die älteste der drei vor. Die alte Frau schüttelte herzlich meine Hand und ließ sie so lange nicht mehr los, bis die beiden anderen – Babas Frau und seine älteste Schwester – bereits mit zwei vollen Tellern Reis und einem Krug Wasser wieder zurück waren. Wir setzten uns gemeinsam in der Nähe der Kerze auf den Boden und begannen zu essen. »Keiner hier muss alleine schlafen«, stieß Baba zwischen genüsslichem Kauen hervor und nickte in Richtung der schlafenden Gruppe: »Meine eigenen Kinder liegen hier zwischen meinen Schwestern und Brüdern und deren Kindern. Der in der Mitte ist mein Vater, er liebt es, all seine Enkelkinder um sich zu haben.« Baba übersetzte den letzten Satz für seine Mutter, die lachend mit dem Kopf nickte und etwas erwiderte. Nun lachte Baba auch: »Und manche davon sind nicht mal seine Enkelkinder. Aber das macht nichts. Wenn jemand in der Familie Unterstützung braucht, sind wird da.« Er deutete auf ein kleines Mädchen, das friedlich zwischen zwei größeren lag und tief ein- und ausatmete: »Nuria ist die Tochter meiner Schwägerin. Ihr Vater ist gestorben, als sie sechs war. Ich hab sie bald darauf aufgenommen, sie lebt jetzt schon seit zwei Jahren bei uns.« Ich blickte nochmals zu den Mädchen, dann zu den anderen Kindern und schließlich zum alten Familienoberhaupt in der Mitte. Der Schein der Kerze war schwächer geworden, dafür schienen die Sterne nun heller, und auch der Mond hatte in der Zwischenzeit an Stärke gewonnen. Die schlafende Familie lag idyllisch in weißes Licht getaucht, es war ein zutiefst friedliches Bild, das sich mir hier bot. Ein Gefühl von Ruhe überkam mich, und plötzlich spürte ich selbst schwere Müdigkeit in mir und einen starken Wunsch nach Schlaf. Ich erhob mich langsam, bedankte mich bei den drei Frauen und ließ mich von Baba nach draußen begleiten. Zum Abschied rief er mich nach: »Mach deine Augen auf, und du wirst sehen – es gibt keine Waisen bei uns, es gibt nur Familie.«

Das tat ich. In den folgenden Tagen und Wochen ging ich mit geschärftem Blick durch das Dorf – und stieß auf Familien, egal wohin ich sah oder mit wem ich sprach.

Es schien überhaupt keine Individuen an diesem Ort zu geben, niemanden, der alleine war. Ein jeder Mensch an diesem Ort war eingebettet in familiäre Strukturen, aufgefangen vom engmaschigen, allumspannenden Netz der Gemeinschaft. Wenn ich in jenen Wochen, einer Einladung folgend, im Kreise einer dieser Großfamilien saß und um mich herum die Kinder krabbeln, die Alten mit Wohlwollen auf ihre Nachfahren blicken und junge Eltern liebevoll ihre Jüngsten streicheln sah, dann fing ich an, Babas Worte zu verstehen. Hier war jeder Teil eines Größeren – Teil eines weitverzweigten Clans, in dem der Generationenvertrag noch das Regelwerk des täglichen Zusammenlebens darstellte und das Miteinander von Jung und Alt durch gegenseitiges Geben und Nehmen geprägt war.

Ich wunderte mich, dass mir die Allgegenwart der Familie nicht schon früher aufgefallen war. Ich hatte zwei Monate an diesem Ort gelebt und gearbeitet, ohne zu verstehen, welch zentrale Funktion das System Familie im Dorfleben einnahm und wie bedeutend es für das alltägliche Leben der Menschen hier war. Erst nach und nach begann ich zu begreifen, wie groß diese Familiensysteme eigentlich waren. Sie umfassen weit mehr als das, was man sich aus europäischer Perspektive darunter vorstellt, inkludieren weit mehr als jene überschaubare Personengruppe, die nach dem westlichen Verständnis eine Familie ausmacht. Im Gegensatz zur Nuklearfamilie mit ihrer traditionellen Konstellation aus Vater, Mutter und – im europäischen Raum immer weniger – Kindern, ist die afrikanische Familie immer eine Großfamilie. In riesigen Gruppen lebt zusammen, was durch weitverzweigte Verwandtschaft zueinander gehört, teilen sich Großeltern und Enkel, Onkeln, Tanten, Neffen, Eltern und Geschwister Lebensraum und Alltag. Zwar unterscheiden sich die konkreten Konstellationen des Zusammenlebens je nach Ethnie und deren Zugehörigkeit zum matrilinearen oder patrilinearen System – eine Klassifikation, welche die Familienfortführung entweder über die verwandtschaftliche Linie der Mutter oder jene des Vaters festlegt –, doch in beiden Fällen wird der Familienbegriff weit gefasst und umschließt eine sehr große, heterogene Gruppe.[15] Eine Gruppe, die Regeln auferlegt, Verantwortungen überträgt und Schutz bietet.

Es ist eben dieser Schutz, diese soziale Sicherung, die in der westafrikanischen Savanne nicht von staatlichen Institutionen erbracht oder von sozialen Vereinen erwartet wird, sondern von der Familie. Ich benötigte zwanzig Wochen Zeit, einen aufrüttelnden Tag mit Baba und einige Dutzend Besuche bei lokalen Familien, um das zu begreifen. Und um zu erkennen, dass es ein Waisenhaus in diesem Teil der Erde und unter diesen Umständen eigentlich nicht geben kann. So wie es in den Dörfern der westafrikanischen Savanne keine Altersheime gibt, weil ein alter Mann immer irgendjemandes Opa, Vater, Onkel oder Bruder ist und in dessen Familie Geborgenheit und Pflege findet, ist hier auch das Waisenhaus eine realitätsfremde Institution, nach der keine Notwendigkeit besteht. Trotzdem gab es sie – gab es sie überall im Land. Warum das so war, konnte ich nun in Ansätzen erahnen. Welche Folgen es mit sich brachte, wurde mir jedoch erst gegen Ende meines Afrika-Aufenthaltes vor Augen geführt.

20. White Kid

»White kid!«, hallte es über den ganzen Fußballplatz. Auf dem braunerdenden Feld, das jetzt, zum Höhepunkt der Trockenzeit, aus nicht viel mehr bestand als aus Staub und zwei wackeligen Holztoren, hatte sich eine Gruppe von Kindern um den kleinen Hakeem gebildet. Die Burschen waren etwas älter als er, hatten schmutzige Kleider am Leib und keine Schuhe an den Füßen. Hakeem hingegen trug ein Trikot – nicht sehr sauber zwar, dafür aber von Ajax Amsterdam – und dazu rote Turnschuhe. »Du bist keiner von uns«, fuhr ihn einer der Buben an, lautstark unterstützt von den anderen. Hakeem schlich sich davon, in geduckter Haltung und mit Tränen in den Augen. Ich stand etwas abseits und hatte die Szene von meinem schattigen Platz unter dem Baobab-Baum beobachtet. Es war die letzte Woche meines Afrika-Einsatzes, und wie so oft während der letzten acht Monate vertrieb ich mir den Sonntagnachmittag bei einem Fußballspiel. In Anbetracht des bescheidenen Freizeitangebotes waren Fußballspiele im Dorf äußerst beliebt, und es kam nicht selten vor, dass mehrere hundert Zuseher dem Treiben am Feld beiwohnten und es mit Tanz und lautstarkem Gesang unterstützten. Heute war es am Platz noch recht leer, bis auf die Gruppe mit den Kindern war zu der frühen Stunde kaum jemand zu sehen. Hakeem kam weinend auf mich zu, die roten Turnschuhe hielt er in der linken Hand. Als eines der letzten Kinder, das im Waisenhaus wohnte, hatte Hakeem die Sneakers vor einigen Monaten von einer der Freiwilligen geschenkt bekommen und sie seitdem jedes Wochenende stolz getragen. Beruhigend sprach ich auf den Kleinen ein und setzte ihn auf meinen Platz unter den Baum. In der Gruppe der Jugendlichen wurde immer noch lautstark diskutiert, erst als ich mich ihr auf wenige Meter genähert hatte, verstummte das aufgebrachte Stimmengewirr. »Wieso lasst ihr Hakeem nicht mitspielen?«, fragte ich in ruhigem Ton. Die Kinder antworteten nicht, betreten starrten sie auf ihre Füße. »Er ist ein ›white kid‹«, murmelte schließlich einer, und einige seiner Kameraden nickten zur Zustimmung stumm mit dem Kopf.

Ich hatte den Ausdruck in den letzten Monaten schon öfters gehört, nicht nur in diesem, sondern auch in anderen Dörfern. Was es mit diesen verächtlichen »White kid!«-Rufen auf sich hatte, hatte ich bis dahin nicht verstanden und fragte deshalb nach: »Was heißt das? Er ist doch schwarz, so wie ihr.« »Er ist nicht wie wir!«, konterte einer der Buben laut und ohne Zögern, und diesmal stimmte die ganze Gruppe geschlossen mit ein. »Nein, er ist nicht wie wir!«, rief einer, »Schau dir doch seine Schuhe an!«, warf ein anderer ein. Die Stimmen überschlugen sich: »Er wohnt nicht zu Hause.« »Er schläft in einem Bett!« »Er redet so eigenartig, ganz anders als wir!«

Die Burschen kicherten nun, einer johlte: »Er weiß nicht mal, wie man am Feld arbeitet. Gib ihm eine Hacke in die Hand, und ich sage dir, er hat keine Ahnung, was er damit machen soll!« Das Gelächter wurde immer lauter. Plötzlich sagte einer der Kleineren, der bisher noch nicht den Mund aufgemacht hatte, betrübt und mit ehrlicher Traurigkeit in der Stimme: »Er hat so viele Dinge, die ich nicht habe.« Nun hörten auch die anderen Kinder auf zu lachen, einige Gesichter nahmen wieder grimmige Züge an.

Ich blickte zu Hakeem, der alleine unter dem Baobab-Baum saß und sich immer noch Tränen aus den Augen wischte. Der größte unter den Burschen folgte meinem Blick uns sagte dabei mit fester Stimme: »Der fängt immer gleich zu heulen an. So wie die anderen Kinder aus dem Waisenhaus auch. Dabei geht es ihnen so gut. Sie haben viel mehr zu essen als wir. Sie bekommen Geschenke. Und sie brauchen nie arbeiten. Könnt ihr euch das vorstellen?« Die letzte Frage war nicht mehr an mich, sondern an seine Freunde gerichtet und erntete ungläubiges Kopfschütteln. Mit Blick auf den abseits sitzenden Hakeem fuhr er fort: »Die sind einfach ganz anders als wir. Sobald sie länger im Waisenhaus sind, werden sie anders. ›White kids‹ eben. Du kannst jeden im Dorf fragen. Sie gehören nicht mehr dazu.« Der Bursche sah mich direkt an. Ich konnte seinen Gesichtsausdruck nicht richtig deuten. Mit einer Mischung aus Abscheu, Trauer und Wut blickte er mir in die Augen und schien auf eine Antwort zu warten. Ich hatte das Gefühl, dass sich seine Wut auch gegen mich richtete. Gab er mir die Schuld an diesem Zustand? Unschlüssig, wie zu reagieren und was zu erwidern, zuckte ich mit den Schultern und starrte betreten auf den Boden. Nach einem langen Moment der Stille und um irgendetwas zu sagen, blickte ich ihn nochmals an und fragte: »Wie heißt du?« Mit ernstem Blick sah er mir in die Augen und sagte schließlich: »Ich heiße Barnabas. Ich bin der Bruder von Hakeem.« Er sah mir noch einen Moment lang in die Augen, dann nickte er mit dem Kopf und verließ den Platz. Seine Freunde folgten ihm in einigem Abstand. Ohne ein Wort zu sagen gingen sie am Baobab-Baum und an Hakeem vorbei in Richtung des Dorfzentrums. Ich blickte ihnen lange nach und spürte die brennenden Strahlen der Mittagssonne erst, als die Gruppe hinter der Kirche verschwunden war und ich völlig alleine auf dem staubigen Platz stand. Auch Hakeem war in der Zwischenzeit aufgestanden, hatte in einem Moment des Zögerns zuerst einige Schritte in Richtung der anderen Kinder gesetzt, sich dann aber doch umgedreht und war mit hängenden Schultern in die entgegengesetzte Richtung nach dem Waisenhaus gestapft. Mit bloßen Füßen, die roten Turnschuhe in den Händen, und erneut den Tränen nahe.

An jenem Sonntagmorgen stand ich noch lange auf dem Fußballplatz, versunken in Gedanken an Hakeem und seinen Bruder, rätselnd über die verworrene Situation, in der sie sich befanden. Und in der sich wahrscheinlich hunderte, wenn nicht gar tausende andere Kinder in Ghana befanden. Wie meine Gedanken sich im Kreis drehten, so fing auch ich an, im Kreis zu gehen. Entlang der mit krummen Holzästen und Steinen markierten Außenlinie umzirkelte ich das Spielfeld, von einer Ecke zur nächsten, von einer Seite zur anderen. Ich versuchte, die Worte der jungen Afrikaner zu verstehen, sie in Zusammenhang zu setzen mit meinen Erlebnissen der vergangenen Monate. Eines war klar: Rund um Waisenhäuser passierte etwas, das Außenstehenden – vor allem jenen aus der westlichen Welt – auf den ersten Blick verschlossen blieb. Auf diesen ersten Blick sah die Situation klar aus: Es gab in den Dörfern Westafrikas familienlose Kinder, die in Waisenhäusern aufwuchsen und dringend Hilfe benötigten. Doch auf den zweiten Blick zeigt sich: Diese Kinder haben sehr wohl Familie, und die Idee eines Waisenhaus ist keineswegs Teil ihrer Kultur. Vielmehr scheint es eine Erfindung zu sein, ein Konstrukt, mit dem westliche Freiwillige nach Afrika gelockt und zur Mitarbeit angespornt werden. Die Freiwilligen kommen, sie helfen – und sie zahlen Geld dafür. Damit ist das Waisenhaus ein Ort der Geschäftemacherei. Hier wird Business betrieben. »Orphanage Business« dachte ich mir, während ich zum zehnten Mal an der Torlinie kehrtmachte und am Seitenrand entlang wieder in die andere Richtung hastete. Hier wird Geld gemacht, werden künstliche Waisenhäuser aufgebaut, mit Kindern aus intakten Familien befüllt und schließlich zahlenden Freiwilligen angeboten.

Ich tat mir schwer, noch einen klaren Gedanken zu fassen: Wem wurde hier eigentlich geschadet? Freiwilligen aus Europa, den USA und anderen Teilen der westlichen Welt wird etwas vorgemacht, sie werden belogen, und sie bezahlen dafür. Doch bezahlen nicht auch die afrikanischen Kinder? Ich dachte an Hakeem, an seine roten Turnschuhe und an die junge Deutsche, die ihm diese Schuhe wenige Wochen zuvor mit freudenstrahlendem Gesicht geschenkt hatte. Diese Kinder werden zu Außenseitern gemacht, werden von ihren Familien getrennt, von ihren Müttern, Vätern, Geschwistern. Was helfen ihnen doppeltvernähte Turnschuhe, wenn sie mit ihnen als Außenseiter am Rand der Gesellschaft stehen? Ich hielt inne, das blecherne Schlagen der kleinen, rostigen Kirchenglocke tönte im Dorf und riss mich aus meinen Grübeleien. Erst jetzt fielen mir die sengende Hitze und der hohe Stand der Sonne auf, es musste bereits weit nach Mittag sein. Ich war durstig, sonnenverbrannt und müde. Ich schleppte mich erschöpft zu meinem Haus und spürte trotz der Müdigkeit, dass ich einer verworrenen Geschichte auf der Spur war – einer Geschichte, in der die Grenzen zwischen Gut und Böse, zwischen Opfer und Täter verschwammen. An jenem Sonntag, vier Tage vor dem Abschluss meines achtmonatigen Afrika-Aufenthaltes und meiner Rückreise nach Europa, wurde ich in eine Geschichte hineingezogen, die mich über ein Jahr lang nicht mehr loslassen und beschäftigen sollte. Das ahnte ich allerdings an jenem heißen März-Tag im Jahr 2012 noch nicht – aber als ich abends zu den Zirpgeräuschen tausender und abertausender Savannengrillen die Augen schloss, wusste ich: Ich werde hierher zurückkommen.

Teil V

Nachforschen (und Vorstossen)

21. Eintauchen

Es ist genau so, wie es damals war und wie ich es in Erinnerung hatte. Es ist heiß. Es ist trocken. Es ist staubig. Es ist wunderschön. Ich schließe meine Augen und lausche der Savanne. Wie hatte ich diesen abendlichen Chor vermisst, an wie vielen stummen Nächten in Wien mir diesen vollen, komplexen, tausendstimmigen Sound herbeigewünscht. Bis auf den eigentümlich auf- und abschwellenden Gesang eines Vogels, der im Baum gleich neben unserem Haus sein Nest aufgeschlagen zu haben scheint, erkenne ich alle Geräusche, kommen sie mir alle vertraut vor. Ich bin erst seit drei Tagen wieder hier, aber es fühlt sich an, als wäre ich nie weggewesen. Ich öffne die Augen und sehe das Bild zum Ton: Busch, soweit man blicken kann, endlose Grassavanne. Die wenigen Bäume, die sie durchsetzen, sind im schwachen Licht der Dämmerung nur mehr schemenhaft auszumachen, wirken wie behutsam skizzierte Zeichnungen und werden bald schwarz übermalt sein. Wie oft bin ich während meines ersten Aufenthaltes an diesem Platz auf der Terrasse gesessen und habe den Übergang zwischen Tag und Nacht beobachtet, fasziniert diesem täglich wiederkehrenden Schauspiel von Hell und Dunkel beigewohnt. Die Leute im Dorf sagen, unser Haus – das Suliminga-Haus, das Haus der Weißen – ist dazu der beste Platz, denn es liegt ganz am Rande des Ortes und direkt am Busch. An diesem letzten Außenposten von Guabuliga, an der Grenze zwischen Dorf und Savanne, habe ich mich auch für die Dauer meines jetzigen, zweiten Aufenthaltes einquartiert. Anders als beim letzten Mal bin ich dieses Mal aber nicht für viele Monate gekommen, sondern nur für wenige Wochen. Nicht als Bewohner, sondern als Gast für einen begrenzten Zeitraum. Drei Wochen werden es sein, vielleicht vier. Je nachdem, wie sich die Geschichte entwickelt, was sich herausfinden lässt, wo sich Antworten auflesen lassen. Ein leichter Schauer durchfährt mich: »Ich sitze im Dunkeln«, denke ich bei mir. Ich bin hierhergekommen, um ein Rätsel zu lösen, um die Geschehnisse rund um westafrikanische Waisenhäuser zu beleuchten, um eine Geschichte zu erzählen. Aber ich weiß nicht recht, wonach ich überhaupt suchen, wo ich anfangen soll. Ich schaudere erneut. Es ist dunkel mittlerweile und kühl. Sobald die Sonne weg ist, wird es kalt. Ich gehe ins Haus, hole eine Jacke, zwei Kerzen, eine Mappe mit losen Notizblättern und meinen Laptop. Das kleine Tischchen auf der Terrasse rücke ich zurecht, zünde die beiden Kerzen an und klappe schließlich meinen Computer auf. Der Bildschirm – mit dem Hintergrundbild einer verschneiten Winterlandschaft – wirkt befremdlich an diesem Ort, außerdem zieht sein fahles, bläuliches Licht unvermittelt Moskitos an. Ich öffne das Dokument mit dem Titel »Ghana_Das Geschäft mit den Waisen.doc« und starre auf die erste Seite. Sie ist leer, nicht ein einziger Satz steht dort geschrieben. Ein weißes Blatt, und dahinter nichts als schwarze Nacht. Und der Busch, den man nicht sehen, dafür aber umso lauter hören kann.

Heute ist mein dritter Abend, seit Sonntag bin ich jetzt wieder zurück. Zurück in Guabuliga, zurück in diesem Dorf, das mir in nicht allzu langer Vergangenheit für acht Monate Heimat war. Schon beim Anflug auf den Provinzflughafen Tamale konnte ich dessen strohbedeckte Lehmhäuser von der Luft aus sehen, und ein wohliges Gefühl der Ruhe machte sich in mir breit beim Anblick dieses still inmitten der Wildnis ruhenden Dorfes. Als ich zwei Stunden und einhundert fünfzig Kilometer holprige Buschstraße später in den Ort einfuhr, war von Stille zwar nicht mehr viel zu spüren – immerhin kam ein Suliminga auf Besuch, einer sogar, der zuvor lange im Dorf gelebt hatte –, das wohlige Gefühl der inneren Ruhe ließ mich an diesem Sonntagmorgen aber nicht mehr los. Ich kam hier nicht nur an einen Ort zurück, sondern zu seinen Menschen. Menschen, die mir trotz aller Unterschiedlichkeit ans Herz gewachsen und mir während meines langen Aufenthaltes liebe Freunde geworden waren. Baba, Malam und die vielen anderen ehemaligen Mitarbeiter und Bekannten wiederzusehen, war eine große Freude und nahm fast den gesamten Tag in Anspruch. Als Erstes zu sehen – und zu fassen – bekam mich aber Hakeem, der mich gleich nach meiner Ankunft an der Hand packte und durch das Dorf zog. Erst nach einer Tour durch die gesamte Ortschaft mit Besichtigung aller für Hakeem relevanten Neuerungen – ein frischgeborener Esel, das neue Aluminiumdach der Grundschule und sein blau ausgemaltes Zimmer im Waisenhaus – konnte ich meine Freunde gebührend begrüßen und das Wiedersehen feiern. Es war bereits nach

Sonnenuntergang, als ich endlich dazu kam, die Türe meines ehemaligen Zuhauses aufzuschließen und meine Reisetasche auf das Bett zu werfen. Es war dasselbe Bett wie damals, es waren dieselben Menschen, es war dieselbe Savanne. Erschöpft und zufrieden schlief ich ein.

Beim Gedanken an das gemütliche Bett werde ich schläfrig. Ich hätte nichts dagegen einzuwenden, meinen Platz auf der Terrasse gegen die weiche Matratze einzutauschen. Doch heute musste ich wirklich arbeiten, endlich mit dem beginnen, was ich zu tun beabsichtigt hatte und weswegen ich hier war. Meine Augen wandern über den Bildschirm, über das weiße, unbeschriebene Blatt. Ich klicke das leere Dokument weg und habe plötzlich wieder die österreichische Schneelandschaft vor mir. Seufzend klappe ich den Laptop zu und öffne stattdessen die schwarze Mappe. Ich hole einige Notizblätter daraus hervor, bunt beschrieben in meiner schwer leserlichen Handschrift, und ein Bündel mit Fotografien. Ich breite die Bilder am Tisch aus, die meisten stammen von meinem letzten Aufenthalt: Ein Gruppenbild von mir und meinen Mitarbeitern, aufgenommen bei meinem Verabschiedungsfest und kurz vor Sonnenuntergang. Eine Aufnahme des Häuptlings, in der er mit staatsmännischem Blick und schwerem Schmuck im Kreise seines Ältestenrats sitzt. Ein Bild von Hakeem, in dem er mit bittendem Gesichtsausdruck in die Kamera blickt. Ich sehe mir das Bild lange an, halte es näher an mich heran. Ich muss lächeln: Dieser Bursche weiß wirklich, wie man sich verkauft. Am nächsten Bild ist er mit einer Freiwilligen zu sehen, er sitzt auf ihrem Schoß und lacht mit dem blonden Mädchen um die Wette. An seinem Handgelenk trägt er eine pinke Uhr. Ich überfliege die weiteren Bilder – fast ausschließlich Aufnahmen von Dorfbewohnern – und halte schließlich bei einem querformatigen Foto inne: eine große Gruppe von Kindern, aufgereiht vor einem blauen Gebäude. Das Waisenhaus Walaga. Ich schaue mir die Gesichter einzeln an, die der Kinder zuerst, dann das des Waisenhausdirektors. »In diesem Moment wurde ich angelogen«, denke ich mir und mustere das Gesicht von Salifu nochmals genauer. Entgegen meiner Erwartung lässt sich in seiner Miene aber nichts Bösartiges erkennen, nichts was darauf schließen ließe, dass hier etwas Unrechtes getan wird. Wurde hier Unrechtes getan? Und wenn ja, von wem? Und wozu? Und mit welchen Folgen? Ich schiebe die Bilder beiseite, öffne erneut den Laptop und das Dokument »Ghana_Das Geschäft mit den Waisen.doc« und beginne zu tippen: »Geschäftsmodell Waisenhaus. Fragen: (1) Warum werden Waisenhäuser betrieben, welchen Zweck erfüllen sie, was ist das Geschäftsmodell dahinter? (2) Wer steckt hinter dem Geschäft, wer sind die Drahtzieher, wer verdient daran? (3) Welche Auswirkungen haben Waisenhäuser, auf die Kinder, auf die Eltern, auf die Dörfer?«

Ich lasse meine Finger auf der Tastatur ruhen, lese das Geschriebene. Viel ist das nicht, aber immerhin ein Anfang. Ich nehme erneut das Bild in die Hand, mustere diesmal den Hintergrund. Ganz am äußeren Rand, etwas abseits von der Kindergruppe und hinter dem Waisenhausdirektor, ist eine junge Frau zu erkennen. Man sieht sie nur zur Hälfte, sie sollte eigentlich gar nicht im Bild sein. Ihr Blick richtet sich nicht auf die Kamera, sondern auf den weinenden Buben in der Mitte. Sie sieht besorgt aus. War sie etwa die Mutter dieses Kindes? Ich versuche, mir den Nachmittag in Walaga nochmals ins Gedächtnis zu rufen. Vage kann ich mich an diese Person erinnern, und ich bilde mir ein, sie tatsächlich mit dem kleinen Buben an der Hand das Waisenhaus verlassen gesehen zu haben. Ja, das musste wirklich seine Mutter sein. Auf dem Bild sieht sie sehr jung aus, viel älter als zwanzig Jahre kann sie nicht sein. Die Züge ihres Gesichtes sind fein, fügen sich zu einem bedachten, klugen Ausdruck zusammen und verleihen der Frau damit trotz ihrer Jugend eine Aura der Ernsthaftigkeit. Sie wirkt wie jemand, der weiß, was er tut. Aber was tat sie an jenem Nachmittag? Warum brachte sie ihr Kind an diesen Ort? Ich lege das Bild weg und starre in die Dunkelheit. Irgendwo in dieser Richtung liegt Walaga, denke ich mir, irgendwo in dieser Richtung liegen Antworten. Ich werde diese Frau besuchen und mit ihr sprechen. Das Dorf Walaga und diese Person sollen Ausgangspunkt für meine Recherche sein, sollen die Fährte legen und mich dann Stück für Stück weiterbringen und näher an die Entwirrung dieses Rätsels. Ich will eine Geschichte erzählen. Und die Geschichte soll erzählt werden mit und durch die Menschen, von denen sie handelt.

22. Gespräch mit einer Mutter

Am nächsten Morgen sitze ich im Trotro, dem brüchigen Sammeltaxi des Dorfes, und warte auf die Abfahrt. Sobald das Gefährt voll ist, so versichert mir der Fahrer, setzen wir uns in Bewegung und sind in Nullkommanichts in Walaga. Während die Sonne steigt und die Luft im alten VW-Bus zunehmend stickiger wird, debattiere ich mit dem Fahrer über die Definition von »voll«. Während ich, in der ersten Reihe neben vier breiten Männern dicht am Fester sitzend, die Ansicht vertrete, dass der mit zwölf Personen gefüllte Wagen durchaus als voll bezeichnet werden kann, spricht der Afrikaner am Lenkrad immer noch von einem »leeren Auto«. Erst wenn alle vier Reihen mit jeweils vier Personen besetzt sind, kann es losgehen, die Hühner und das Lamm zählen als

Passagiere nicht. Ich seufze, blicke umher um Unterstützung, doch meine Mitreisenden – verwundert über die Ungeduld dieses Weißen, schon so früh am Morgen – sehen mich eher fragend als zustimmend an. »Was treibt dich denn nach Walaga?«, will mein Sitznachbar wissen. Ich ziehe das Bild vom Waisenhaus aus der Tasche und zeige mit dem Finger auf die halb-abgeschnittene Frau am äußeren Rand. »Ich suche diese Frau, kennst du sie?« Er betrachtet das Bild lange, stößt dann den Mann neben sich an und zeigt ihm die Fotografie. Zwischen den beiden Männern und weiteren, mittlerweile neugierig gewordenen Fahrgästen entspannt sich eine angeregte Diskussion, die Dame scheint mehreren von ihnen bekannt zu sein. »Das ist Rahamatu!«, sagt schließlich einer aus der Reihe hinter mir und reicht mir das Bild zurück. »Weißt du, wo ich sie finden kann?«, frage ich, und im selben Moment setzt sich der Bus in Bewegung. Endlich. Leichter Fahrtwind bläst mir ins Gesicht, ich verspüre plötzlich ein Gefühl von Euphorie und Optimismus. Wenn ich diese Frau finde, kann ich die Fährte aufnehmen, einen roten Faden ergreifen. Wieder diskutieren die Männer miteinander, reden schließlich auf einen der Jüngeren ein. »Der hier kommt aus Walaga«, erwidert mein Sitznachbar und klopft dem jungen Mann auf die Schulter, »er wird dich direkt zum Haus von Rahamatu führen.« Ich nicke den beiden dankend zu und schaue aus dem Fenster. Ich bin am richtigen Weg.

Der junge Mann heißt Thomas und kennt den Weg tatsächlich. Keine fünf Minuten nachdem uns der Fahrer bei den ersten Häusern von Walaga hat aussteigen lassen, stehen wir bereits vor einem einfachen Lehmbau und rufen »Rahamatu!«. Nach einer Weile hören wir Schritte, dann eine fragende Frauenstimme. Thomas scheint ihr die Lage zu erklären, das Wort Suliminga fällt mehrere Male und ist das einzige, das ich verstehe. Schließlich erscheint eine junge Frau am Eingang, scheu sieht sie zuerst mich, dann Thomas an. Es ist die Frau vom Bild, kein Zweifel. Sie sieht ganz gleich aus wie damals, sogar der Schleier in ihrem Haar ist derselbe. Mit einer einladenden Handbewegung bittet sie die Gäste herein und führt uns in einen kleinen Innenhof. Während wir am Boden Platz nehmen, zeigt sie mit einer entschuldigenden Geste auf die drei desolaten Hütten und die brüchige Mauer um uns herum. Thomas übersetzt ihre Worte: »Sie freut sich, dass ein Suliminga Eingang in ihr Haus findet und heißt dich willkommen.« Ich bedanke mich mit einem holprigen »Mm pooh-see-ah« und höre weiter zu. »Madame Rahamatu möchte sich für den Zustand ihres Hauses entschuldigen. Sie weiß, dass es ärmlich und schmutzig ist und bittet dich, ihre Armut zu übersehen.« Ich versichere ihr umgehend, dass ihr Haus sehr schön und der Innenhof sehr gemütlich ist, sehe nun aber tatsächlich überall Zeichen von Mangel. Aus der Mauer sind einige Lehmbrocken herausgebrochen, man kann durch sie hindurch auf die Straße sehen. Die Dächer der Hütten sind ebenfalls löchrig, das Stroh hat die letzte Regenzeit offensichtlich nicht unbeschadet überstanden und sieht verfault und nicht mehr dicht aus. Um das Gespräch in eine andere Richtung zu lenken und den Grund für meinen Besuch darzulegen, lege ich schließlich das Bild vor mir auf den Boden. Rahamatu blickt überrascht, zeigt zuerst auf sich und dann auf den Buben in der Mitte. Sie scheint noch nicht oft Bilder von sich selbst gesehen zu haben. »Ist das dein Junge?«, frage ich sie und deute auf das weinende Kind. Thomas übersetzt die Frage, ihr Nicken lässt er unkommentiert. Sie ist wirklich seine Mutter. »Wie heißt er denn?«, frage ich nach. »Mbawuni« erwidert sie mit sanfter Stimme. Noch einmal fährt sie mit dem Finger über das Bild, berührt langsam das Gesicht ihres Sohnes. Ein leichtes Lächeln spielt um ihre Mundwinkel, für einige wenige

Momente, dann nimmt ihr Gesicht wieder einen ernsten Ausdruck an. Ich blicke mich um und frage, während ich von einer der kleinen Lehmhütten zu nächsten schaue: »Ist Mbawuni hier?« »Ai«, presst sie nach einer langen Pause hervor, »nein«. In ihrer Antwort klingt so viel Leid und Trauer mit, dass ich sie erschrocken anblicke. Sie schüttelt den Kopf. »Er lebt schon seit über einem Jahr nicht mehr bei mir. Er lebt jetzt dort.« Sie deutet auf das Bild, das zwischen uns am Boden liegt. »Er lebt im Waisenhaus, bei den Sulimingas.« Thomas übersetzte den letzten Satz mit leiser Stimme, betreten starrt jetzt auch er auf das Bild. Ich weiß nicht, was ich sagen soll, also sage ich gar nichts. Von weit her kann man leise den Gesang einiger Frauen vernehmen, ansonsten ist es völlig still. Schließlich durchbreche ich das Schweigen, frage, was ich die ganze Zeit schon zu fragen mir vorgenommen hatte: »Warum?« Thomas zögert, übersetzt nicht. »Warum?«, sagt er in fragendem Ton zu mir, und dann, nach meinem bejahenden Kopfnicken, nochmals zu Mbawunis Mutter: »Warum?« Auch Rahamatu scheint überrascht über die Frage, denkt lange nach, lässt sich Zeit mit der Antwort. Schließlich erwidert sie: »Warum denn nicht?« Sie spricht diese Worte, als wäre es das Natürlichste auf der Welt, sein eigenes Kind einfach wegzugeben. Ich verstehe nicht, muss wahrscheinlich anders fragen. »Wie ist Mbawuni denn ins Waisenhaus gekommen?« Diese Frage ist besser, ich kann sehen, wie Rahamatu nachdenkt und die Geschehnisse innerlich rekonstruiert. »Es war eine heiße Trockenzeit damals. Vor zwei Jahren, als es kaum geregnet hat und schon im Mai die letzten Säcke mit Mais und Reis verbraucht waren. Wir waren hungrig.« Die junge Frau hält kurz inne, mit geschlossenen Augen scheint sie sich jene Zeit zu vergegenwärtigen. »An einem dieser Tage ging Salifu, der heutige Direktor des Waisenhauses, von Haus zu Haus. Er hatte eine Liste in der Hand. Er klopfte an jede Türe und sagte: ›Ich habe euch einen Vorschlag zu machen‹.« Sie tippte mit dem Finger erneut auf das Bild, hart diesmal und auf den Kopf des Waisenhausdirektors. »Er sagte den Leuten, dass er ein Waisenhaus errichten würde. Und dass dann Weiße kommen würden. Sulimingas mit Geld, so wie du.« Sie lachte mich an. »Aber er brauchte Kinder dafür. Denn was wäre ein Waisenhaus ohne Kinder?« Sie lachte wieder. »Also sagte er zu den Leuten: Gebt mir eure Kinder. Ich bringe sie ins Waisenhaus, sie bekommen dort dreimal täglich zu essen, einen Platz zum Schlafen und Kleidung. Sulimingas werden kommen und dafür sorgen, dass es euren Kindern gut geht. Sie werden ihnen Geschenke mitbringen, werden ihre Schulgebühren bezahlen, mit ihnen Hausaufgaben machen und lernen. Euren Kindern wird es besser gehen als jetzt – und ihr braucht euch um nichts zu kümmern!« Sie redete jetzt sehr schnell, schien sich während dem Sprechen an immer neue Argumente Salifus zu erinnern. »Er hat uns gesagt, dass mittlerweile fast jedes Dorf ein Waisenhaus hat. Wir sollten nur mal nach Timbela oder nach Walewale fahren und uns anschauen, wie gut es den Kindern dort ging. Volle Bäuche hatten die, richtig dick wären die dort wegen dem vielen Essen.« Rahimatu beschreibt mit ihren Händen einen großen Bauch, wahrscheinlich so wie es damals auch Salifu getan hatte. Nach einer kurzen Pause setzt sie wieder zum Sprechen an, diesmal aber langsam und mir leiser Stimme: »Wir hatten damals nichts. Wir haben auch heute nichts. Was sollten wir denn tun? Konnten wir Nein sagen zu so einem Angebot? Dreimal Essen, Kleidung, Schulgebühren?« Sie blickt mich fragend an. »Nichts davon konnten wir unseren Kindern bieten. Wir sagten ja.« Rahimatus letzter Satz verhallt in der Stille des kleinen Innenhofs. Der Gesang der Frauen hat mittlerweile aufgehört, vereinzelt ist ein lautes Lachen zu hören. Ich versuche mir vorzustellen, wie ein Mann von Haus zu Haus geht und auf einer Liste Kindernamen einträgt. Ein Schauer durchfährt mich. »Und seitdem wohnt Mbawuni im Waisenhaus«, sagt plötzlich Thomas, als müsste er dieses Erlebnis in einem abschließenden Satz zusammenfassen. Ich versuche, in seinem Gesicht zu lesen, ob er diese Erzählung vielleicht bereits gekannt hat. Doch sein Ausdruck ist schwer zu deuten, ich kann nicht sagen, ob diese Geschichte, diese Entstehungsgeschichte des Waisenhauses seines Heimatdorfs, neu für ihn ist oder nicht. Rahimatu jedenfalls scheint ergriffen, fast so als hätte sie die Geschichte zum ersten Mal erzählt. Nach langer Stille rafft sie sich schließlich schwerfällig auf, blickt hinunter auf ihre Besucher und spricht, mit nicht zu überhörender Müdigkeit in der Stimme, ein letztes Mal zu Thomas. »Sie dankt uns für unseren Besuch und wünscht, dass Gott mit uns geht« übersetzt er, während wir uns erheben und der jungen Mutter zum Abschied die Hand schütteln. Das Bild lasse ich bei ihr.

23. Institutionalisierung

Langsam und ohne ein Wort zu wechseln, gehen wir den sandigen Pfad entlang zurück in Richtung der Straße. Irgendwann im Laufe des Abends sollte dort das Sammeltaxi wieder vorbeikommen und mich, wenn alles gut ging, noch vor Einbruch der Nacht nach Hause nach Guabuliga bringen. Ich drehe mich um, blicke noch ein letztes Mal auf das kleine Lehmgebäude hinter mir und wundere mich, welche Stille von diesem Haus ausgeht. Kein Ton ist von dort zu hören, kein Gesprächsfetzen, kein Kochgeräusch, nicht einmal ein Hahnenschrei. Inmitten der Stille tönt plötzlich ein Lachen. Es ist dasselbe Lachen, das wir vorhin vom Innenhof aus gedämpft hören konnten, von der Dorfmitte her. Ich bleibe stehen und lausche: Sind das Kinder? Das Gelächter wird ausgelassener und lauter, und nun blickt auch Thomas auf und horcht. »Das kommt vom Waisenhaus«, meint er schließlich, den Kopf schräg gelegt und mit zugekniffenen Augen. Er scheint nicht schlau zu werden aus diesen Geräuschen, kann ihn nicht zuordnen, diesen eigenartigen Kanon aus Kinderlachen, vergnügtem Kreischen und heiseren Erwachsenenschreien. Was tun die dort? Sollen wir uns das ansehen? Sollen wir zum Waisenhaus gehen?

Thomas blickt kurz nach oben – die Sonne steht noch hoch, das Trotro wird erst in ein paar Stunden kommen, wir haben Zeit. Wir gehen ein Stück des Pfades zurück, biegen dann auf einen breiteren Weg ab und kommen dem Lärm immer näher. Ich erinnere mich an diesen Weg. Als ich das letzte Mal vor zwei Jahren hier war, bin ich ihn mit dem Auto gefahren. Mit Baba. Ich erinnere mich plötzlich an Details jenes Nachmittags, an das umherlaufende Huhn, an das wackelige und mit unsicherer Hand beschriebene »Waisenhaus«-Schild über dem Eingang, an die Schatten der beiden Mädchen an der Wand des leeren Innenhofs, an das orangefarbene Abendlicht. Ich schlucke, ich war nicht darauf gefasst, diesen Ort wiederzusehen. Nicht heute, nicht nach diesem erschütternden Gespräch mit Mbawunis Mutter. »Mbawuni wird auch dort sein«, dämmert es mir, und auf einmal verspüre ich ein Gefühl der Neugierde und Spannung. Der Lärm wird immer lauter, hinter der nächsten Kurve, durch wilde Sträucher hindurch, kann man das blaue Gebäude schon erkennen. Es scheint zu leuchten, funkelt nahezu durch die Äste hindurch, so intensiv ist das Blau der Außenwand. Während wir auf das Haus zugehen, versuche ich mich zu erinnern, ob das Gebäude damals dieselbe Farbe hatte und zu jener Zeit auch schon mit Zink anstelle des sonst üblichen Strohs überdacht war. Je näher wir kommen, desto mehr überrascht mich der gute Zustand des Hauses. Vor zwei Jahren sah das hier völlig anders aus, mit dem desolaten Lehmbau von damals hat dieses Gebäude keinerlei Ähnlichkeit mehr. Wo einst vier unterschiedlich große, windschiefe Luken in die Mauer geschlagen waren, sind heute doppelt verglaste Fenster in Holzrahmen gefasst, zusätzlich geschützt durch ein rot bemaltes Außengitter. Der löchrige Bambusvorhang im Eingangsbereich wurde durch eine massive Holztür ersetzt, und das Schild von damals ist an einer extra dafür gefertigten Halterung gleich daneben befestigt. Bevor wir in das Innere gehen, bleibe ich kurz vor dem Schild stehen und betrachte es genauer: »Childrens Orphanage Walaga«, steht in bunten Lettern auf weißem Hintergrund, über dem Buchstaben i hat jemand anstelle des Punktes eine Blume gemalt. Wieder erschallt lautes Gelächter, so nah diesmal, dass man sich die Gesichter dazu schon vorstellen kann. Vor mir hält Thomas inne, bleibt vor der offenen Türe stehen, zögert, durch sie hinein in das Innere des Gebäudes zu gehen. Er dreht sich um und blickt mich fragend an, fast so als bitte er mich um Erlaubnis. Bevor ich noch auf diese Geste reagieren kann, erschallt aus dem Inneren ein lautes »Suliminga!«. Sie haben mich gesehen, denke ich und warte darauf, dass eine Horde Kinder johlend nach draußen läuft und auf mich zustürmt. Doch niemand kommt, Thomas und ich stehen immer noch alleine im Eingangsbereich. Plötzlich höre ich eine Mädchenstimme, es muss die Stimme einer Deutschen, vielleicht auch einer Österreicherin sein: »Nicht alle auf einmal! Nicht alle auf einmal!« Ich bin überrascht – hier ist tatsächlich eine Weiße! Ich bin nicht der einzige Suliminga hier. Ich benötige einen Moment, um mich an diesen Gedanken zu gewöhnen, an diese europäische Stimme mitten im ghanaischen Nirgendwo. Ich quetsche mich an Thomas, der immer noch keine Anstalten macht, weiterzugehen, durch den Türrahmen vorbei und betrete den Innenhof. Im ersten Moment bin ich geblendet von der Szenerie, die sich mir bietet. Der ganze Hof ist voll mit Kindern, wahrscheinlich sind es über vierzig. Die Wände des Gebäudes sind bunt bemalt, zwischen großflächigen Kinderzeichnungen sind Handabdrücke und Namen zu sehen. Der Boden besteht nicht mehr aus Lehm, er ist betoniert und glänzt vor Sauberkeit. Einige der Kinder sitzen dort und malen, ein paar laufen herum, die größte Gruppe steht in der Mitte in einem Kreis. Ich kann nicht genau erkennen, was sie dort tun, sie scheinen ein Tuch zu halten. »Nicht alle auf einmal!«, höre ich plötzlich wieder die Mädchenstimme und kann einen Moment später das Gesicht dazu sehen. Die blonde Frau hatte sich hinter der Gruppe zu einem Kind gebückt und richtet sich nun mit ihm auf dem Arm wieder auf. Ihre weiße Haut kontrastiert mit dem tiefen Schwarz des Jungen, ihre langen hellen Haare mit den gekräuselten des Kindes. Behutsam hebt sie den kleinen Buben über die anderen Kinder hinweg in die Mitte des Kreises und setzt ihn auf das Tuch. Ich schätze sie auf etwa zwanzig Jahre, vielleicht auch etwas jünger. Sie sieht erschöpft aus, etwas müde, aber ihr Gesicht ist freundlich, und sie lächelt. Mit ihren grünen Flipflops, einer kurzen Polyesterhose und einem weißen Top ist sie gekleidet wie die meisten anderen weißen Touristen, nur die Sonnenbrille mit auffallenden großen Gläsern unterscheidet sie vom typischen Suliminga-Look. Durch die verspiegelte Brille hindurch sieht sie in den Kreis der wartenden Kinder, blickt noch einmal kurz auf den in der Mitte hockenden Jungen und ruft dann laut: »Seid ihr bereit?« Die Kinder nicken eifrig, einige schreien begeistert »Ja!« und fangen an, das Tuch in die Höhe zu heben, daran zu rütteln, es heftig auf- und abzusenken. Es ist ein Sprungtuch, mit dem die Kinder hier spielen, ähnlich einem Trampolin. Die etwa zwanzig Mädchen und Buben reißen die Arme immer heftiger nach oben, der kleine Bub in der Mitte wird dadurch immer stärker in die Luft bugsiert, gewinnt nach jedem federnden Aufprall zusätzlich an Höhe. Die Kinder kreischen vor Vergnügen, fasziniert von dem kleinen Körper, der durch ihre Bewegungen höher und höher fliegt und dabei schreit und lacht zugleich. In dem ganzen Trubel hat niemand unser Kommen bemerkt, gemeinsam mit dem staunenden Thomas stehe ich nach wie vor am Eingang und betrachte das bunte Treiben aus einiger Distanz. Ich kann nicht glauben, dass dieser lebendige, farbenfrohe, laute Ort derselbe sein soll wie jener leere, totenstille, den ich vor zwei Jahren besucht habe. Dieses Waisenhaus hat sich verändert. Zum Guten? Ich schaue auf die lachenden Gesichter und bin unschlüssig. Auf den ersten Blick sehen hier alle sehr glücklich aus, scheinen Spaß zu haben. Aber ihre Familien, ihre Mütter? Ich denke an Rahimatu, dann an Mbawuni. Auf den Jungen habe ich völlig vergessen, und gesehen habe ich ihn auch noch nirgends. Ich schaue nochmals in die Runde, genauer diesmal, und betrachte Kind um Kind. Die meisten dieser Kinder dürften zwischen fünf und fünfzehn Jahre alt sein, ein paar der Burschen vielleicht etwas älter. Keines scheint krank zu sein, alle sehen gesund und wohlgenährt aus. Während ich mich noch über die Kleidung der Kinder wundere – sie tragen nicht nur saubere und intakte, sondern teilweise recht teuer aussehende Markenstücke –, trifft sich mein Blick mit jenem der weißen Freiwilligen. Überrascht schaut sie mich an, lächelt mir nach einem ersten Moment der Verwunderung fröhlich zu. »Stop!«, ruft sie den Kindern zu, die den kleinen Buben noch ein paar Mal in die Höhe schleudern und ihn dann mitsamt dem Sprungtuch langsam zu Boden lassen. Der Kleine schaut sich verwirrt um, wahrscheinlich ist ihm schwindelig. Ist das

Mbawuni? Bevor ich den Jungen genauer mustern kann, ist die junge Frau bereits auf mich zugekommen und hält mir lächelnd ihre Hand hin: »Hi, ich bin Barbara!« »Hi Barbara, ich bin Daniel.« Um uns herum hat sich eine Traube von Kindern gebildet, einige wiederholen langsam meinen Namen. »Bist du auch als Freiwilliger hier?«, mustert sie mich neugierig. »Nein, ich bin nur zu Besuch gekommen«, erwidere ich, und Barbaras Gesicht nimmt einen erstaunten Ausdruck an. »Ich hab hier noch niemanden getroffen, der nicht für Freiwilligenarbeit gekommen wäre.« Bildete ich mir das ein oder schwang da ein vorwurfsvoller Ton in ihrer Stimme? »Ich hab 2012 hier ganz in der Gegend gearbeitet, im Nachbardorf Guabuliga.« Barbara denkt nach, schüttelt dann aber den Kopf, das Dorf kennt sie nicht. »Damals bin ich auch einen Nachmittag lang hier in Walaga gewesen. Dieses Waisenhaus sah vor zwei Jahren ganz anders aus«, sage ich, schaue auf den betonierten Boden und dann auf die bemalte Wand. »Nicht wahr?!«, ruft Barbara jetzt freudig aus. »Es ist toll, was wir hier erreicht haben!« Sie dreht sich langsam im Kreis, mit ausgestreckter Hand und einem breiten Lächeln im Gesicht. Einige der Kinder versuchen, die Bewegung der Suliminga nachzuahmen, die meisten fallen dabei um und kichern. »Was meinst du damit? Hast du das alles hier gemacht?« Als Antwort strahlt sie mich an: »Natürlich nicht alleine. Viele Freiwillige haben im letzten Jahr hart geschuftet hier und den Laden auf Vordermann gebracht. Gemeinsam haben wir das hier geschaffen.« Sie deutet wieder unbestimmt in den Innenhof, einige Kinder folgen ihrer Handbewegung mit gespannten Blicken. »Salifu hat uns Bilder von damals gezeigt, es war schrecklich.« Beim Namen Salifu zucke ich zusammen, doch mein euphorisches Gegenüber bemerkt meine Gefühlsregung nicht und fährt fort: »Das Haus war eine Bruchbude, es gab kein richtiges Dach und nicht mal Betten!« Barbara geht auf eine der Türen zu, mit einer Handbewegung weist sie mich an, ihr zu folgen. »Das ist das Zimmer der Mädchen«, sagt sie, die rot bemalte Tür öffnend, »und das sind ihre Betten!« Ich zähle acht Doppelbetten, jedes mit Matratze und Decke. Thomas und die meisten der Kinder sind uns in den Raum gefolgt, einige von ihnen laufen auf die Betten zu und springen auf die Matratzen. Lachend blicken uns acht Mädchen von ihren neuen Schlafplätzen aus an, Thomas starrt verblüfft und mit offenem Mund zurück. »Nicht schlecht, oder?«, fragt Barbara stolz. Ich weiß nicht, was ich sagen soll. Wusste dieses Mädchen, dass man im nördlichen Ghana nicht auf Betten schläft? Dass es in einem Dorf wie Walaga völlig unüblich ist, auf einer Matratze zu liegen, dass es wahrscheinlich in der gesamten Gegend keine einzige Person gibt, die eine solche besitzt? Ich denke an Rahimatu, versuche, mir ein Bettgestell und eine Matratze in ihrer kleinen Schlafhütte vorzustellen. »Schläft Mbawuni auch hier?«, frage ich plötzlich. »Du kennst Mbawuni?«, wundert sich Barbara, erwidert aber gleich darauf: »Er schläft ein Zimmer weiter, bei den kleineren Burschen. Er ist ja erst vier Jahre alt.« Einige der Kinder rufen Mbawunis Namen, an der Hand eines größeren Mädchens wird schließlich der Bub vom Sprungtuch ins Zimmer geführt. Er ist es also doch gewesen. Ich mustere den Jungen, der nun etwas verloren in der Mitte des Raums steht, und versuche, dieses Gesicht mit jenem auf dem Bild in Einklang zu bringen. Aus dem kleinen, verhärmten, weinenden Bündel von damals ist ein kräftiger Bub geworden, mit runden Backen und lebendigem Blick. Ich streichle ihm über den Kopf, weiß nicht, was ich sonst tun soll. Diesem Kind geht es gut, das kann man sehen. »Das ist unser Jüngster«, sagt die blonde Freiwillige mit liebevoller Stimme. »Salifu hat ihn vor einem Jahr ins Waisenhaus geholt. »Von woher?«, frage ich, das Mädchen zuckt mit der Schulter: »Das weiß ich nicht.« Ein Gefühl der Wut überkommt mich. Salifu! Sollte ich Barbara sagen, dass Mbawuni eigentlich eine Mutter hat? Dass er außerhalb seiner eigenen Familie aufwächst, die nur wenige Meter vom Waisenhaus entfernt lebt? Ich blicke ihr ins Gesicht, sehe in ihre vor Stolz und Enthusiasmus funkelnden Augen, setze zum Sprechen und sage schließlich: »Es ist spät, ich muss los.« Leichte Enttäuschung ist in ihrem Gesicht zu lesen, dennoch bewegt sie sich langsam mit mir Richtung Ausgang. »Willst du nicht auf Salifu warten? Er und die beiden anderen Volunteers sind in der Stadt, Essen kaufen.« Ich bin überrascht – noch zwei weitere Weiße? –, aber ich habe keine Kraft mehr, habe genug gesehen für diesen Tag. »Tut mir leid, ich muss zurück. Aber ich komme bald wieder, versprochen!«, sage ich, zuerst an Barbara, dann an die Kindergruppe gerichtet. Thomas folgt mir durch den Ausgang, an der Tür drehen wir uns beide nochmals um und winken den »Bye bye!« rufenden Kindern zu. Wir gehen wortlos den Weg in Richtung der Straße entlang, nach einigen Metern ertönt aus dem Waisenhaus wieder Gejohle und Barbaras laute Stimme: »So, wer will als Nächstes?«

24. Weg zurück?

Diesmal halte ich meinen Kopf aus dem Fenster, die verdammten Moskitos sind mir egal. Der Fahrtwind bläst mir ins Gesicht, ich schließe die Augen und kümmere mich nicht um die verwunderten Blicke der anderen Passagiere. Die Luft riecht nach verbrannter Erde und ist warm, nur ganz leicht kann man die Kühle der einbrechenden Dämmerung bereits spüren. Was für ein Tag! Mir schmerzt der Kopf, wenn ich mir die heutigen Erlebnisse, die Bilder der letzten zwölf Stunden vor Augen führe: Rahimatu, eine Mutter ohne Kind in einem leeren Haus. Barbara, eine Europäerin, die mit gutem Herzen und viel Geld eine luxuriöse Parallelwelt aufbaut. Mbawuni, der in dieser Parallelwelt aufwächst und dadurch von seiner Familie getrennt ist. Und mein Begleiter Thomas, der mich – nach stundenlanger Wartezeit auf das Sammeltaxi – zum Abschied durch das offene Wagenfenster fragend ansieht und sagt: »Ich habe noch nie in einem Bett geschlafen. Schläft man darin besser?« Und ich, wie ich da sitze und ihn durch das Fenster ansehe und ihm keine Antwort geben kann.

Ich kann überhaupt keine Antwort geben, denke ich mir jetzt, auf halbem Weg zwischen Walaga und Gubuliga, keine einzige Antwort auf all die Fragen, die dieser Tag aufgeworfen hat. Ich sehe mich um, das Trotro ist leerer als heute Morgen, mit dem Fahrer sind wir insgesamt zu acht. Er fährt langsamer als bei der Hinfahrt, wahrscheinlich sind die vielen Schlaglöcher im letzten Licht des Tages schwerer zu sehen und nötigen ihm mehr Achtsamkeit und Geduld ab. Ich erinnere an den Rückweg über dieselbe Straße, vor zwei Jahren, mit dem hin und her geschüttelten Baba auf dem Beifahrersitz. Auf dieser Fahrt habe ich zum ersten Mal vom Waisenhaus-Komplex erfahren, habe eine verworrene Fährte aufgenommen und bin ihr in Gedanken über ein Jahr lang gefolgt. Heute habe ich ihn aus nächster Nähe und mit all seiner Schwere und Ambiguität erfahren. Nichts ist hier eindeutig, nichts klar. Es gibt kein Gut oder Böse, es gibt keine Gewinner oder Verlierer. Ich denke an Mbawuni, an Hakeem, an all die anderen Kinder, die weg von ihren Familien, dafür aber gut umsorgt und in Obhut zahlungskräftiger Weißer leben. Hatte Mbawunis Mutter nicht Recht? Hatten diese Kinder es nicht tatsächlich besser, wuchsen sie nicht tatsächlich unter guten Umständen auf? Umstände, die diese Eltern, diese Bauern ohne Geld und ohne Nahrung, ihren Kinder gar nie bieten konnten? Doch diesen Gedanken kann ich nicht fertig denken, denn kaum sehe ich die positiven Seiten des Spiels, schießen mir die rote Turnschuhe Hakeems in den Kopf. »Er ist keiner von uns«, hatten die Kinder gesagt, hatte sein eigener Bruder gesagt! Diese Kinder mochten es gut haben in ihrem Waisenhaus, mochten dreimal täglich gefüttert und von Volunteers mit Hingabe und Geschenken versorgt werden, aber sie wurden damit auch zu Außenseitern gemacht. Und das alles von und durch diese westlichen Freiwilligen, die mit guten Absichten und großem Herzen hierher kommen und einfach nur helfen wollen. Und die – das hatte ich in der ganzen Sorge um die afrikanischen Kinder völlig vergessen – getäuscht wurden. Aber spielte das überhaupt eine Rolle? Sie wollten helfen, sie durften helfen. Aber – ich seufze, auch dieser Gedankengang führt zu keinem positiven Ende – sie schaffen Probleme dadurch, reißen Familien auseinander, ohne es zu wissen. Ich drehe mich im Kreis, wo sind hier Anfang und Ende, wo Ursache und wo Wirkung? Die Weißen kommen, um Waisen zu helfen. Da es keine gibt, werden Kinder aus Familien rekrutiert und kurzerhand als Waisen ausgegeben. Kindern aus armen Verhältnissen kommt dadurch Unterstützung zu, die sie ohne die Weißen nicht erhalten hätten. Doch, und das waren wohl die beiden zentralen Probleme, wurden dadurch – erstens – Kinder von ihren Familien und Dorfgemeinschaften entfremdet und – zweitens – freiwillige Helfer unter Vortäuschung falscher Tatsachen in die Dörfer der Savanne gelockt.

Das laute Pfeifen eines Mitreisenden reißt mich aus meinen Gedanken, abrupt kommt der Wagen zum Stehen. Draußen ist es mittlerweile dunkel, ich kann nur die Umrisse einiger Hütten erkennen und das Flackern mehrerer kleiner Feuer am Straßenrand. Die zwei aussteigenden Fahrgäste verabschieden sich beim Fahrer, einer der beiden wendet sich an mich: »Komm doch auch mal in unser Dorf auf Besuch. Du wirst sehen, es ist schön.« »Das glaube ich gerne!«, erwidere ich lachend, »Vielleicht komme ich einiges Tages. Inshallah.« Der Mann schiebt, ebenfalls lachend, mit festem Schwung die Schiebetür des alten Trotros zu und verschwindet im Dunkeln der Nacht. Ich blicke in die Finsternis, wissend, dass ich in diesen Ort wohl niemals einen Fuß setzen werde. Dass wohl auch kein anderer Suliminga jemals hier war oder hierher kommen wird. Und dass das wahrscheinlich anders wäre, wenn es hier ein Waisenhaus gäbe. Wäre es gut für das Dorf? Gäste würden kommen, würden Geld mitbringen. Aber auch Probleme schaffen, innerhalb der Gemeinschaft Gräben ziehen. Ich frage mich, wie diese Situation von den Dorfvorstehern, von den Häuptlingen und den Ältestenräten eingeschätzt und bewertet wird. Immerhin sind sie es, die das Leben in den Dörfern maßgeblich beeinflussen, Regeln des Zusammenlebens festlegen und Entscheidungen zum besten Wohlergehen ihrer Orte und Einwohner fällen sollten. Ich werde mit dem Häuptling von Guabuliga sprechen, vielleicht bringt mich das weiter. Heute ist ohnehin bereits mein vierter Tag hier, es ist allerhöchste Zeit, bei ihm vorstellig zu werden und ihn und seinen Ältestenrat zu begrüßen. Mit müdem Blick schaue ich aus dem Fenster, in die tiefschwarze Savanne. Vielleicht erfolgt morgen Erhellung. Inshallah.

25. Beim Häuptling

Früh am nächsten Morgen stehe ich vor dem Häuptlingspalast. Es ist ein großes Wort für dieses kleine Lehmgebäude, aber immerhin ist es das größte Haus des Dorfes und hat das einzige Auto des Ortes vor dem Eingang stehen. Die aufgehende Sonne spiegelt sich in den zerkratzten Scheiben des alten Pick-Ups wider und erinnert mich daran, wie lange ich hier schon warte. Ich war gleich im Morgengrauen hergekommen, mit Schlaf in den Augen und einem prall gefüllten Beutel mit roten Kolanüssen in der Hand. Dieses Gastgeschenk so früh am Morgen aufzutreiben war nicht einfach, aber ohne die Nüsse war ein Besuch beim Häuptling nicht denkbar. Bis heute bin ich mir nicht sicher, ob Chief Mahama diese bitteren, leicht erdig schmeckenden Samen des Kolabaums tatsächlich wegen ihres Geschmacks von seinen Besuchern einfordert, oder wegen der Etikette und dem Ritual. In Westafrika ist die Kolanuss eines der wichtigsten Gastgeschenke, Tonnen und aberdutzende Tonnen dieses koffeinhaltigen, stimulierenden und – so behaupten es zumindest die Männer im Dorf – aphrodisierenden Genussmittels wurden in den letzten Jahrhunderten von gebückten Besuchern vor die Füße stolzer Stammeshäuptlinge gelegt. Ich öffne den Beutel, befühle die unförmigen, glänzenden Früchte und denke an meine erste Audienz im Häuptlingspalast vor zwei Jahren: Ich war nervös, unsicher, ob mein Gastgeschenk den Anforderungen des Dorfvorstehers genügen und meine vorbereiteten Worte seine Zustimmung finden würden. Es ging um einiges damals, immerhin musste er mir die Erlaubnis erteilen, dass ich fortan und für die nächsten Monate in seinem Dorf leben und arbeiten durfte. Er erteilte sie mir, und nach und nach entwickelten wir in unseren regelmäßigen Treffen eine – wenn nicht unbedingt freundschaftliche, so zumindest eine von gegenseitigem Interesse und Respekt geprägte – Beziehung. Doch wie oft und in welch entspannter Atmosphäre wir einander auch treffen sollten, ein unbestimmtes, fast einschüchterndes Gefühl der Ehrfurcht war immer zugegen. Es hat mich bei keiner unserer Zusammenkünfte verlassen, und ich spüre es auch jetzt, als mich sein Bruder und Berater Hamidu – endlich – nach innen ruft. Ich betrete den Hof und gehe auf die größte der Hütten zu, ich kenne den Weg. Dort, im dunklen Empfangszimmer, sitzt Chief Mahama auf einem dicken Teppich am Boden, eingehüllt in traditionellen, grün gehaltenen Kente-Stoff und mit einem goldenen Tuch über der Schulter. Freudig lächelt er mir zu: »Mister Dan! Schön, dich zu sehen!« Ich freue mich auch über das Wiedersehen nach so langer Zeit, fast vergesse ich darüber auf das Protokoll und die Kolanüsse. Ein höfliches Räuspern Hamidus, der auf einem Plastikstuhl neben dem Häuptling Platz genommen hat, erinnert mich an meine Pflichten als Besucher. Verlegen überreiche ich dem Gastgeber mein Gastgeschenk, und erst nachdem er den Inhalt des Beutels überprüft und die Kolanüsse für in Ordnung befunden hat, weist er mich mit einem Kopfnicken zum Platznehmen an. Ich lasse mich neben ihm auf dem Boden nieder, erleichtert, dass der offizielle Teil dieses Zusammentreffens nun vorüber ist. Auch Chief Mahama setzt eine entspannte Miene auf und mustert mich mit wohlwollendem Blick: »Ich freue mich, dass dich dein Weg zurück in unser Dorf geführt hat.« »Ich freue mich, dass ich den Weg noch einmal gehen konnte.« Ich muss lächeln, fast hätte ich auf den blumigen, diplomatischen Charakter vergessen, den die Gespräche mit dem Häuptling jedes Mal annahmen. »Wie steht es um deine Familie, um dein Dorf?« »Meine Familie ist gesund, und meinem Dorf in Europa geht es gut. Wie steht es um deine Familie, um dein Dorf?« »Meine Familie ist gesund, Gott sei

Dank.« Er zögert einen Augenblick. »Aber mein Dorf hat schon bessere Zeiten gesehen.« Er blickt nachdenklich auf den Boden, schnalzt dann aber laut mit der Zunge und blickt mir wieder gerade ins Gesicht: »Aber lass uns nicht über Schlechtes sprechen! Erzähle, was führt dich zurück nach Guabuliga?« Jetzt zögere ich. »Ich wollte zurück nach Afrika, zur Wärme, zu den freundlichen Menschen, zur Savanne.« Chief Mahama lächelt, er schätzt lobende Worte über seine Heimat. Ich halte kurz inne, überlege, wie ich fortfahren soll. »Und ich bin gekommen, um ein Rätsel zu lösen.« Das Gesicht des Häuptlings nimmt einen überraschten Zug an, fragend blickt er mich an: »Ein Rätsel?« Jetzt beugt sich auch Hamidu etwas nach vorn, mit Neugierde in der Stimme wiederholt er die Frage seines Bruders: »Ein Rätsel? Welches Rätsel denn?« Ich schlucke, ich habe mir meine Erzählung noch nicht zu Ende überlegt. »Es ist ein Rätsel, das von euren Kindern handelt. Und von Häusern, in denen sie leben.« Der Häuptling denkt nach, mit konzentriertem Blick sieht er zuerst mich, dann seinen Bruder an. »Meinst du die Waisenhäuser?« Ich nicke mit dem Kopf. »Das Rätsel der Waisenhäuser, deswegen bin ich hier.« »Das Rätsel der Waisenhäuser?«, wiederholt Hamidu ungläubig. »Für das bist du den ganzen Weg nach Westafrika gekommen?« Chief Mahama langt nach dem Beutel mit den Kolanüssen, holt eine der größeren daraus hervor und bricht sie entlang der Naht auf. Er zerteilt den Samen in drei etwa gleichgroße Stücke, reicht mir und Hamidu jeweils eines davon und steckt sich das letzte schließlich selbst in den Mund. Kauend sieht er mich an und fragt schließlich: »Aber worin liegt das Rätsel?« Ich schmecke den bitteren Saft der Kolanuss, verziehe statt einer Antwort das Gesicht und lasse den Häuptling weiterreden: »Waisenhäuser sind kein Teil unserer Kultur, das Volk der Mamprusi kennt sie nicht.« Ich will widersprechen, doch mein Gegenüber hebt abweisend die Hand: »Trotzdem gibt es sie, südlich und nördlich des Gambaga Gebirges, sogar bis an die Grenze nach Togo.« »Und bei uns!«, wirft plötzlich Hamdidu ein und erntet dafür einen verärgerten Blick seines Bruders. »Das weiß Mister Dan doch! Er war ja deswegen hier.« »Ich war hier, um dieses Waisenhaus abzubauen«, werfe ich jetzt ein, »um diese Kinder zurück zu ihren Familien zu bringen!« »Und das hast du ja auch gemacht. Heute sind es nur mehr ganz wenige, die noch dort leben, und auch die werden bald weg sein«, erwiderte der Häuptling mit sonorer Stimme, und ich konnte nicht beurteilen, ob es Anerkennung war, die aus ihm sprach, oder Bitterkeit. »Ja, ich habe meinen Job gemacht«, sage ich, »Ich habe die Kinder zurück nach Hause gebracht. Aber ich hatte keine Ahnung, warum sie überhaupt von dort weg waren!« Ich bin laut geworden und selbst überrascht, Wut in meiner Stimme zu hören. Hamidu blickt besorgt auf seinen Bruder, ein Gast darf nicht so zu einem Häuptling sprechen. Doch Chief Mahama lässt keine Reaktion erkennen, mit nach wie vor ruhiger Stimme erwidert er: »Warum sie von dort weg waren, kann ich dir auch nicht erklären. Ich sage dir nur das Eine, und ich sage es nochmal: Waisenhäuser sind nicht Teil unserer Kultur. Es sind Leute aus der Stadt, die verantwortlich sind für ihre Existenz. Und es sind Leute aus der Stadt, die sie jetzt plötzlich schließen wollen.« Er lacht laut auf, diesmal ist eindeutig Bitterkeit in seiner Stimme zu hören. »Ich weiß nicht, wer diese Leute sind, ich weiß nicht, ob es ein- und dieselben sind, und ich weiß nicht, was ihnen als Nächstes einfallen wird.« Er spuckt ein Stück der Kolanuss aus, dann noch ein zweites. »Wenn du das Rätsel um diese Waisenhäuser wirklich lösen willst, dann solltest du wohl dorthin gehen. Geh in die Stadt. Geh nach Accra.« Ich würde die bittere Frucht in meinem Mund auch gerne loswerden, traue mich aber nicht, auf den Boden des Häuptlingspalastes zu spucken. Stattdessen kaue ich weiter und überlege währenddessen. Chief Mahama hatte völlig Recht – hier im Dorf würde ich nicht weiterkommen, ich musste in die Hauptstadt. Dort, von wo die Freiwilligen kommen. Und dort, wo die Gesetze gemacht werden. »Vielen Dank, Häuptling. Du hast mir meinen weiteren Weg gewiesen«, sage ich und erhebe mich langsam. »Gehe ihn mit Vorsicht. Und sieh zu, dass er dich am Ende wieder zurück nach Guabuliga führt. Ich möchte die Lösung des Rätsels auch erfahren.« Wir schütteln uns die Hand und lachen dabei. Als ich bereits draußen in der prallen Hitze des Innenhofs stehe, höre ich die gewichtige Stimme des Häuptlings noch einmal: »Mister Dan!« Ich drehe mich um, geblendet von der gleißenden Sonne rufe ich zurück: »Ja, Häuptling?« »Vergiss nicht, die Kolanuss auszuspucken!«

Teil VI

Kämpfen (und Verlieren)

26. Kurze Schatten

Die überwiegende Mehrheit der Waisenkinder Ghanas hat Familie. Neunzig Prozent der 4500 Kinder, die in den 148 Waisenhäusern des Landes leben, verfügen über mindestens einen Elternteil, hätten Anschluss an ein familiäres Netzwerk. Dass diese Kinder dennoch ohne ihre Familien und stattdessen in Institutionen aufwachsen, ist ein Problem mit schwer ergründbaren Wurzeln und noch schwerer wiegenden Folgen. Die negativen und besorgniserregenden Auswirkungen dieser Praxis sind auf vielfältige Art wissenschaftlich belegt und durch Studien aus der ganzen Welt dokumentiert. Ein überwältigendes Maß an empirischen Beweisen lässt keinen Zweifel daran, dass die Trennung eines Kindes von seiner Familie ein folgenschweres Unterfangen ist und sich massiv auf die persönliche Entwicklung eines jungen Menschen auswirkt. Institutionalisierung – hier sind sich akademische, zivilgesellschaftliche und mittlerweile auch politische Akteure einig – geht mit immensen Auswirkungen auf das psychische und physische Wohlbefinden eines Kindes einher und sollte daher als letzte Option und nur in Fällen völliger Alternativenlosigkeit gewählt werden. In den Waisenhäusern Ghanas finden diese Erkenntnisse keine Beachtung. Tagtäglich spielen sich in den Dörfern der Savanne menschliche und familiäre Dramen ab, doch niemand der Betroffenen hat ein Recht zu wählen.

In der Hauptstadt bekommt man von all dem nicht viel mit. Accra ist eine andere Welt. Eine Welt mit Klimaanlagen, asphaltierten Straßen und kühlen Getränken. Eine Welt mit Cafés und tagesaktuellen Zeitungen. Eine Welt mit Internet. Und damit eine Welt, in der ich mich – Kaffee schlürfend an dem einzig funktionierenden und sehr langsamen Computer des stickigen Internetcafes – binnen eines Nachmittags vergewissern kann: Ich bin nicht alleine mit meinen Fragen. Scrollend überfliege ich Zeitungsartikel, Berichte und Abhandlungen, taste mich durch weitgehend bekanntes Terrain. Die meisten der Inhalte kenne ich, teils von ersten, zaghaften Recherchen während meines vorangegangenen Ghanaaufenthalts, zumeist jedoch von Nachforschungen nach meiner Rückkehr von Wien aus. Mit jedem nicht enden wollenden Ladevorgang des uralten PCs versuche ich Querverbindungen herzustellen, das eben Erlebte mit dem vorab Recherchierten zu verbinden, meine bisherigen Erlebnisse mit den Erfahrungen anderer in Einklang zu bringen. Zwar ist die Gruppe jener, die sich mit den Auswirkungen von Waisenhäusern beschäftigen und Nachforschungen zum Thema betreiben, klein, aber immerhin, sie existiert. Und sie scheint zu wachsen. Nach den surrealen Situationen der letzten Tage tut es gut zu sehen, dass meine Geschichte kein Hirngespinst, sondern real ist, dass sie zunehmend auch von anderen verfolgt wird und nicht alleine meiner blühenden Fantasie entsprungen ist.

Mit einem beruhigenden Gefühl der Gewissheit lehne ich mich zurück und blicke durch das blitzblanke Fenster des Internetcafés nach draußen. »Osu Internet Cafe«, steht mit fetten roten Lettern auf der Glasscheibe. Durch das große O hindurch sehe ich auf die Straße und die Menschen, die auf ihr entlangspazieren. Die Oxford Street ist die pulsierende Ader des gutsituierten Bezirks Osu, hier treffen wohlhabende Ghanaer auf junge Europäer, afrikanische Straßenkinder auf amerikanische Diplomaten, nigerianische Straßenhändler auf chinesische Minenarbeiter. Und ich hoffentlich bald auf Helena Obeng Asamoah.

Die hohe Beamtin des Sozialministeriums erscheint im Internet als eine der wenigen, die sich in Ghana mit dem Thema auseinandergesetzt hat und mir in meiner Sache weiterhelfen könnte. Ich bestelle noch einen Kaffee und wende mich wieder dem Computer zu. An die zehn verschiedenen Websites sind geöffnet, das Rattern des ohnehin schon schwerfälligen PCs wird lauter und immer häufiger durch das surrende Geräusch des Kühlers verstärkt. Zu viel Information und zu viel Hitze, mir geht es ähnlich. Nach vier nachmittäglichen Stunden der Recherche wiederholen sich die Fakten, doch weniger besorgniserregend werden sie dadurch nicht. Zwar existieren nur ein paar dutzend gut recherchierte Artikel und eine Handvoll wissenschaftliche Papers zum Thema, aber die darin vorgebrachten Behauptungen und Beschreibungen ähneln sich in ihrer Ausformung und Drastik auf erschreckende Weise.

Das meiste Material beschreibt die Situation in Asien, in Kambodscha scheint das Problem nach wie vor am größten und die internationale Berichterstattung am umfangreichsten zu sein. In Artikeln mit Überschriften wie »Kambodschas neue Boom-Industrie«[16], »Der kambodschanische Waisenhaus-Industrie-Komplex«[17] oder »Das Waisenhaus-Business in Kambodscha«[18] wird über das Problem falscher Waisenhäuser und ihrer Auswirkungen auf das Leben betroffener Kinder berichtet. Vieles von dem, was hier teils reißerisch beschrieben wird, erinnert mich trotz des gar sehr sensationslüsternen Charakters an den Norden Ghanas. Ich denke an Hakeem, während ich von den Erlebnissen der Sozialarbeiterin Susan Rosas aus Südostasien lese:

»Die Kinder aus den Waisenhäusern fühlen sich anders als die Kinder im Dorf. Wenn sie bei Eintritt ins Erwachsenenalter das Heim verlassen, fühlen sie sich als Außenseiter, als Menschen die außerhalb der Gemeinschaft stehen und von ihren Dörfern gehasst werden.«[19] Neben den sozialen Problemen ähneln sich auch die psychologischen auf frappante Weise und unabhängig von Land oder gar Kontinent. In Südafrika konstatiert der Think Tank HSRC nach einer Analyse lokaler Waisenhäuser: »Institutionalisierte Kinder neigen dazu, emotionale Zuneigung zu den Betreuern aufzubauen. Die Praxis des konstanten Wechsels von Betreuungspersonal und der wiederholten Beziehungsabbrüche ist für die Kinder – und vor allem für sehr junge Kinder – sehr schädlich.«[20] In ihren schockierenden Details werden diese schädlichen Auswirkungen in einer breit angelegten Untersuchung rumänischer Waisenhäuser dargestellt. Nachdem Wissenschaftler der Harvard Medical School und anderer amerikanischer Universitäten mehr als 200 osteuropäische Kinder über fünf Jahre lang begleitet und die Entwicklung der 130 institutionalisierten jener der restlichen 70 gegenübergestellt haben, kommen sie in ihrer »Bucharest Early Intervention Study« zu dem Schluss: »Kinder, die in Waisenhäusern aufwachsen, sind einem dramatisch höheren Risiko sozialer und psychischer Erkrankung ausgesetzt. Anomalitäten umfassen Störungen und Verzögerungen in der sozialen und emotionalen Entwicklung, aggressive Verhaltensprobleme, Hyperaktivität, Aufmerksamkeitsdefizite, minimierte intellektuelle Fähigkeiten und verringerter Körperwuchs.«[21] Ich reibe mir die Schläfen, habe keine Lust mehr weiterzulesen. Mein Pappbecher ist leer, trotzdem schlürfe ich umständlich einen letzten Tropfen daraus und widme mich erst dann wieder der deprimierenden Lektüre: »Die Resultate der Studie bescheinigen institutionalisierten Kindern Defizienzen in Bezug auf Wachstum, IQ, Gehirn- und Emotionsentwicklung. Kinder, die außerhalb ihrer Familie aufwachsen leiden in hohem Maße an Entwicklungsstörungen und sollten so schnell wie möglich in Familienobhut gegeben werden.«[22]

Vor dem Internetcafé schiebt sich eine vergnüglich kreischende Gruppe aus Schülerinnen vorbei. Eines der Mädchen blickt mich durch das Fenster an und winkt mir freundlich zu. Als ich zurückwinke, lacht sie auf und ruft ihren Freundinnen etwas zu. Sie sehen fröhlich aus in ihren blauen Uniformen, die so viel sauberer und intakter sind als die, die ich von den Dörfern des Nordens her kenne. Es ist gegen fünf Uhr abends, die Sonne steht schon tief und stellt den Mädchen lange Schatten zur Seite. Während ich den jungen Frauen nachblicke und an die eben gelesene Studie denke, frage ich mich, ob die Schatten von gleichaltrigen Waisenkindern wohl kürzer sind als jene dieser Mädchen? Ich wende mich wieder dem Bildschirm zu und klicke die offenen Fenster weg, eines nach dem anderen. »Kambodscha und sein Problem mit Waisenhäusern«: »Schließen«. »Waisenbusiness. Eine fehlgeleitete Industrie«: »Schließen«. »Bucharest Early Intervention Study«: »Schließen«. »Wieso Waisenhäuser schlecht sind«. Ich halte inne. »Vergrößern«. Auf diesen Artikel hatte ich völlig vergessen, dabei war er einer der wenigen mit Bezug zu Ghana und einem konkreten Anhaltspunkt für mich.

Helena Obeng Asamoah, Beamtin im ghanaischen

Sozialministerium und zuständig für den Schutz von verletzbaren Kindern und Waisen, hat ihn mit verfasst.

»Drucken.« Während der staubige Tintenstrahldrucker neben dem Schreibtisch des Shop-Inhabers laut ratternd Wort um Wort auf ein vergilbtes Stück Papier druckt, öffne ich mein E-Mail-Fach und hoffe, dort eine Nachricht von ihr vorzufinden. Und tatsächlich: Auf meine vor wenigen Stunden gesendete Anfrage um einen Termin wurde mit einem kurzen »Ja, kein Problem. Morgen 11:00, in meinem Büro. Helena« geantwortet.

Ich bin überrascht, so schnell hätte ich nicht mit einer Rückmeldung, und schon gar nicht mit einem Termin gerechnet. Ich zahle – sechs Stunden Internet, fünf Kaffees, den einseitigen Ausdruck bekomme ich geschenkt – und trete hinaus auf die Straße. Warme Luft schlägt mir entgegen und mit ihr ein süßlicher Geruch nach gebratenen Kochbananen. Ich bemerke plötzlich, wie hungrig ich bin. Einen Moment lang überlege ich, ob ich dem Duft nachspüren und in einer Garküche zu Abend essen soll, gehe dann aber doch in Richtung des Hotels. Während ich langsam die Oxford Street in Richtung Ring Road entlang spaziere, überfliege ich das Papier[23]: »Wieso Waisenhäuser schlecht sind«. »Die hohe Anzahl neu entstandener Waisenhäuser während der letzten Jahre gibt dem Sozialministerium aus mehrerlei Hinsicht Grund zur Sorge. Durch eine Vielzahl an internationalen Studien ist die negative Wirkung institutioneller Unterbringung auf das kindliche Wohlbefinden belegt und wissenschaftlich untermauert, dass Waisenhäuser nur in Ausnahmefällen und als letztmögliche Option gewählt werden sollten. Kinder brauchen ihre Familie, um sich als Teil der Gemeinschaft zu fühlen und in ihr zu gedeihen. Die Familie ist der beste Ort für die gesunde Entwicklung eines Kindes.« Ich überfliege die nächsten Sätze, die gespickt sind mit Auszügen aus Gesetzestexten und UN-Konventionen. Es fällt mir schwer, im abendlichen

Zwielicht die kleingedruckten Formulierungen zu lesen. Die Straßenbeleuchtung, die schon den ganzen Tag über gebrannt hat, beginnt nur langsam, sich von dem dunkler werdenden Himmel abzuheben und schüchtern Helligkeit zu spenden. Mit zugekniffenen Augen lese ich trotzdem den letzten Teil mit der Überschrift »Probleme, die für Kinder in Waisenhäusern entstehen« zu Ende: »Kinder, die in Waisenhäusern untergebracht sind, haben oft reduzierten Kontakt zu ihren Familien und anderen Kindern aus dem Dorf.« »Kinder, die in Waisenhäusern untergebracht sind, werden von einem großen Teil der Bevölkerung stigmatisiert.« »Kinder, die in Waisenhäuser untergebracht sind, können keine sozialen Netzwerke in ihrer Gemeinde aufbauen.« »Kinder, die in Waisenhäusern untergebracht sind, wachsen mit dem Gefühl mangelnder Liebe auf und haben Probleme, zwischenmenschliche Fähigkeiten zu entwickeln.« Die Liste geht noch weiter, im schwachen Schein der Straßenbeleuchtung kann ich nur mehr einzelne Satzfetzen – »größere Wahrscheinlichkeit von Verwahrlosung«, »weniger Zeit zum Spielen« und sind »fünf- bis zehnmal so teuer« wie anders betreute Kinder[24] – wahrnehmen. Doch ich brauche nicht mehr weiterzulesen, die Argumente wiederholen sich. Es ist falsch und schädlich, Kinder in Waisenhäuser zu stecken, egal wo auf der Welt. Warum es in Ghana trotzdem die ganze Zeit über passiert, das soll mir morgen Frau Asamoah erklären.

27. Der Kampf der Regierung

»Es ist die Armut.« Helena Obeng Asamoah braucht nicht lange, um zum Punkt zu kommen. Die resolute Beamtin fällt ihre Diagnose schnell und mit fester Stimme. Wie ein Arzt, der genau um die Krankheit seines Patienten weiß. Der das Übel lange und im Detail beobachtet hat. Und der die Symptome kennt. Als Vizedirektorin des Department of Social Welfare (DSW)[25], des staatlichen Sozialamts, ist sie zuständig für die Belange der benachteiligten Kinder und Jugendlichen im Land. Keine leichte Aufgabe in einer Nation, in der fast jeder dritte Mensch unter der Armutsgrenze lebt. Doch die Frau, die mir hier im dunkelblauen Businessanzug gegenüber sitzt, ist tough. In ihrem klimatisierten Büro im noblen Ministerialbezirk mag wenig auf das Elend jenseits der Hauptstadt schließen lassen, Armut nur anhand einiger Bilder von heruntergekommenen Dorfschulen an der Wand sichtbar sein. Doch Helena Asamoah kennt den Staub der Savanne, hat Hunger gesehen, Not und Bedürftigkeit in all ihren verworrenen Ausformungen erlebt. »Armut bestimmt das Leben sehr vieler Menschen hier. Und zwingt sie oft zu Handlungen, über deren langfristige Auswirkungen sie sich nicht im Geringsten bewusst sind.« Sie schiebt einen Stapel mit Büchern zur Seite, macht Platz auf ihrem über und über mit Papier überhäuften Schreibtisch. Wie das Pult sieht auch das restliche Büro aus. Es überrascht, dass inmitten all der Bücher, Mappen, Schnellhefter, Aktenumschlägen und – trotz aller Behelfe – Massen an losen Blättern tatsächlich zwei Stühle und ein Schreibtisch Platz finden. Aus dessen unterster Lade zieht die Beamtin jetzt einen Pack Dokumente hervor und breitet sie zwischen sich und ihrem Besucher auf. »Wir kennen das Problem. Wir wissen, dass es Waisenhäuser gibt, die es eigentlich nicht geben dürfte.« Frau Asamoah zuckt mit den Schultern und lächelt gequält, wie über einen schlechten Scherz. Die Zahlen, die sie ihren Unterlagen entnimmt, entbehren aber jedweder Komik: 148 Waisenhäuser gibt es derzeit, offiziellen Regierungsangaben zufolge, in Ghana, doch nur zehn davon sind registriert. Und sie sind voll mit Kindern aus intakten Familien. »Die überwiegende Mehrheit der 4500 Waisenkinder des Landes – geschätzte 90% – hat Familie, lediglich für 10% von ihnen besteht die Notwendigkeit einer institutionellen Unterbringung.«[26]

Ich schlucke. Seit Monaten hege ich Verdacht, habe das Gefühl, einer großen Ungerechtigkeit auf der Spur zu sein. Meine Zweifel und Befürchtungen nun aber von offizieller Seite bestätigt zu bekommen, macht aus meiner Annahme auf einen Schlag Gewissheit. Und belegt – mit amtlich erhobenen und beglaubigten Daten – einen ungeheuerlichen Umstand: Über 4000 Kinder in Ghana leben ohne Notwendigkeit in Waisenhäusern, wachsen getrennt von ihren Familien auf. In all den vielen Gebäuden, die sich quer über das Land verteilen und den Schriftzug »Waisenhaus« tragen, ist im Schnitt nur eines von zehn Kindern tatsächlich ein Waisenkind. Ist nur ein Kind dort, weil es wirklich dort sein muss. Und sind die anderen nur deshalb dort, weil …Warum? Warum leben über 4000 Kinder ohne ihre Mütter, ihre Väter und ihre Geschwister? Warum leben über 4000 Kinder statt bei ihrer Familie in einer anonymen Institutionen? Frau Asamoah braucht die Frage ihres Besuchers nicht abzuwarten, zu offensichtlich entsteht durch die Zahlen Erklärungsbedarf. »Die ghanaische Regierung ist sich der Situation seit mehreren Jahren bewusst, fast ebenso lange arbeiten wir an einer Lösung. Wir wissen, dass Waisenhäuser nicht gut sind. Nicht für die Kinder, nicht für die Gemeinschaften, nicht für die Eltern.« Sie dreht den kleinen Ventilator in der Mitte des Schreibtisches in meine Richtung, ein leichter angenehmer Wind bläst mir ins Gesicht und auch ein wenig Staub. »Doch es ist die Armut, die im Hintergrund die Fäden zieht.« Ich denke an Mbawunis Mutter, ihre desolate Hütte, die Hilflosigkeit und Scham in ihren Augen. Es ist die Armut, die die Kinder Ghanas in die Waisenhäuser des Landes treibt. Nicht das Fehlen von Eltern, sondern deren Mittellosigkeit ist schuld an der Misere. »Viele Mütter und Väter sehen sich in Anbetracht ihrer Armut nicht in der Lage, ausreichend für ihre Kinder zu sorgen. Das Leben in der Peripherie hält für die meisten Eltern dieselben Herausforderungen bereit. Und bietet in Form von Waisenhäusern eine scheinbar ideale Lösung.« Ich kann den Blick meines Gegenübers nur schwer deuten, glaube neben Besorgung auch einen Ansatz aus Wut darin zu erkennen. »Aber das ist es nicht. Erst bei näherem Hinsehen zeigt sich, wie schlecht dieses Vorgehen für die Kinder ist. Doch dieser Blick bleibt den Eltern meistens lange Zeit verwehrt.« Zu jedem Satz, den diese scharfsichtige Ghanaerin mit eindringlicher Stimme vorträgt, tun sich vor meinem inneren Auge Bilder auf. Bilder von dürren Feldern und leeren Brunnen. Bilder von dünnen Kindern und zerlumpten Kleidern, Bilder von Eltern, die nicht nein sagen können zu dem, der da an ihre brüchige Türe kommt und eine hellere Zukunft verspricht. Zu einmalig muss diese Chance scheinen, zu unerhört und verlockend das Angebot: drei Mahlzeiten am Tag, medizinische Versorgung, Begleichung der Schulgebühren und manchmal sogar eine Krankenversicherung. Wäre man nicht ein schlechter Vater, würde man dieses Offert ablehnen, eine schlechte Mutter, würde man sein Kind dennoch bei sich zu Hause in der familiären Armut behalten? Frau Asamoah hat in den letzten Jahren mit vielen Eltern über ebendiese Überlegungen gesprochen, und sie kann das Handeln der Familien gut nachvollziehen. Aber sie weiß auch, dass die Entscheidungen meist falsch getroffen und erst nach vielen Jahren in ihren drastischen Auswirkungen richtig eingeschätzt werden. »Wenn Eltern ihre Kinder in ein Heim geben, dann tun sie das meist als unmittelbare Reaktion auf ihre Armut. Es ist eine kurzfristige Überlebensstrategie, die sie damit verfolgen.« Eine kurzfristige Strategie mit langfristigen Folgen, wie ich bei Hakeem und Mbawuni erleben konnte. Es ist ein gemeiner Kreislauf: Die Übernahme des Kindes durch die Institution des Waisenhauses führt zu einer kontinuierlichen Schwächung der Eltern-Kind-Beziehung, entfremdet den jungen Menschen nach und nach seiner Familie und resultiert schließlich in einem dauerhaften Langzeitarrangement. Aus einem Kind wird ein Waisenkind. Wird ein Waisenkind *gemacht*, denke ich mir, und mir wird schwindelig dabei. Ich nehme plötzlich auf unangenehme Weise die stickige Luft im Büro und den Geruch von altem Papier wahr. »Wir können gerne frische Luft hereinlassen«, meint die Beamtin geistesanwesend, erhebt sich auf mein Nicken hin schwerfällig und geht mit langsamen Schritten auf das Fenster zu. Sie öffnet die rechte der beiden Scheiben und atmet tief ein. Eine angenehme Brise weht durchs Zimmer und mit ihr ein Duft von Meer, Salz und Fisch. Das Department of Social Welfare befindet sich im Zentrum Accras, eingebettet zwischen anderen Regierungsgebäuden und nur wenige Schritte von der laut tosenden Küste der Stadt entfernt. Hier wird die Sozialpolitik des Landes geplant – und in dieser Planung zeigt sich, dass Frau Asamoahs Ärger über die Waisenhäuser nicht nur ihrer persönlichen Einstellung gegenüber Kinderheimen geschuldet ist, sondern der Kampf gegen diese teils fragwürdigen Institutionen politisch legitimiert und in der Arbeit des Arbeits- und Sozialministeriums festgeschrieben ist. Dass Kinder in ihren Familien besser aufgehoben sind als in Waisenhäusern, ist auch Staatsmeinung. »Wie gesagt, wir haben das Problem schon vor einiger Zeit erkannt«, sagt die Beamtin, während sie mit einer Dokumentenmappe in der Hand zurück zu ihrem Schreibtisch kommt, »und haben eine Lösung entwickelt.« Während sie sich wieder hinsetzt, tippt sie auf den gebundenen Papierstapel vor sich und fährt, mit erkennbarem Stolz in der Stimme, fort: »Mit der Care Reform Initiative – kurz CRI – haben wir einen Ansatz entwickelt, durch den ein grundlegender Strukturwandel im Sektor stattfinden soll. Ziel ist die Schaffung von Rahmenbedingungen für eine landesweite De-Institutionalisierung.« Wieder hilft mir die Beamtin aus, ohne dass ich etwas zu sagen brauche, und fügt dem sperrigen Begriff eine Erläuterung hinzu: »Das heißt nichts anderes, als dass wir weg wollen von den Waisenhäusern und hin zu anderen, besseren, familienfreundlicheren Formen sozialer Unterstützung.« In den Unterlagen, die zwischen uns am Tisch liegen und die mir Frau Asamoah später mit nach Hause gibt, steht die Strategie im Detail beschrieben. Nach ihr sollen Kinder – auch und vor allem jene aus bitterarmen Familien – zu Hause oder bei anderen Familienangehörigen aufwachsen, sollen Eltern oder erweiterte Familien zu dieser Aufgabe befähigt und dabei unterstützt werden. Nur wenn Kinder tatsächlich über keine Verwandtschaft mehr verfügen oder diese – etwa aufgrund von Drogen- oder Alkoholmissbrauch – als zur Erziehung eines Kindes unfähig eingestuft wird, kommt es zu einer Unterbringung in einer sogenannten Foster Care Community mit kleinen Einheiten und ausgebildeten Pflegemüttern. Waisenhäuser gibt es in dieser Konzeption nicht mehr – die bestehenden Einrichtungen müssen geschlossen, die dort untergebrachten Kinder in ihre bestehenden Familien zurückgeführt werden. Und die Gründung neuer Waisenhäuser ist verboten. So lautet das Gesetz.

Aber Papier ist geduldig. Und so wie in jedem anderen Land scheint auch in Ghana die Hauptstadt oft weit weg von den Bürgern zu sein, die Kluft zu groß zwischen denen, die die Gesetze schreiben, und jenen, die sie zu befolgen haben. In Ghana – mit seinem pulsierenden und entwickelten Zentrum im Süden und einer weit zerklüfteten, kaum erschlossenen und nur über endlos lange, holprige Savannenstraßen erreichbaren Peripherie im gesamten Norden des Landes – sind die Ausgangsbedingungen für die Einführung und Durchsetzung neuer Gesetze denkbar schlecht. Ich erinnere mich plötzlich an ein Gespräch mit Malam, das ich vor über zwei Jahren mit ihm geführt hatte. Um was es genau ging, weiß ich nicht mehr, aber er hatte sich furchtbar über irgendeine neue Verordnung der Regierung geärgert und trotzig behauptet: »Was die Herren in der fernen Hauptstadt aushecken, mag dort unten ja gut und richtig sein. Aber der Norden ist eine andere Welt, hier gelten andere Gesetze. Und Accra ist weit weg.« Als ich Frau Asamoah von diesem Gespräch erzähle, lächelt sie: »Da hat ihr Freund wohl Recht. Der Norden ist weit weg. Zu weit weg, als dass wir ihn mit unseren begrenzten Mitteln so kontrollieren könnten, wie das eigentlich notwendig wäre.« Zwar verfügt das DSW über Niederlassungen im ganzen Land und lassen sich auch in den größeren Städten des Nordes DSW-Büros mit Mitarbeitern finden, aber selbst von dort aus sind die Wege in die abgelegenen Dörfer der Savanne lang und oft nur unter größten Strapazen zu erreichen. Ein Kollege von Frau Asamoah – Herr Lawrence Ofori Addo – bekannte in einem Interview mit der Ghana News Agency vor kurzem, dass das DSW zwar über das Mandat, nicht aber die erforderlichen Ressourcen zur Kontrolle der Waisenhäuser verfüge[27]: »Logistische Engpässe begrenzen unsere Möglichkeiten und machen unsere Arbeit extrem schwierig. Die meisten unserer regionalen Büros sind personell unterbesetzt und verfügen über kein einziges Fahrzeug. Das macht jeden Besuch eines abgelegenen Dorfes zu einer anstrengenden Aufgabe.« Dass sich unter solchen Bedingungen die Arbeit mit den Waisenhäusern nicht einfach gestaltet, kann man sich gut vorstellen, und auch, dass das neue Gesetz bei den Menschen fernab der Hauptstadt noch nicht angekommen sein dürfte. Frau Asamoah blickt auf das Gesetzespapier vor ihr auf dem Schreibtisch und dann aus dem Fenster. Vor ihrem Büro bewässern zwei Gartenarbeiter die trockenen Gebüsche der ministeriellen Parkanlage. Mit leerem Blick betrachtet sie die beiden Männer, wie sie in der sengenden Mittagshitze mit einem löchrigen Schlauch gegen die Trockenheit des Bodens ankämpfen. Ein hoffnungsloses Unterfangen. Ihr Blick schweift wieder zurück zum Gesetzestext, ändert sich aber nicht und bleibt leer. Sie weiß wohl nur zu gut, dass dieses Stück Papier den weiten Weg in die Savannendörfer des Landes noch kaum geschafft hat.

28. Fangfragen

Betritt man als weißer Helfer ein ghanaisches Waisenhaus, dann sollte man sich mindestens zwei Fragen stellen: Ist – erstens – dieses Waisenhaus tatsächlich ein Waisenhaus, sind die Kinder hier wirklich Waisen und familienlos? Und kann diesen Kindern – zweitens – durch die Präsenz eines fremden Ausländers in irgendeiner Weise geholfen werden? Beide Fragen können mit sehr hoher Wahrscheinlichkeit verneint werden. Mit verlässlichen Daten belegt ist der Umstand, dass neun von zehn Waisenhäusern in Ghana mit falschen Waisen gefüllt sind; empirisch vielfältig nachgewiesen ist die Tatsache, dass Institutionalisierung entwicklungshemmend und stetig wechselndes Betreuungspersonal schädlich für die Kinder ist.

Aus diesem Grund wird der weiße Helfer auch bei sich zuhause kaum mehr Waisenhäuser finden können. Die Unterbringung in Heimen ist längst nicht mehr zeitgemäß, deren Sinn und Nutzen seit Jahrzehnten wissenschaftlich widerlegt. Doch obwohl die Institution in der westlichen Welt seit Langem in der Kritik steht – und etwa in den Vereinigten Staaten bereits seit den 1930er-Jahren nicht mehr besteht[28] –, stellt das Waisenhaus in vielen anderen Teilen der Erde nach wie vor die gängigste Form der Unterbringung für familienlose oder verstoßene Kinder dar. Die Vereinten Nationen schätzen, dass weltweit an die acht Millionen Kinder in Institutionen untergebracht sind; angenommen wird aber, dass die tatsächliche Anzahl aufgrund nicht registrierter Heime und unangemeldeter Kinder bei weitem höher ist[29]. Ebenfalls angenommen – und noch stärker befürchtet – wird, dass ein großer Teil dieser Kinder völlig grundlos institutionalisiert ist, sich die jungen Bewohner ohne Notwendigkeit in Waisenhäusern befinden[30].

Das heißt nicht, dass es keine Waisen gäbe. Es gibt sie auf der ganzen Welt, und allein auf dem »K-Kontinent« – wie Afrika mit seinen Kriegen, Krisen, Katastrophen und Krankheiten von zynischen Beobachtern genannt wird – haben jedes Jahrzehnt Millionen von Kindern den Verlust ihrer Mütter und Väter zu beklagen. Waisen existieren zuhauf, und wenn sie zudem noch das Pech haben, anstelle von engmaschigen Dorfgemeinschaften in anonymen Großstädten zu leben, sind sie nicht selten völlig auf sich selbst gestellt. Auch in den verwinkelten dunklen Gassen Accras liegen des Nachts Kinder auf Kartonfetzen, im Schutz von Gebäudeeingängen, Mülltonnen oder Plakatwänden. Tag für Tag, Nacht für

Nacht kämpfen sie dort einen Kampf ums Überleben, alleine oder in kleinen Gruppen, abhängig von Kleinkriminalität oder der Mildtätigkeit vorbeiflanierender Passanten. Auch wenn sich ihre Anzahl weit weniger drastisch ausnimmt als in anderen afrikanischen Staaten und auf die großen Städte beschränkt – Ghana hat seine Waisenkinder. Wie viele ist schwer zu sagen und ist abhängig von der gewählten Definition. Je nachdem, ob man Halb- oder ausschließlich Vollwaisen in die Statistik aufnimmt, erhöht oder verringert sich die Anzahl. Versteht man unter einem Waisenkind – wie das Department of Social Welfare – ein »Kind unter 18 Jahren, das beide Eltern oder einen Elternteil verloren hat«[31], dann ist ihre Anzahl erschreckend hoch.[32]

Doch es ist ein Trugschluss zu glauben, dass sich diese Zahlen automatisch in der Bettenanzahl der nationalen Waisenhäuser niederschlagen und einen Anstieg ebendieser Institutionen bedingen müssen. Denn die Gruppe jener Kinder, die ihre Nächte unter großstädtischen Mülltonnen und ihre Tage bettelnd an Ampelkreuzungen verbringt, ist gering und steht in keiner Relation zur Mehrheit dieser definitorischen Waisen: Zu jungen Mädchen und Buben, die trotz Verlustes eines Elternteils über Anschluss an ein bestehendes Familiensystem verfügen. Sie alle wären im Kreise ihrer Familien besser aufgehoben, und sie alle sollten der nationalen Gesetzgebung nach auch genau dort sein. Stattdessen aber werden sie in zunehmendem Maße institutionalisiert und – egal, ob aus unterstützenden Dörfern oder gar völlig intakten Verwandtschaftssystemen kommend – eines entwicklungsfördernden Wachstums in familiärem Umfeld beraubt. Und all das passiert in überwiegendem Maße ohne triftigen Grund. In den frühen 1990er-Jahren existierten im gesamten Ghana lediglich 5 Waisenhäuser – im Jahr 2004 waren es 39, im Jahr 2009 bereits 140[33].

Dieser rasante Anstieg ist nicht an die tatsächliche Bedürftigkeit der Kinder gekoppelt, ist weder Antwort auf eine tatsächliche Nachfrage noch Resultat einer gestiegenen Notwendigkeit. Es gab während dieser Zeitspanne keinen Krieg, keine Hungersnot, keine Katastrophen. Auch hat sich in diesen zwanzig Jahren kein fundamentaler sozialer Wandel vollzogen, der die zentrale Stellung der Familie und ihrer verwandtschaftlichen Netzwerke untergraben hätte. Der Aufstieg der Waisenhäuser ist künstlich, angetrieben allein durch sie selbst. Sie üben einen »Pull-Effekt« auf die Gesellschaft aus, wie das das DSW nennt: »Waisenhäuser evozieren einen Pull-Effekt, sie schaffen eine Nachfrage nach sich selbst durch ihre sofortige Zurverfügungstellung von Unterkunft, Nahrung, Kleidung oder Bildung. Es ist vielmehr diese Zurverfügungstellung institutioneller Unterbringung und viel weniger die tatsächliche Notwendigkeit institutioneller Unterbringung, die hinter vielen – und wahrscheinlich den meisten – der Waisenhaus-Einweisungen steht.«[34] Es ist also nicht tatsächliche Notwendigkeit, die die Eltern zur Weggabe ihrer Kinder zwingt – kein »Push-Effekt«, der Familien zu diesem Schritt drängt –, sondern die Attraktivität der Waisenhäuser. Kinder und Eltern werden »angezogen«, eingelullt von den kurzfristigen Verheißungen der Institution, geblendet von ihren unmittelbaren Angeboten.

Als weißer Helfer muss man also nicht nur erkennen, dass die Kinder des Waisenhauses der Wahl mit hoher Wahrscheinlichkeit gar keine familienlosen Waisen sind und unqualifizierter Hilfe nicht bedürfen, sondern dass sie darüber hinaus und in erster Linie wegen einem selbst und seiner bloßen Präsenz in dieser Institution untergebracht sind. Man trägt maßgeblich zum »Pull-Effekt« der Waisenhäuer bei, erhöht deren Attraktivität und macht sie durch seine Gegenwart und finanzielle

Unterstützung zu einem anziehenden Ort für Eltern und deren Nachwuchs. Und auch wenn man Geld bezahlt, eine weite Reise auf sich nimmt und mit den besten Absichten Teil der Lösung sein möchte, ist man genau das nicht. Man ist Teil des Problems.

29. Der Kampf der internationalen Gemeinschaft

Das schwere, weiße Eingangstor geht langsam und geräuschlos auf. Die fetten, blauen Lettern »UNICEF« verschwinden einer nach dem anderen, während das Tor den Weg für einen großen Geländewagen freigibt und für einen Moment die Sicht nach draußen erlaubt. Vor dem UN-Gebäude, das von einer hohen Mauer umgeben und durch Stacheldraht, Scheinwerfer und einen schwer bewachten Eingangsbereich von der Außenwelt geschützt ist, verläuft der ghanaische Alltag in seinen gewohnten Bahnen. Taxifahrer warten auf der braunerdigen, ungeteerten Straße auf ungeduldige Fahrgäste, Händler mit Körben voller Getränke auf dem Kopf auf durstige Kunden. Die Luft, in die sie lautstark ihre Verkaufsbotschaften rufen, ist trocken und von feinem braunen Staub durchsetzt. Mit einem kurzen quietschenden Ruck setzt sich das eiserne Tor wieder in Bewegung, und das Braun der Stadt macht nach und nach dem strahlenden Weiß des Portals und seines blauen »UNICEF«-Schriftzugs Platz. Ich sitze in der klimatisierten Empfangshalle des Kinderhilfswerks der Vereinten Nationen – des United Nations Children's Fund – und warte seit etwa einer Stunde auf meine Gesprächspartnerin. Johanna Erikkson Takyo, oberste Chefin des Kinderschutzprogramms in Ghana, wurde mir vom DSW als »sehr wichtige Person« genannt und erklärte sich nach ein paar hin- und her gesendeten E-Mails zu einem Treffen bereit. Als Leiterin eines fünfköpfigen Teams ist es ihre Aufgabe, den Schutz von benachteiligten Kindern im Land sicherzustellen – und damit auch der Waisenhaus-Problematik Einhalt zu gebieten. Ich bin gespannt auf das Treffen, gespannt auf die Frau, die zu diesem Thema wohl mehr weiß als alle anderen Personen, mit denen ich bisher darüber gesprochen habe. Aber ich muss mich weiter gedulden, die beiden jungen, in feinen Anzügen gekleideten Ghanaer am Empfangspult machen nach wie vor keine Anstalten, mich in das Innere des Gebäudes zu führen. Ein Quietschen ertönt, ich blicke wieder nach draußen. Obwohl sich die Szenerie in der letzten Stunde bereits mindestens fünfmal wiederholt hat, beobachte ich aufs Neue fasziniert, wie sich das Tor öffnet und für einen kurzen Moment den Kontrast zwischen Innen und Außen sichtbar macht. Draußen Staub, Schmutz, trockene Erde, drinnen Büsche, grünes Gras, Blumen. Und dazwischen das Blau und Weiß der trennenden Mauer. »Frau Erikkson Takyo ist jetzt so weit«, ertönt es plötzlich vom Empfangsschalter. Mit einem Schnarren öffnet sich die elektrische Glastür – auch auf ihr prangt der UNICEF-Schriftzug –, und herein tritt eine weiße, überraschend junge Dame mit einem entschuldigenden Blick. »Es tut mir leid, ich war in einer wichtigen Besprechung. Ich hoffe, das Warten hat Ihnen keine Unannehmlichkeiten bereitet.« Ich muss lächeln, während ich der blonden Frau durch verschachtelte Korridore zu ihrem Büro folge und dabei an die unzählbaren Stunden denke, die ich im Norden mit Warten verbracht habe. Warten auf Transportmittel, Besprechungen oder Injektionen, Warten auf Regen, Krankenschwestern oder

Häuptlinge, Warten auf den Beginn von Ansprachen und – noch ungeduldiger – Warten auf deren Ende. In der prallen Sonne, der sengenden Mittagshitze, im strömenden Regen unter der löchrigen Krone des Baobab-Baums, in der rostigen Busstation oder im überfüllten Krankenhaus – das Leben im Norden bedeutete Warten, und niemals waren die Bedingungen dabei so angenehm wie während der letzten kurzen Stunde in der ruhigen, klimatisierten Eingangslobby dieses UN-Gebäudes. Mit einem automatischen Chip öffnet Frau Errikson Takyo die Tür zu ihrem Büro und bittet mich freundlich, am kleinen Besuchertisch in der Mitte des Raumes Platz zu nehmen. Auf dem Tisch erkenne ich am blauen Umschlag das Dokument zur »Care Reform Initiative«, jenes Strategiepapier, das mir vor zwei Tagen Helena Asamoah im Sozialamt vorgestellt hat. »Im Department of Social Welfare liegt diese Studie auch am Tisch«, sage ich, und meine Gastgeberin lächelt. »Das ist gut möglich. UNICEF und DSW haben sie gemeinsam ausgearbeitet, und jetzt arbeiten wir an ihrer Umsetzung.« Ob sie weiß, dass viele der darin beschriebenen Vorgaben – etwa zum Verbot des Aufbaus neuer Waisenhäuser oder der Schließung der bestehenden Institutionen – abseits der Hauptstadt nicht befolgt und umgangen werden? »Wir wissen es. Und seit kurzem haben wir sogar genaue Zahlen dazu.« Sie seufzt und erinnert mich in ihrer professionellen Bedrücktheit an Helena Asamoah. »Wir haben hart gearbeitet während des letzten Jahres. Und wir konnten Erfolge verbuchen: Durch die Care Reform Initiative haben wir es geschafft, 1500 Kinder zurück in ihre Familien zu integrieren!« Ich nicke anerkennend mit dem Kopf: 1500 Kinder, die aus Waisenhäusern herausgeholt und zurück zu ihren Familien gebracht wurden! Das ist die erste gute Nachricht, auf die ich im Zuge meiner Recherchen stoße und die mir ein Gefühl von Entspannung vermittelt. Hier hat eine der bedeutendsten Entwicklungsorganisationen der Welt das Problem erkannt, arbeiten internationale Spezialisten an einer Lösung, sind eineinhalbtausend Kinder bereits vor einem Leben im Waisenhaus bewahrt worden. Doch die Besorgnis in der Stimme der UN-Beamtin lässt erahnen, dass die Sache so einfach nicht ist: »Das ist ein toller Erfolg, auf den sowohl wir als auch die Regierung stolz sind. Aber leider ist das nur die eine Seite der Medaille. Die andere ist – und das haben wir durch die eben erwähnte Studie herausgefunden –, dass im selben Zeitraum 2000 neue Waisen hinzugekommen sind.« Sie hält inne, wartet meine Reaktion ab. Ich brauche nicht lange zu rechnen, um zu verstehen, warum mein Gegenüber mehr geknickt als gerade auf ihrem Sessel sitzt. »Das bedeutet, dass heute in Ghana 5000 Kinder in Waisenhäusern leben – also 500 mehr, als zu dem Zeitpunkt, als wir mit unserer Initiative begonnen haben. Der Kampf ist extrem anstrengend. Und während man an der einen Front gewinnt, tut sich anderswo eine neue auf, die die hart erarbeiteten Erfolge zunichte macht.« Johanna Errikson Takyo greift zum Wasserkrug und befüllt zwei der vielen Gläser am Tisch. In kräftigen Schlucken trinkt sie das ihre mit einem Mal aus und füllt es aufs Neue. Seit einem Jahr ist die Vierzigjährige im Amt, zuvor war sie in Nepal und auf den Fidji-Inseln stationiert. Die Funktionen, die sie dort bekleidete, waren ähnlich wie ihre jetzige, aber in den kommenden vier Jahren ihrer Ghana-Mission hat sie eine ungleich schwerere Aufgabe zu bewältigen: »Auf individueller Ebene haben wir Erfolge erzielt, aber wir verlieren den Kampf. Als wir nach all der harten Arbeit die Zahlen der neuen Studie zu sehen bekamen, waren wir geschockt. Es war eine bittere Pille für uns, schwer zu schlucken für mich und meine Mitarbeiter. Es ist genau das Gegenteil von dem passiert, was wir wollten. Und es passiert noch immer.« Ihre Stimme zittert. Sie trinkt wieder einen tiefen Schluck Wasser, sammelt sich einige

Momente lang und fährt dann mit ruhiger Stimme fort: »Zumindest wissen wir jetzt, wo wir stehen. Und dass wir anders vorgehen müssen, um das Problem zu lösen.«

In mir macht sich Ernüchterung breit. Ich versuche, meine Enttäuschung zu verbergen, und blicke mich im Zimmer um. So eine mächtige Organisation, denke ich mir, während mein Blick die vollen Bücherregale im Hintergrund entlangschweift, mit so vielen Spezialisten, so vielen Studien, so vielen Meetings und Konferenzen, so viel Expertise – und trotzdem steht sie immer noch am Anfang, weit weg von einer tatsächlichen Lösung des Problems und einem echten Schutz der hunderten und tausenden Kinder, die mit einem Fuß im Waisenhaus stehen oder bereits darin leben. Aber was sollte sie tun? Aufhören? Wie fast überall in den Ländern Afrikas sind auch in Ghana die öffentlichen Stellen, die sich mit Sozialagenden zu beschäftigen hätten, chronisch unterbudgetiert. Sie besitzen nicht die notwendigen Mittel, um wohlfahrtliche Probleme – und seien sie noch so klar identifiziert und belegt – adäquat lösen zu können. »Gespart wird immer und zuerst bei der Sozialpolitik«, entrüstet sich Frau Errikson Takyo. »Dabei kann richtige Sozialpolitik so viel Steuergeld sparen und falsche so viel verschwenden. Also unterstützen wir das DSW weiter mit Geld und versuchen, gemeinsam mit Helena und ihrem Team die unnötige Spaltung so vieler Familien im Land zu verhindern. Im Moment – und deshalb bin ich so spät zu unserem Termin gekommen – startet ein Forschungsteam, das quer durchs Land reist und sich die Situation in den Dörfern und Familien ansieht: Wie kann man die Familien so stärken, dass sie ihre Kinder gut versorgen können? Was bedeuten Konzepte wie Familie und Kindheit in ländlichen Gebieten und wie lassen sie sich für sozialstaatliche Programme nutzen? Und wie kann man die Eltern davon überzeugen, ihre Kinder bei sich zu Hause zu behalten und nicht in ein Waisenhaus zu geben?« Das war die entscheidende Frage. Vielleicht indem man aufhört, sie mit Freiwilligen aus der westlichen Welt für Afrikaner interessant und finanziell lukrativ zu machen? Meine Gastgeberin sieht mich lange an. Dann nickt sie. »Dieser Punkt ist tatsächlich entscheidend. Wir sehen das Problem mit den Freiwilligen, diesen jungen Menschen, die mit den besten Intentionen nach Ghana kommen und tragischerweise ohne ihr Wollen Mitschuld tragen an der Misere.« Sie blickt sich um in Richtung des Regals und zieht, ohne aufzustehen, mit der rechten Hand eine dünne Mappe zwischen dicken Büchern hervor. Als sähe sie das Dokument selbst zum ersten Mal, blättert sie Seite um Seite um und murmelt dabei: »Wir arbeiten daran.« Auf einer der letzten Seiten findet sie schließlich, wonach sie gesucht hat, und tippt auf eine Tabelle: »In unserem ›Aktionsplan 2014‹ ist dieser Bereich auch strategisch verankert, wir haben einen Aktivitäten- und Budgetposen extra für diese Kommunikationsmaßnahme eingeplant.« Geht es nach UNICEF und der »Aktivität 3.5.« ihres Aktionsplans 2014[35], sollten Freiwillige aus der westlichen Welt für das Thema sensibilisiert und mit den Auswirkungen ihres Handelns konfrontiert werden. »Unter anderem wird im Moment ein Film produziert, der die Tücken von Institutionalisierung aufzeigt und anhand mehrerer Länder – darunter auch Ghana – darstellt. Damit wollen wir Freiwillige erreichen.« Sie hält inne, scheint in der Tabelle nach zusätzlichem Inhalt zu suchen. Eine Weile vergeht, bevor sie vom Dokument wieder aufblickt und stirnrunzelnd nachsetzt: »Das Problem greift aber weiter. Die Freiwilligen selbst sind nur ein Teil davon, ansetzen müsste man bei den Vermittlungsorganisationen. Bei der Industrie.« Ich denke lange über diesen Satz nach, während ich im verzweigten Gangsystem den Weg nach draußen suche. Beim Ausgang gebe ich meinen Besucherausweis ab und warte, bis sich das Tor zur Außenwelt langsam öffnet.

Mit mir verlassen zwei schwere Geländewagen das Areal, im Wagen sitzen telefonierende Anzugträger. Ich blicke den Autos nach, wie sie mit ihren hohen Antennen auf der Motorhaube und dem UNICEF-Logo auf der Seitentüre Accra über die holprige Straße in Richtung der endlosen Weite Ghanas verlassen. Hinter mir quietscht es, das Tor schließt sich und lässt mich – nach einem letzten Blick auf das satte Grün vor dem stattlichen Gebäude mit der weiß-blauen Front – auf der staubigen Straße zurück.

30. Verlierer überall

Die Tage in Accra waren aufschlussreich, aber der Lösung meines Rätsels bin ich nicht wirklich näher gekommen. In den Gesprächen mit den offiziellen Stellen habe ich bestätigt bekommen, was ich zu einem großen Teil bereits wusste und mit eigenen Augen in den Dörfern des Nordens erlebt hatte. Neu ist für mich, welches Ausmaß die Misere bereits angenommen hat – und dass sie tatsächlich illegal ist. Mit den von UNICEF erhobenen Daten und dem Gesetzestext, der das Problem rechtlich kriminalisiert, bewege ich mich bei meinen Recherchen nun auf einer solideren Grundlage als noch vor einigen Tagen. Aber trotzdem fehlt ein konkreter Hinweis auf die Wurzel des Problems. Die Problemsituation selbst ist mir in der Zwischenzeit völlig klar. So klar, dass ich sie zur Gänze in der kurzen Zeit rekonstruieren kann, die mein mittlerweile sehr angeschlagener Laptop braucht, um das Dokument »Ghana_Das Geschäft mit den Waisen.doc« zu öffnen. Im schwachen Schein der Lampe, die neben meinem Bett auf einem kleinen, wackeligen Tischchen steht und die einzige Lichtquelle meines schummrigen Hotelzimmers darstellt, fasse ich, rasch tippend, die Ergebnisse meiner bisherigen Recherche zusammen:

Waisenhäuser sind schlecht für die Kinder. Die wissenschaftlichen Beweise sind eindeutig – Institutionen sollen vermieden, Kinder wenn irgendwie möglich von und in ihren eigenen Familien großgezogen werden. In Ghana wäre das für fast alle Kinder möglich, trotzdem existieren an die 150 Waisenhäuser mit insgesamt mindestens 5000 Waisenkindern. Die meisten von ihnen illegal, denn die Regierung hat das Problem erkannt und sie per Gesetz verboten. Der Aufbau von neuen Waisenhäusern ist nicht mehr erlaubt, bestehende Heime müssen geschlossen und Kinder in ihre Familien rückgeführt werden. Doch die Kontrolle dieses Gesetzes ist schwierig, zu weitläufig ist das Land und zu unterbudgetiert das Sozialamt, das für dessen Umsetzung zuständig wäre. Also bleiben die Waisenhäuser in den abgelegenen Dörfern der Savanne bestehen, werden jede Woche neue Waisenhäuser irgendwo im Land aus dem Boden gestampft, werden Kinder von ihren Eltern getrennt und wachsen nicht in ihrer Familie, sondern in einer Institution auf.

Das ist die Sachlage. Einfach und klar. Ich schließe den Laptop, schaue aus dem Fenster. Im fahlen Licht des frühen Abends kann man die jungen Männer, die auf der anderen Straße Fußball spielen, nur mehr schemenhaft ausmachen, ein Ball ist für mich trotz Anstrengung und zugekniffener Augen nicht mehr zu sehen. Erkennbar aber ist der Staub, der jedes Mal aufsteigt, wenn zwei – manchmal sogar drei oder vier – der Spieler direkt um die Kugel kämpfen und dabei körperbetont zur Sache gehen. »Busumwti Park« wurde diese braunerdige, trockene Fläche von den Stadtvätern unbescheiden benannt, nach dem großen Busumwti-See im Südwesten des Landes. An Wasser erinnert hier nichts, und auch Pflanzen sucht man vergeblich. Mein Hotel hatte mit »Sicht auf Parklage« geworben, aber jetzt, wo ich hinausblicke und keinen einzigen Baum oder auch nur Strauch erblicke, macht sich Trostlosigkeit breit. Die Szenerie erinnert an die staubigen Fußballspiele im Norden. Von den grellen Lichtern der Oxford Street, den Gebäudebeleuchtungen der Ministerien und den Scheinwerfern im UNICEF-Areal ist hier nichts zu sehen. Doch mag das Licht dort auch noch so hell leuchten, die Regierung und die internationale Gemeinschaft tappen im Fall der Waisen im Dunkeln. Sie haben das Problem erkannt und arbeiten an seiner Beseitigung, an einer retrospektiven Wiedergutmachung, einer Rückgängigmachung bereits geschehener Ereignisse. Warum dieses Ereignis aber dennoch immer wieder aufs Neue eintritt, warum es immer wieder aufs Neue entsteht, muss zurückzuführen sein auf eine treibende Kraft. Auf etwas, das dieses Ereignis einfordert und dadurch stetig aufs Neue erschafft. Das durch seine Nachfrage ein Angebot kreiert. Angebot und Nachfrage, denke ich mir, während sich die Fußball spielenden Figuren gänzlich im Schwarz der Nacht aufgelöst haben. Industrie. Kapitalismus. Es muss die unsichtbare Hand des Marktes sein, die in diesem bizarren Schauspiel die Marionetten bewegt.

Teil VII

Anbieten (und Nachfragen)

31. Bei den Geschäftemachern

»Irgendwo auf der Welt braucht ein Kind deine Hilfe. Ein Kind, das genau das braucht, was du kannst. Ein Kind, das eine oder zwei Wochen deiner Zeit braucht, und dessen Leben sich dadurch für immer verändern wird.« (www.globalvolunteers.com)

Helfen kostet. Man kann »eine oder zwei Wochen seiner Zeit« in den Dienst einer guten Sache stellen und ein »Leben für immer verändern« – doch man muss zahlen dafür. Für die, die bereit sind, Geld auf den Tisch zu legen für das gute Tun, für die steht ein reiches Angebot zur Verfügung. Sensibel und frühzeitig hat der Markt die Nachfrage erkannt, hat gespürt, dass sich das steigende Bedürfnis »Gutes zu tun« in westlichen Gesellschaften zu einer konkreten Nachfrage verfestigt und kommerziell nutzbar ist. Dass sich dieser Wunsch zu helfen kapitalisieren und zu Geld machen lässt. Also wird ein dementsprechendes Angebot erschaffen, werden kundenorientierte Produkte entwickelt und einer zahlungskräftigen Käuferschicht aus dem Westen offeriert. Und die ist bereit, für Freiwilligeneinsätze in Afrika in die Tasche zu greifen – gesetzt den Fall, dass das Angebot ihren Bedürfnissen entspricht.

»Es gibt so viel zu tun dort oben. Im Waisenhaus wird dringend Hilfe benötigt, die armen Kinder brauchen Unterstützung.« Mein Gegenüber kennt die Bedürfnisse seiner Kunden. Er weiß ganz genau, was die jungen Helfer aus dem Westen hören wollen, und er wird nicht müde, davon zu erzählen. »Die Kinder sind alleine, völlig auf sich selbst gestellt. Wenn es das Heim nicht gäbe, dann hätten sie nichts zu essen, keine Kleidung, gar nichts. Auf der Straße würden sie leben.«

Eric Arthur blättert durch die Mappe, die er seit dem Beginn unseres Gespräches in den Händen hält, und schlägt eine Seite auf, auf der das Bild eines jungen Mädchens zu sehen ist. Mit erschrockenen Augen blickt sie direkt in die Kamera, in der Hand hält sie ein Stück Papier, auf das in schöner Handschrift ein Name geschrieben ist. »Das ist Asanna. Sie ist acht Jahre alt und lebt seit einem Jahr in unserem Waisenhaus. Familie hat sie keine, und sie ist sehr oft krank.« Er blättert weiter, betrachtet Seite um Seite die in Plastik foliierten Bilder von jungen Mädchen und Buben, bis er schließlich auf einer der letzten Seiten – zwei Gruppenbilder sind darauf zu sehen – innehält und sich mit ernster Stimme wieder an mich wendet: »Die Kinder brauchen Hilfe. Ohne das Waisenhaus und ohne die Freiwillige sind sie verloren.«

Der Satz schwingt nach, liegt schwer in der Luft. Es ist still im Büro von Eric, zum ersten Mal, seitdem ich hier bin. Der Geschäftsführer der Freiwilligenorganisation »Volunteer Ghana« hat mir über eine halbe Stunde lang das Leid der Kinder Ghanas geschildert, in eindrücklichen Bildern und mit noch eindrücklicheren Wörtern. Jetzt scheint die Präsentation beendet, das Verkaufsgespräch abgeschlossen. Von draußen ist gedämpfter Verkehrslärm zu vernehmen, vereinzelte Rufe von Straßenverkäufern und das schrille Plärren eines Babys dringen abgeschwächt in das Innere des Gebäudes. Es ist ein schönes Haus, nicht sehr groß zwar, dafür aber mit einer sauberen, beige verputzen Fassade, großen Glasfenstern und glänzendem Fliesenboden. Auch das Geschäftsführerbüro ist in beigen Farben gehalten, wenngleich wegen der vielen aufgehängten Bilder kaum etwas von der Wand zu sehen ist. Unzählige Fotos – die meisten davon mit Tintenstrahl-Drucker selbst ausgedruckt – reihen sich dort aneinander, und in fast allen scharen sich viele Schwarze um wenige Weiße. Glücklich sehen die Freiwilligen aus, wie sie inmitten afrikanischer Kinderscharen stehen und manchmal auch ein Baby in der Hand halten. Die Fotos sind einander so ähnlich, dass man glauben könnte, sie wurden alle in ein und derselben Stunde geschossen. Einzig die weißhäutigen Personen im Zentrum unterscheiden sich, alles andere erscheint als ständige Wiederholung des immer selben Motivs. Was es wohl kosten würde, selbst in der Mitte dieser Gruppe zu stehen? Jetzt sind wir da, wo Eric schon seit einer Weile hinwollte. »Also, du willst helfen?« Ich nicke, während ich den dünnen Vertrag entgegennehme, den mir Eric mit erwartungsvollem Blick über den Tisch hinweg zuschiebt. »1200 Dollar pro Monat.« Ich schlucke. »Das ist aber ganz schön viel.« »Das ist der Preis. Günstiger als bei vielen anderen, das kann ich dir versichern.«

Eric blättert durch eines der vielen Vertragsexemplare, die vor ihm auf dem Tisch liegen, und tippt mit dem Finger auf einen Absatz der zweiten Seite: »Hier siehst du, dass der Preis fast alles inkludiert: Transport zum Waisenhaus im Norden, Unterbringung bei einer lokalen Familie, drei Mahlzeiten am Tag und sogar einen Sprachkurs zu Beginn. Du musst dich um nichts mehr kümmern.« Halb triumphierend, halb herausfordernd blickt er mir direkt in die Augen und wartet meine Reaktion ab. Ich bin beindruckt, mit welcher Überzeugungskraft dieser Mann seine Verkaufsargumente vorzubringen versteht, verblüfft gleichzeitig von seiner Kaltschnäuzigkeit. Mit dem Habitus eines Staubsauger-Vertreters versucht mir dieser Ghanaer seit über einer Stunde weiszumachen, dass da draußen irgendwo notleidende Kinder auf mich warten, ohne Familie und verloren ohne meine Hilfe. Wie andere einen Staubsauger präsentiert mir Eric seit einer Stunde Menschen in einem Waisenhaus. Und der Preis seines Produktes ist ein stolzer. »So ein Angebot wirst du kein zweites Mal finden«, sagt er und überrascht mich aufs Neue. Was für ein Bluff, bei all der Konkurrenz, der er sich in seinem Heimatland stellen muss.

Denn Angebote wie das von Eric gibt es in Ghana wie Sand am Meer. Das Land ist einer der Hotspots, wenn es um Freiwilligenarbeit geht, einer der weltweit populärsten Einsatzorte für Volunteers. Abseits der Hauptstadt trifft man kaum auf Weiße, die nicht wegen eines Freiwilligeneinsatzes im Lande wären, und auch bei den Sulimingas in Accra handelt es sich zu einem großen Teil um Freiwillige. Besonders augenfällig wird ihre Präsenz am Flughafen, vor allem während die internationalen Maschinen aus den Niederlanden, aus Belgien, aus Deutschland landen. Der überdachte Eingangsbereich im Freien verwandelt sich dann in ein Tafelmeer, Schilder in allen erdenklichen Formen und Farben werden hochgehalten und in Richtung der ankommenden Reisenden gestreckt. »Love Volunteers«, »Help Kids Organization«

oder »Children Helpers« steht auf den zumeist händisch fabrizierten Postern geschrieben, und sehr oft lässt sich auf ihnen das Wort »Orphanage« erkennen. Das war auch gestern so. Kurz nach der Landung der Elf-Uhr-Maschine aus Lissabon konnte ich das Schauspiel betrachten, konnte erleben, wie sich eine Menge von aufgekratzten Personen mit Schildern in der Hand eng an eng an die metallene Absperrung drängte und ungeduldig die Ankunft der neuen Weißen erwartete. Von meinem Platz in der kleinen Bar des Ankunftsbereichs aus konnte ich die Mienen der Ankömmlinge studieren, als sie schließlich, einer nach dem anderen, durch den Ausgang nach draußen schritten und mit Müdigkeit, Erschöpfung und manchmal auch mit Unsicherheit im Blick in die Menge schauten. Während die meisten der älteren Reisenden – vor allem jene in Anzügen – keine Reaktion auf den Tumult erkennen ließen und sich routiniert, den Businesskoffer hastig hinter sich herziehend, an den wartenden Menschen vorbei in Richtung des nahen Taxistands schoben, legten nur wenige der jüngeren ein derart abgeklärtes Verhalten an den Tag. Die meisten blickten sich fragend um, einige sogar ängstlich, und suchten mit ihren Blicken nervös die Umstehenden und deren Schilder ab. Es dauerte eine Weile, aber nach und nach fanden alle zueinander. Die auffallend große junge Frau mit dem Sonnenhut auf ihren braunen Haaren wurde von »Love Volunteers« empfangen, eine zweite, ebenfalls huttragende Blondine ging mit einem jungen Mitarbeiter der »Help Kids Organization« von dannen. Und zwei sehr junge, höchstens achtzehnjährige Mädchen verstauten ihre völlig überdimensionierten Rucksäcke mithilfe mehrerer Burschen in einem Jeep mit dem Aufdruck »African Volunteer«. Der Empfangsbereich leerte sich so schnell, wie er sich gefüllt hatte, zurück blieb eine Handvoll vereinzelt oder paarweise umherstehender Menschen. Einer von ihnen hatte noch ein

Schild in der Hand. »Volunteer Ghana« stand auf dem Stück Plastik, das der untersetzte Afrikaner unschlüssig in seiner rechten Hand hielt. Eric.

»Du bist am Flughafen auf mich zugekommen und hast gefragt, ob ich dir helfen kann«, sagt Eric jetzt und dreht sich in seinem schwarzen Lederstuhl leicht in beide Richtungen. »Du hast mich gefragt, ob ich dir meine Organisation und mein Angebot vorstellen kann. Das habe ich gemacht, und jetzt sagst du, du hast kein Interesse mehr?« Er schnalzt mit der Zunge, und ich fühle mich zusehends unwohl. Es stimmt, ich hatte ihn vorhin am Flughafen gefragt, ob er mir zu einem Freiwilligeneinsatz verhelfen könnte. Ich hatte ihm gesagt, dass ich gerne Kindern helfen und in einem Waisenhaus arbeiten würde. Dass er mich allerdings gleich mit zu sich ins Büro nehmen und fast eine Stunde auf mich einreden würde, damit hatte ich nicht gerechnet. Und ich hatte vor allem nicht damit gerechnet, dass sich ein Einsatz so schnell organisieren ließ. In einem Waisenhaus, das es laut Gesetz gar nicht geben dürfte. Und für eine Person, über die »Volunteer Ghana« nicht das Geringste wusste. Und offenbar auch nicht das Geringste wissen wollte. Ich hätte ein Schwerverbrecher sein können, ein in Europa gesuchter Krimineller – Eric fragt nicht und könnte mich innerhalb von zwei Tagen in einem Heim voll minderjähriger Kinder unterbringen. Wenn ich dafür zu zahlen bereit wäre. Der Ledersessel quietscht leise, etwas lauter mit jedem weiteren Mal, das Eric ihn auf eine der beiden Seiten dreht. Ich versuche, seinen Blick zu deuten, und sehe Geduld darin und Ruhe. Seinen letzten Worten zum Trotz sitzt hier kein schlechter Mensch, denke ich mir. Ein Mensch, mit dem man reden kann. Sollte ich ihm sagen, dass ich gar kein Volunteer bin? Dass ich gar kein Interesse an einem Freiwilligeneinsatz habe, sondern – ganz im Gegenteil – Recherchen darüber anstelle? Ihn konfrontieren mit seinem Gesetzesbruch, seiner Lüge, und mit den Problemen, die unschuldigen Kindern und Familien dadurch entstanden? Während ich noch nachdenke, erhebt sich mein Gegenüber plötzlich und geht in Richtung Tür: »Ich will dich zu nichts zwingen. Wenn du willst, kannst du ab übermorgen in einem Waisenhaus im Norden arbeiten und Kindern helfen. Du kennst mein Angebot, und es ist ein gutes. Schau dich einfach um und sieh, wie viel andere Vermittlungsagenturen verlangen. Du wirst nichts Besseres finden, und dann kannst du einfach wieder hier vorbeikommen und den Vertrag unterschreiben.« Er öffnet die Türe und bittet mich mit einer ausladenden Geste nach draußen. »Ich muss wieder zum Flughafen, die Freiwilligen aus Holland landen um fünf Uhr.«

32. Voluntourismus

Rund um den Wunsch zu helfen hat sich eine Industrie herausgebildet. Ein milliardenschweres Geschäft, das von kommerziellen Firmen dominiert und durch die weltweit steigende Nachfrage von Volunteers angetrieben wird. Alleine im Jahr 2011 sind an die zehn Millionen Menschen für Freiwilligenarbeit in die Ferne gereist, und die Tendenz ist steigend.[36] Voluntourismus wird dieser boomende Wirtschaftszweig genannt, Freiwilligentourismus. Definiert als »eine Reise mit dem ausschließlichen oder anteiligen Zweck, sich in humanitärer oder anderer freiwilliger Tätigkeit zu engagieren«[37], verbindet Voluntourismus das Konzept der Freiwilligenarbeit mit jenem des Reisens und schafft ein populäres

Produkt daraus. Ein Produkt, das auf die Bedürfnisse der westlichen Konsumenten zugeschnitten ist: Abenteuer, Exotik, Sinnstiftung, Prestige, gutes Gewissen, und das alles auf einmal. Entwicklungshilfe und Erholungsurlaub werden kurzgeschlossen: Im Kombi-Angebot kann man zuerst in der abgelegenen Dorfschule unterrichten und dann Badeurlaub machen, sich zwei Wochen um Waisenkinder kümmern und später auf Elefanten durch den Dschungel reiten, zu Beginn einen Brunnen reparieren und am Ende auf Safari gehen. Das Angebot wird angenommen, scheint einen Nerv der Zeit zu treffen. Voluntourismus wird als »einer der rapidest wachsenden Sektoren in einer der am schnellsten wachsenden Industrien der Weltwirtschaft«[38] beschrieben, und das Wachstum scheint kein Ende zu nehmen.

Dabei hat es Freiwilligenarbeit schon immer gegeben. Bereits im Alten Testament wurden mit den »Werken der Barmherzigkeit« mildtätige freiwillige Aufgaben eingefordert und die moralische Verpflichtung erhoben, kranke Menschen gesund zu pflegen, Durstigen Wasser zu spenden und den Nackten Kleider. Der Wunsch zu helfen ist nicht neu, und er wurde im Zuge der Jahrhunderte von Missionaren, mildtätigen Kolonialisten, selbsternannten Philanthropen und Entwicklungshelfern auch fernab der eigenen Gemeinschaft und in fremden Gefilden ausgelebt. Dass Menschen »aus freiem Willen« – denn das meint das Wort Volunteer, das sich aus dem lateinischen »voluntarius« ableitet – in Entwicklungsländern wohltätig arbeiten wollen, hat dabei im letzten Jahrzehnt sogar noch zugenommen. Weniger geworden sind aber gleichzeitig die Möglichkeiten, dies zu tun. Als professionelle Entwicklungsorganisationen, wie etwa das Rote Kreuz, Mitte der 1990er die systematische Entsendung freiwilliger Helfer beendeten, entstand in diesem Vakuum innerhalb kürzester Zeit ein neuer Markt für kommerzielle Anbieter[39]. Privatwirtschaftliche Firmen haben in der Vermittlung unqualifizierter Freiwilligenarbeit ein lukratives Betätigungsfeld gefunden, Hilfe kommerzialisiert und Sozialarbeit in Entwicklungsländern für jedermann möglich gemacht.

Einen »multi-milliarden-schweren Ausdruck des Wunsches von heutigen Touristen, Sinn zu finden und die Welt zu einem besseren Ort zu machen«, sieht David Clemens, Gründer der kritischen Website www.voluntourism.org in dieser neuen Reiseform und fasst damit die Grundmotivation der reisenden Helfer zusammen.[40] »Gutes tun«, »der Welt etwas zurückgegen«, »sich sinnvoll betätigen« – begründet werden die Freiwilligeneinsätze sehr ähnlich, ungeachtet der Herkunft, des Alters oder des beruflichen Hintergrunds der Freiwilligen. Die meisten von ihnen aber sind Teenager, junge Menschen zwischen 17 unter 25 Jahren – zumeist Schülerinnen oder Studentinnen, die Zeit haben zwischen Lebensabschnitten und die die Monate zwischen Schule, Universität oder Jobbeginn sinnvoll nutzen wollen. Weiblich, 22 Jahre, gut situierter Familienherkunft, mit gehobener Bildung und aus dem urbanen Raum – so sähe eine Zielgruppeanalyse den idealtypischen Durchschnitts-Volunteer[41]. Daneben gibt es aber andere, und auch die werden mehr: Professionals im mittleren Alter etwa, die sich die Karriereleiter nach oben und dabei ins Burnout gearbeitet haben. Angestellte und Freiberufler, die in ihrer Midlife-Krise nach Sinn und Bestätigung suchen. Und Pensionisten, die Geld und noch mehr Zeit haben und an ihrem Lebensabend noch etwas Glück verbreiten wollen. Neben der stark wachsenden Gruppe der über 40-Jährigen sind es die über 55-Jährigen, die im Freiwilligenbusiness die am rasantesten wachsende Konsumentenschicht darstellen und Prognosen zufolge auch in Zukunft weiter an Bedeutung gewinnen werden. In den nordischen Ländern ist bereits jetzt jeder vierte Freiwillige älter als 40 Jahre[42]. »Guilt Trips« – Schuldtrips – nennt Ian Birell von The Guardian jene Ausflüge, in denen frustrierte Geschäftsleute für ein paar Wochen ihr Business-Outfit ablegen und der Gesellschaft für viel Geld etwas zurückzugeben versuchen[43]. Die Gruppe der Hobby-Helfer ist eine ziemlich bunte geworden in den letzten Jahren.

Egal aber, ob es sich bei den Freiwilligen um Teenager voller Idealismus und Enthusiasmus, um ausgepowerte Angestellte mit Sinnkrise oder mildtätige Senioren mit viel Zeit handelt – kollektiv erschaffen sie die Nachfrage nach einem komplexen Produkt. Nach einem Tourismusangebot, das die Annehmlichkeiten des Reisens mit dem guten Gefühl des Helfens zu verbinden hat und in den Ländern Asiens, Lateinamerikas und Afrikas verortet sein soll[44]. Und das Menschen, bevorzugterweise Kinder, beinhalten muss. Eine milliardenschwere Industrie liefert es.

Und es ist für jeden etwas dabei. Man google das Wort »Volunteer«, um innerhalb von Sekunden erschlagen zu werden vom Ausmaß des Angebotes, von dieser Fülle an Produkten. Von der Betreuung brasilianischer Straßenkinder über die Fürsorge laotischer Babys bis hin zum Englischunterricht in chinesischen Schulen, von der Pflege kambodschanischer Minenopfer über Bewegungstherapien für gehbehinderte Sudanesen bis hin zur Sexualaufklärung togolesischer Sekundärschüler ist alles zu finden. Die Möglichkeiten sind schier unbegrenzt, und sie stehen jedem offen, vorausgesetzt, man bringt das nötige Kleingeld mit. Denn betrachtet man die – zumeist bezahlten – Google-Einträge genauer, kommt man rasch dem kommerziellen Hintergrund derartig vermarkteter »Entwicklungshilfe« auf den Grund.

Die Preise für die Freiwilligeneinsätze variieren stark, laut einer Recherche von The World Post belaufen sich die Kosten bei größeren Organisationen aber auf rund

3.000 US-Dollar pro Monat.[45] Den Großteil des Geldes erhalten dabei die Vermittlungsorganisationen, die zumeist in den Metropolen der westlichen Industrieländer beheimatet sind und ihre Produkte an eine zahlungskräftige Käuferschicht aus Europa, den Vereinigten Staaten und Australien verkaufen. In den Entwicklungsländern selbst – und bei den Menschen, denen laut Werbebroschüren eigentlich geholfen werden sollte – verbleibt ein verschwindend kleiner Teil des Geldes, wenn überhaupt. Die Gewinne der großen Freiwilligen- und Vermittlungsorganisationen – wie etwa mit 25 Millionen US-Dollar jene der britischen »Projects Abroad« aus dem Jahr 2010[46] – kommen nicht von ungefähr. Effiziente Unternehmensführung, multikanaliges Marketing und zielgruppenorientierte Produktentwicklung nah an den Wünschen der Konsumenten machen aus dem Business mit den Freiwilligen ein hochrentables Geschäftsmodell.

Je eher das Produkt den Bedürfnissen der Kunden entspricht, desto größer ist der kommerzielle Erfolg, der sich erzielen lässt. Mit der Unterstützung kleiner schutzbedürftiger Kinder hat die Industrie einen Bestseller gelandet. Der Verkaufsschlager nach dem Kindchenschema – erprobt und jahrzehntelang bewährt in Konsumgüter- und Spendenwerbung – zieht Freiwillige an wie ein Magnet, und kein zweites Volunteering Angebot erfreut sich so großer Popularität wie der Einsatz im Waisenhaus. »Waisenhäuser sind in der Branche besonders beliebt«, sagt Alexia Nestoria, die für eine nordamerikanische Vermittlungsorganisation gearbeitet hat und die Industrie kennt. »Sie verkaufen sich am besten. Sie ermöglichen die tränenreichsten Geschichten für die Medien. Und weil die Freiwilligen all ihren Freunden zu Hause von der Erfahrung erzählen und dabei begeistert Bilder von entzückenden Waisenkindern zeigen, reißt die Nachfrage niemals ab. Als Business-Frau habe ich das geliebt.«[47]

Man weiß, was sich verkauft, also bietet man es an. Und schmückt es aus. Und hofft darauf, dass niemand bemerkt, dass die aufwendig dekorierte äußere Hülle mit dem tatsächlichen Kern im Inneren eigentlich gar nicht viel zu tun hat.

In Ghana helfen sehr viele Leute mit beim Dekorieren. Den internationalen Vermittlungsorganisationen steht ein breites Netzwerk aus lokalen Partnern zur Verfügung, mit deren Hilfe sie ihre Waisenhaus-Einsätze anbieten und die Freiwilligen in Kinderheimen quer übers Land verstreut platzieren können. Es sind Ghanaer mit Geschäftssinn, die in ihren Heimatdörfern Waisenhäuser errichten, sie mit Kindern aus der Gegend füllen und schließlich – oft über viele Jahre – mit Freiwilligenvermittlungsorganisationen aus dem Westen kooperieren. »Ein lukratives Business mit Kindern als Vermögenswert«[48], nennt der ghanaische Journalist Mike Owusu von der Daily Graphic das Geschäft. Als ehemaliger Mitarbeiter einer Vermittlungsorganisation hat er die Machenschaften seiner Ex-Kollegen recherchiert und öffentlich angeprangert: »Waisenhausbetreiber sprechen dezidiert arme Familien an und versprechen jenen Kindern eine bessere Zukunft, die ihre Familien zugunsten des Waisenhauses verlassen. Die Kinder haben Eltern, werden aber zu Zwecken der besseren Vermarktbarkeit als Waisen ausgegeben.«[49] Dass Kinder nicht nur fälschlicherweise als Waisen ausgegeben, sondern als Heimbewohner noch absichtlich armselig gekleidet und in bemitleidenswertem Zustand gehalten werden, überrascht in diesem Zusammenhang nicht mehr.[50] Wo gehobelt wird, fallen Späne, und hier wird ordentlich gehobelt.

Das hängt nicht unbedingt mit dem Naturell der Ghanaer, sondern vielmehr mit den Interessen ihrer internationalen Besucher zusammen. Die nämlich kreieren mit ihrer Nachfrage nach schutzbedürftigen Kindern – und nach passiven Empfängern einer Hilfe, die auch die Unqualifiziertesten unter ihnen mit guten Gewissen leisten können – den Rahmen für die kontinuierliche Produktion von immer neuen Waisenkindern in immer neuen Waisenhäusern. Die Erwartungshaltung, die durch die konstante Nachfrage nach Freiwilligeneinsätzen in Waisenhäusern erschaffen wird, und der finanzielle Druck und Belohnungsmechanismus, der mit ihr einhergeht, wirken bis tief in die Savanne und setzen selbst in den abgelegensten Dörfern einen zerstörerischen Prozess in Gang. Die Weißen wollen Waisen? Sollen sie sie doch haben.

33. Bei den Freiwilligen

Freitagabend, es ist gegen 18:00 Uhr. Die letzten Strahlen der Sonne sind zu schwach, um noch gut sehen zu können, aber auch noch zu hell, um das orange Licht der Straßenbeleuchtung deutlich in Erscheinung treten zu lassen. Irgendwo dazwischen, eingezwängt zwischen dem Tag, der noch nicht weichen und der Nacht, die noch nicht anbrechen will, sitze ich im dämmrigen Schein einer Kerze und höre zu. Die Gruppe der jungen Europäer, die seit einiger Zeit im Vorhof des Pink Hostel sitzt und nun schon zum dritten Mal Biernachschub aus dem Restaurant im Inneren des Hotels erhält, diskutiert lauthals am Nebentisch und schert sich nicht um lauschende Ohren. Dabei gäbe es einige davon: Außer mir sitzt noch ein junges Pärchen und eine zweite größere Gruppe um die insgesamt fünf runden Tische im efeuüberwachsenen Barbereich des pink bemalten Hotels. Bis auf das Paar sind alle erst heute angekommen, ich selbst bin seit gestern hier. Eric Arthur hat mir vom Pink Hostel erzählt, von »Accras erster Adresse für Freiwillige«. Viele von ihnen verbringen ihre ersten Tage in Ghana an diesem Ort, es ist das Nadelöhr, durch das sie nach kurzer Akklimatisierungszeit in die Dörfer des Landes bugsiert werden. Auch Erics Organisation nutzt das günstig gelegene und preiswerte Hotel für seine Kunden, bringt die Freiwilligen vom Flughafen direkt hierher und – nach ein paar Tagen Großstadtleben, überwundenem Kulturschock und kleinem Sprachkurs – von hier aus geradewegs an ihre Einsatzorte in die Dörfer des Nordens. Einige Leute aus der Gruppe vom Nebentisch scheinen gerade von dort gekommen zu sein und ihren Einsatz schon hinter sich zu haben. Der Lauteste unter ihnen – ein großgewachsener Lockenschopf mit nordischem Akzent – steht im Mittelpunkt des lebhaften Gesprächs: »Ich wollte schon immer mal nach Afrika. Als normaler Tourist hätte ich nie so viel gesehen und so viele tolle Menschen kennengelernt wie durch das Projekt«, sagt er und zieht dabei alle Blicke auf sich. Der zweite Bursche nickt, die drei Mädchen schauen ihn an und sagen nichts. Die Burschen dürften am Ende ihres Ghanaaufenthaltes stehen, die Mädchen noch am Anfang. Jedenfalls setzt jetzt der zweite Freiwillige nach: »Ich kann kaum beschreiben, wie intensiv die Zeit im Waisenhaus war.« Der Lockige nickt, die zwei sind sich einig.

Nach einigem Zögern wirft eines der Mädchen ein: »Das kann ich mir gut vorstellen. Wir haben dasselbe gehört. Und die Bilder, die sie uns heute beim Einschulungskurs gezeigt haben, waren echt nicht ohne.« Jetzt nicken auch die Mädchen. »Erschreckend«, sagt die eine. »Traurig«, die andere. »Es gibt so verdammt viel zu tun«, meint die Erste und erntet jetzt ein Nicken von allen am Tisch. Die Kellnerin bringt eine neue Runde mit Star-Bier.

Ich bestelle auch eines, diese kleinen 0,33-Flaschen

sind immer viel zu schnell leer. Es ist dunkel geworden in der Zwischenzeit, und während ich auf das Getränk warte, spüre ich plötzlich tiefe Müdigkeit. Die letzten Tage waren anstrengend gewesen. So viele Gespräche, so viele verworrene Gedanken, und immer noch so viel Unklarheit. Aber ich bin weiter gekommen, habe wichtige Teile des Puzzles gefunden und grob aneinandergesetzt. Ein klares Gesamtbild ist immer noch nicht zu sehen, aber die Umrisse sind bereits deutlich erkennbar. Es war eine gute Idee, in die Hauptstadt zu kommen und – anstatt mich in irgendwelchen Waisenhäusern im Norden im Kreis zu drehen – mit den Leuten zu sprechen, die in die Angelegenheit auf höherer Ebene involviert sind. Durch die Treffen mit der Regierung und UNICEF, vor allem aber durch jenes mit dem Geschäftsführer der Vermittlungsorganisation, ist sehr vieles klarer geworden. Warum im Norden trotz Gesetzesverbot Waisenhäuser entstehen und betrieben werden, kann ich mir jetzt immer besser erklären und langsam sogar konkret vorstellen. Ich denke an Häuptling Mahama und danke ihm im Geiste ein weiteres Mal für seinen Vorschlag, nach Accra zu fahren und meine Nachforschungen von der Peripherie in das Zentrum des Landes zu verlegen. Ich hebe meine Flasche und trinke den ersten Schluck meines frischen Bieres auf ihn. Während ich mir vorstelle, wie ich bald im Häuptlingspalast sitzen und dort die Lösung des Rätsels verkünden werde, ertönt plötzlich vom Nebentisch eine tiefe Stimme: »Komm, setz dich doch zu uns!«

Der lockige Bursche sieht mit freundlichem Blick zu mir herüber und schiebt den freien Sessel neben sich etwas nach vorne. Ich muss ein seltsames Bild abgeben, wie ich hier alleine sitze und einem imaginären Häuptling zuproste. Mit dem Bier in der einen, meinem Laptop in der anderen Hand bewege ich mich umständlich zum Nachbartisch und lasse mich auf den einzig noch freien Sessel fallen. Ich schaue in die Runde und sehe fünf junge

Gesichter, die mich freundlich anblicken. »Mein Name ist Leo«, übernimmt der Blonde, wie erwartet, die Gesprächsführung, und mit Blick auf seinen Nebenmann: »Und das ist Lars. Wir kommen aus Schweden.« Und die anderen? »Wir sind aus den Niederlanden. Marijke, Anna und Hendrika. Freut uns, dich kennenzulernen!«

Mich freut es auch. Es tut gut, wieder mal mit jungen Leuten zusammenzusitzen, sich mit Europäern auszutauschen. Das Gespräch dreht sich aber ausschließlich um Afrika, auch jetzt noch, nach dem dritten Bier. Und warum man sich als Schwede, Holländer oder Österreicher hierher verirrt. »Es gibt so viele Probleme auf diesem Kontinent, so vieles, das im Argen liegt. Da dachte ich mir: Hilf doch mit und pack gemeinsam mit ein paar Gleichgesinnten an! Zusammen können wir die Welt ein Stückchen besser machen.« Leo spricht mir ernster, fast staatsmännischer Stimme und blickt mit Miene in seine Zuhörerschaft. Der dreiundzwanzigjährige Schwede redet gern, und er redet gut. Vielleicht hat er das in seinem Wirtschaftsstudium gelernt, vielleicht bei seinen Praktika in der Europäischen Kommission. Dass sein Projekteinsatz in Ghana nicht nur reiner Nächstenliebe, sondern vor allem einem ordentlichen Schuss Karrierismus geschuldet ist, gibt er auch unumwunden zu: »Alle haben was davon, die Afrikaner und ich auch. Ich eigne mir sogenannte ›soziale und interkulturelle Kompetenzen‹ an – und damit genau das, was die großen Firmen und UN-Organisationen im Lebenslauf sehen wollen –, und nebenbei kann ich auch noch armen Kindern helfen. Was gibt es denn Besseres?« Leo grinst seinem Kollegen zu, der lacht zurück und scheint, wie bei allem, was bisher besprochen wurde, der gleichen Meinung wie sein Freund zu sein. Die Mädchen nicken diesmal nicht. Ist es, weil der Schwede so schnell spricht und sie ihn nicht verstehen können, oder teilen sie seine Ansichten nicht?

»Und weshalb hat es euch nach Ghana verschlagen?«,

frage ich die Niederländerinnen und blicke dabei das Mädchen neben mir – Marijke, glaube ich – an. Die sagt eine Weile nichts, bringt erst nach einigen Momenten des Überlegens hervor: »Ich bin hier, um zu helfen.« Unsicher blickt sie zuerst mich, dann ihre beiden Freundinnen an. Die pflichten ihr zustimmend bei. »Den Kindern hier zu helfen, das ist das Ziel. Wenn man sieht, wie wenig sie hier haben, dann will man einfach etwas dagegen tun.« Kollektives Kopfnicken, diesmal auch von den Burschen. »Wenn man sich vorstellt, was Kinder bei uns in Amsterdam alles besitzen, wie viele Spielsachen, Bücher und wer weiß was sonst noch alles. Und wenn man dann Bilder von den Waisenhäusern sieht, dann fängt man schon an zu überlegen.« Ihr konzentrierter Blick heftet sich auf die volle Bierflasche vor sich auf dem Tisch, für einen Moment hält sie inne. »Und als ich dann im letzten Sommer eine Afrika-Dokumentation im Fernsehen gesehen hab, hab ich beschlossen, nach dem Abitur für einen Monat nach Ghana zu gehen. Ich hab Geld gespart und eine Freiwilligenorganisation gesucht. Und jetzt bin ich hier!« Leo erhebt seine Bierflasche: »Darauf trinken wir!« Ausgelassenes Gelächter, nur kurz unterbrochen vom Klirren der aneinanderstoßenden Flaschen, hallt in die Stille der Nacht. Jetzt sind wir hier.

Die Freiwilligenorganisation, die Marijke gefunden und für die sie lange gespart hat, ist die von Eric Arthur. Nachdem sie ein volles Jahr hindurch ihr monatliches Taschengeld zur Seite gelegt und die gesamten Ferien hinter der Kasse des örtlichen Supermarktes verbracht hat, kann sie sich jetzt zwei Monate Freiwilligenarbeit in Ghana leisten. Die Aufregung ist ihr ins Gesicht geschrieben, wie auch ihre beiden Freundinnen hat sie die ersten vierundzwanzig aufreibenden Stunden in Afrika hinter sich. Nach der gestrigen Landung ihrer Fünf-Uhr-Maschine von einem untersetzten Herren mit »Volunteer Ghana«-Schild in der Hand in Empfang genommen, wurden sie auf einen Schlag nicht nur mit der harten, wenig pittoresken Realität westafrikanischen Großstadtlebens konfrontiert, sondern wenig später – im klimatisierten Büro der Vermittlungsagentur – auch mit jener der bettelarmen Kinder in den Waisenhäusern des Nordens.

Mit derselben haarsträubenden Präsentation, mit der Eric mich einige Stunden zuvor in Erstaunen versetzt hatte, wurden diesmal zahlende Kunden an ihr Produkt herangeführt, zukünftige Helfer auf ihre Aufgabe vorbereitet. Der Vortrag hatte seine Wirkung nicht verfehlt, selbst jetzt noch, viele Stunden und viele Biere später, schwirren die Bilder in Marijkes Kopf umher. »Ich kanns kaum mehr warten. Ich will rauf in den Norden, rein ins Waisenhaus und zu den Kindern. So schnell wie möglich!«, sagt Marijke, während sie einen letzten Schluck aus der Flasche nimmt und sich zum Aufstehen bereit macht. Morgen wird ein langer Tag, für alle am Tisch. Die beiden Schweden fliegen zurück nach Hause, die beiden Niederländerinnen beginnen einen Sprachkurs, Marijke tritt ihre Reise in den Norden an. Morgen um dieselbe Zeit wird sie nicht mehr bei einem kühlen Getränk in der Großstadt sitzen, sondern inmitten einer Kindergruppe im Waisenhaus des Dorfes Wuti. Auf weichem Lehmboden, den Duft der abendlichen Savanne in der Nase und die Geräusche aus dem Finstern der Nacht im Ohr. Sie wird dieselben dutzenden und aberdutzenden Buschinsekten hören, die man auch in den Nachbardörfern Walaga und Guabuliga wird hören können. Und die auch mich in den Schlaf zirpen werden.

34. Kann jeder helfen?

»Für Freiwilligenarbeit in Ghana benötigst du keinerlei spezielle Fähigkeiten oder Qualifikationen, jeder ist willkommen. Einsätze sind möglich in Schulen, medizinischen Kliniken und Waisenhäusern.«
(Begrüßungstext auf www.lovevolunteers.com)

Warum Jugendliche aus der westlichen Welt ohne »spezielle Fähigkeiten oder Qualifikationen« in Afrika tätig werden sollen – und dürfen –, wird kaum hinterfragt. Medial kommuniziert und in der öffentlichen Wahrnehmung fest verankert ist vielmehr die Vorstellung, dass Menschen aus Europa, aus Amerika, aus Australien – also aus der sogenannten »zivilisierten«, »industrialisierten«, »entwickelten« Welt – automatisch und wie selbstverständlich in der Lage sind, Einsätze am »unterentwickelten« afrikanischen Kontinent durchzuführen und die Situation vor Ort durch ihre Mitarbeit zu verbessern. Zwar lässt sich diese paternalistische Grundhaltung in Grundzügen für die Entwicklungszusammenarbeit als Gesamtes bescheinigen, im Falle kommerzieller Freiwilligenarbeit wird ihr Legitimationsdefizit aber auf drastische Weise offengelegt. Dass unqualifizierte Menschen ohne Ausbildung oder praktische Fertigkeiten durch ihre schiere Präsenz zur Lösung lokaler, oft komplexer Probleme in der Lage sein sollen, ist einer ordentlichen Portion Naivität und – im schlimmeren Fall – überheblicher Arroganz der Helfer und Helfershelfer geschuldet. Einsätze in hochspezialisierten, sensiblen Institutionen wie Bildungseinrichtungen oder medizinischen Kliniken sind an professionalisiertes Wissen und institutionelle Erfahrung gebunden, der Zutritt in derartige Organisationen ist – in Afrika wie auch im Rest der Welt – an Auflagen gekoppelt. Mit der Vermittlung der Message

»Jeder kann überall und jederzeit helfen« bedienen sich Vermittlungsorganisationen bestehender Klischees und tragen gleichzeitig zur deren weiteren Verstärkung und Verbreitung bei. Dabei stimmt es schlicht und einfach nicht – es kann nicht jeder helfen, weder zu jeder Zeit noch an jedem Ort. Schulen brauchen ausgebildete Lehrer, Krankenhäuser medizinisches Personal. Und Waisenhäuser? Die sollte es in Ghana eigentlich gar nicht mehr geben.

Entnervt klicke ich die Website der Vermittlungsorganisation »Love Volunteers« weg und schließe den Laptop. Seit Stunden liege ich auf dem Bett meines kleinen Hotelzimmers, scrolle mich durch das schier unendliche Angebot internationaler Vermittlungsorganisationen und bin dem Schlaf ob der schamlosen Raffgier dieser Unternehmen und der haarsträubenden Naivität ihrer Kunden keinen Schritt näher gekommen. Es ist kurz nach Mitternacht, doch trotz der späten Stunde hat der Abend bisher keine Abkühlung gebracht. Ich wische mir den Schweiß von der Stirn und blicke an die Decke. Der Ventilator, der dort an einem rostigen und krummen Haken hängt, dreht sich so langsam, dass man seine drei Rotorenblätter noch klar in ihren Konturen erkennen kann. Gemächlich umkreisen sie Runde um Runde und erzeugen in ihrer bedächtigen Bewegung viel zu wenig Wind, als dass sie die brütende Schwüle des Raumes ernstlich durchbrechen könnten. Auch aus der Richtung des geöffneten Fensters ist kein Hauch frischer Luft zu spüren, anstelle einer kühlen Brise ist lediglich das ausgelassene Lachen der Freiwilligen zu vernehmen. Ich hätte unten sitzen bleiben und mit den anderen noch ein paar Biere trinken sollen, anstatt alleine in meinem Zimmer frustrierende Internetrecherchen zu betreiben. Doch jetzt ist es zu spät, meine restliche Nacht findet online statt. Ich öffne erneut den Laptop und sehe mir zum dritten Mal das bizarre Werbevideo der US-amerikanischen Agentur uVolunteer an, auf der blutjunge Freiwillige von ihren Erfahrungen in Ghana berichten[51]:

> »Es ist gut, wenn man an die Schüler Geschenke verteilt, wenn sie etwas wissen. Das macht sie froh.« (Ashley S.)
> »Es ist wunderschön. Man hat die ganze Aufmerksamkeit.« (Justine B.)
> »Ich bin den Kindern sehr ans Herz gewachsen. Wieder wegzufahren war hart.« (Elmira N.)
> »Wir haben ein großes Schild gemacht und ›Waisenhaus‹ drauf geschrieben. Die Kinder haben es geliebt.« (Heather W.)

Woher wusste Ashley, die insgesamt nicht mehr als zwei Wochen in Ghana verbracht hatte und mit ihren 18 Jahren vor wenigen Monaten noch selbst auf der Schulbank saß, wie man afrikanische Volksschüler unterrichtet? Wie konnte sie mit der Vergabe von Geschenken das lokale Bildungssystem unterlaufen und die Arbeit der ghanaischen Lehrer verkomplizieren? Konnte sich Elmira, die nach drei Wochen emotionale Probleme bei ihrer Verabschiedung hatte, vorstellen, was in den Köpfen der Kleinkinder vorgeht, die jedes Monat aufs Neue Beziehungen zu Fremden aufbauen und innerhalb kürzester Zeit wieder abbrechen müssen? Und warum zum Teufel malte Heather ›Waisenhaus‹-Schilder? Ich wische mir den Schweiß von der Stirn. Mir kommt vor, dass es immer heißer wird – und dass sich der Ventilator immer langsamer dreht. Kann das sein? Ich lege den Laptop weg, gehe zum Fenster und öffne es zur Gänze. Endlich, zum ersten Mal an diesem Tag, weht mir ein kühlender Wind entgegen, verspüre ich so etwas wie Erfrischung. Draußen ist es mittlerweile stockdunkel, die Straßenbeleuchtung ist abgeschaltet und auch die bunten

Lampions der Hotelbar leuchten nicht mehr. Trotzdem scheinen dort noch Leute zu sitzen, tönen leise Stimmen aus dem Finsteren. Ich erkenne die Stimme Leos und – etwas später – das leise Kichern der nordischen Freiwilligen. Marijke kann ich unter ihnen nicht ausmachen, sie muss schon zu Bett gegangen sein. Sie hat einen langen und anstrengenden Tag vor sich, einen langen und anstrengenden Aufenthalt. Im Gespräch vorhin schien sie sich dessen bewusst und vorbereitet. Sie nähme ihren Einsatz nicht auf die leichte Schulter, meinte sie, und es schien ihr ernst zu sein in dieser Sache. War es ungerecht, Marijke gleichzusetzen mit den Ashleys und Heathers dieser Welt, die unreflektiert Freiwilligentourismus konsumierten und im Web als Rolemodels noch Werbung dafür machten? Ist es unreflektiert von mir selbst, eine gesamte Gruppe von Menschen mit guten Absichten zu kritisieren? Ruhiges Stimmengewirr dringt in vereinzelten Tonfetzen an mein Fenster, Auszüge eines ernsthaften, ruhigen Gespräches der nach wie vor in der Laube sitzenden Europäer. Dass die meisten Freiwilligen mit den besten Absichten in die Länder Afrikas reisen, ist nicht in Frage zu stellen. Wie schon unzählige Male und erhitzte Diskussionen zuvor, habe ich das auch heute Abend im Gespräch mit diesen ausgesprochen engagierten jungen Menschen erleben können. Leo will helfen. Lars will helfen. Marijke will helfen, warum auch immer. Sie wird es tun, mit bestem Gewissen und vollem Einsatz.

Und mit mir in der Nähe. Denn dass das Waisenhaus, in dem sie ihren Einsatz verbringen wird, im Norden und in unmittelbarer Nähe von Guabuliga und Walaga liegt, habe ich vorhin beim letzten Bier erfahren und gibt meiner Rechercheреise unerwartet ein neues Ziel. Ich werde Marijke begleiten, werde gemeinsam mit ihr die fünfzehnstündige Busfahrt in den Norden unternehmen und die ersten Tage ihres Einsatzes an ihrer Seite erleben.

Ich habe ihr erzählt, dass ich in Ghana Recherchen für ein Buch anstelle, eine Reportage schreibe über Freiwilligenarbeit in Westafrika. Und in ihrer Begleitung möchte ich sehen, was diese Freiwilligenarbeit ausrichtet, was sie ändert, wie sie vom Dorf angenommen wird und auf seine Bewohner einwirkt. Kurz: Ich möchte sehen, ob es gut ist oder schlecht. Müdigkeit überkommt mich beim Gedanken an diese schwierige Frage und die lange Reise, die vor ihrer Beantwortung steht und morgen in aller Früh beginnen wird. Es ist ohnehin höchste Zeit zum Schlafen, und glücklicherweise sind alle notwendigen Vorbereitungen erledigt: Die Reisetasche ist gepackt, das Hotelzimmer bezahlt, die Recherche- und Interviewnotizen an sicherer Stelle verstaut, der Laptop aufgeladen. Ich schließe das Fenster, werfe einen letzten Blick an die Decke und schalte das Licht ab. Während die Rotorblätter im Dunkeln laut surrend ihre langsamen Runden ziehen, nehme ich noch kurz den rostigen krummen Haken wahr, an dem der schwere Ventilator direkt über meinem Bett am Plafond befestigt ist. Noch bevor ich mir darüber Sorgen machen kann, bin ich eingeschlafen.

35. Transfer

Es ist noch dunkel, als sich der Bus mit einem sanften Ruck in Bewegung setzt. Einige der schummrigen Gestalten, die im spärlich beleuchteten Wartebereich des Busbahnhofs aneinander gelehnt oder in sich selbst versunken vor sich hin dösen, heben kurz den Kopf. Mit müden Augen verfolgen sie, wie sich der rostige Bus mit quietschenden Achsen langsam durch das enge

Eingangstor schiebt und schließlich mit einem kurzen Hupen das Areal der staatlichen Transportgesellschaft STC verlässt. Die Stadt schläft noch. Ihre unbeleuchteten Straßen sind fast leer, nur vereinzelt lassen sich auf den Gehsteigen, Seitengassen und Marktplätzen Menschen ausmachen. Um fünf Uhr morgens herrscht selbst im sonst so lebendigen Accra Ruhe, kann sich die Stadt einige Momente von dem bald wieder und jeden Tag aufs Neue einsetzenden Trubel erholen. Durch das zerkratzte Busfenster hinweg betrachte ich die langsam erwachenden Vororte der Stadt, sehe kaputte Lastwagen, streunende Hunde und erste Händler mit vollen Warenkörben am Kopf vorbeiziehen. Alle paar hundert Meter lodert ein offenes Feuer, um das sich müde, wärmesuchende Menschen scharen. Die Kühle der Nacht steckt noch allen in den Knochen, den Menschen, den Tieren, der Stadt. Es wird nicht lange dauern, bis sie durch brütende Hitze vertrieben sein wird und nicht mehr ist als eine blasse Erinnerung. Wenn es so weit ist, in ein paar Stunden, werden wir Accra bereits hinter uns gelassen und ein erstes Stück des Weges in den Norden geschafft haben. Ein erstes kleines Stück – denn die Fahrt, die ich und meine Reisekollegin Marijke zu bewältigen haben, wird den ganzen Tag dauern. 600 Kilometer beträgt die Entfernung von Accra nach Tamale, der Verwaltungshauptstadt der Northern Region. Mit 450.000 Einwohnern und einem Busbahnhof ist Tamale die größte Stadt der gesamten nördlichen Region und – mit den Worten zurückkehrender Reisender – »letzte Außenstelle der Zivilisation«. Dieser Ort ist unser Ziel, und wenn alles gut geht, sollten wir kurz nach Einbruch der Dunkelheit, gegen 8 Uhr abends, dort ankommen. Wenn alles gut geht. Der Bus, vor einiger Zeit abrupt zum Stehen gekommen, macht seit fünfzehn Minuten keine Anstalten, weiterzufahren. Marijke schiebt den bunten Stoffvorhang zur Seite und seufzt: »Was für ein Stau. Wie sollen wir so jemals in Tamale ankommen?« Während wir nach draußen auf ein hoffnungslos aufgestautes, ineinander verzahntes Bündel aus Autos, Bussen, Eselskarren und Menschen starren, schaltet der Busfahrer den Motor ab. Wann geht in Westafrika schon alles gut?

Zur gleichen Zeit herrscht 680 Kilometer weiter nördlich, auf der roterdigen, schnurgeraden Sandstraße des Dörfchens Wuti, absolute Stille. Völlig leer und ruhig liegt der holprige Weg, der aus dem kleinen Ort hinaus in die Savanne führt und auf dem man irgendwann, nach Stunden, nach Tagen, in südlicher Richtung Tamale erreicht. Irgendwo kräht ein Hahn, irgendwo singen ein paar Kinder, ansonsten regt sich nichts. Das Dorf ist noch nicht erwacht, der Tag noch nicht Sieger über die Nacht. Einen einzigen Schatten wirft die Sonne, einen flinken, schnell sich bewegenden. Er gehört zu Joseph, dem Direktor des örtlichen Waisenhauses. Mit raschen Schritten schreitet er die taufrische Straße in Richtung des Busches entlang und lässt sein Heimatdorf Wuti mit jedem seiner federnden Schritte etwas weiter zurück. Er hat einen langen Weg vor sich: In vier Stunden, so hofft er, kann er die nächstgrößere Piste erreichen, und von dort aus nach weiteren drei Stunden die Bundesstraße. Mit etwas Glück und ein wenig Geduld wird er auf ein vorbeifahrendes Sammeltaxi aufspringen und noch vor Sonnenuntergang in Tamale sein. Wenn alles gut geht. Er beschleunigt seinen Schritt und lässt dabei einen zufriedenen Blick über die Weiten der Savannen schweifen. Aber was sollte denn hier nicht gut gehen?

Im Süden hat sich der Stau inzwischen aufgelöst. Es geht weiter, langsam, laut und holprig. Die Straße, auf der sich unser Bus laut schnaufend von Accra weg und in Richtung Norden müht, erinnert nicht im Entferntesten an eine Autobahn. Der sandige Weg ist übersät mit tiefen

Schlaglöchern, und alle paar hundert Meter stehen deren Opfer – verwaiste Autos und Lastwagen, die den Weg über sie nicht geschafft haben – inmitten des Weges herum. »Baustelle«, kommentiert einer der Passagiere hinter uns, »seit vier Jahren«. Ich lächle Marijke zu, bevor mich das nächste Schlagloch wieder kräftig hin und her schüttelt. Wir sind seit zwei Stunden unterwegs, haben in dieser Zeit aber noch keine fünfzig Kilometer hinter uns gebracht. Trotzdem hat sich die Landschaft verändert, sind satte grüne Wälder an die Stelle der trockenen, niederen Mangrovensträucher getreten. Es ist erstaunlich, wie facettenreich dieses Land ist, wie einfallsreich seine Natur. Wenn wir am frühen Nachmittag Kumasi erreicht und fast die Hälfte der Strecke hinter uns gebracht haben, wird man die Savanne schon riechen können. Bis dahin ist es aber noch ein Stück, noch sind wir umgeben von Dschungel, seinen hohen, dickstämmigen Bäumen mit dichten Kronen und wild verwachsenem Gebüsch. Marijke, die neben mir am Fenster sitzt und die vorbeiziehende Landschaft mit gebanntem Blick betrachtet, rutscht unruhig auf ihrem Platz hin und her. So schön dieser Landstrich auch sein mag, er gleicht in nichts ihrem Bild von Ghana: »Auf den Bildern, die ich von Wuti gesehen habe, sieht Ghana ganz anders aus. Viel trockener, flacher und weniger grün. Ich kann mir gar nicht vorstellen, dass diese klapprige Bus uns heute noch in diese Gegend bringen kann.« Ich mir auch nicht. Aber die Straße hat sich in der Zwischenzeit gebessert, der Bus deutlich Fahrt aufgenommen. Die Landschaft draußen zieht immer schneller vorbei, verschmilzt zu einem tiefen Grün.

Joseph ist derweil umgeben von brauner Trockenheit. Nur vereinzelt sticht inmitten der ockerfarbenen Buschsavanne etwas Grün hervor, hebt sich das eine oder andere Blatt eines Dawadawa-Baumes schüchtern von der dominanten, farblosen Umgebung ab. Die Regenzeit ist spät dran dieses Jahr, denkt er sich und blickt mit besorgter Miene auf den wolkenlosen Himmel. Die Sonne steht mittlerweile am Zenit, es muss kurz nach Mittag sein. Normalerweise würde Joseph jetzt eine Schale Reis essen und sich danach im Schatten des Baumes vor seinem Haus etwas ausruhen. Heute ist für so etwas keine Zeit, und außerdem hatte er sich in den letzten Monaten genug ausgeruht. Es war jedes Jahr und für alle Bauern in der Umgebung das Gleiche: Auf die langersehnte Regenzeit im Juli folgten zwei äußerst emsige, arbeitsintensive Monate, in denen die Felder bestellt und – mit dem Anbau von Mais, Hirse und Yams – Nahrung und Hoffnung für das gesamte Jahr gesät wurden. Nach dieser mühseligen Arbeit folgt dann das Warten, das sich vom Ende der Regenzeit bis zum Anfang der nächsten streckt. Es gibt nichts zu tun in dieser Zeit, und Joseph spürt jetzt die aufgestaute Energie dieses monatelangen Nichtstuns in seinem Körper. Er läuft fast, als er in der Ferne die Kreuzung von Timbela und die breite Piste nach Walewale sieht. Drei Stunden noch, und er ist auf der Bundestraße nach Tamale. Und bald darauf in der großen Stadt.

Es ist drei Uhr nachmittags. Wir sind nur mehr Stunden entfernt vom Provinzstädtchen Tamale, diesem »letzten Außenposten der Zivilisation«. Die Landschaft verwandelt sich zunehmend, satte Farben weichen auf, verblassen, werden aufgesogen von Trockenheit und Dürre. Die meisten Mitreisenden schlafen, Marijke und ich essen währenddessen Reis mit scharfer Sauce aus einem Plastikbeutel. Bei unserem letzten, kurzen Aufenthalt am Busbahnhof von Kumasi von einer vehement feilschenden Verkäuferin erstanden, wird der Matsch aus dieser Tüte wohl die einzige Mahlzeit des Tages bleiben. Das Essen in diesem Teil des Landes ist ähnlich wie seine

Landschaft, eintönig und karg. Aber man wird trotzdem satt davon. Der Bus fährt jetzt schnell und ruhig über die leere, gerade und überraschend gut asphaltierte Straße. Ich schließe meine Augen und nicke über dem leisen, monotonen Motorgeräusch ein.

Das Sammeltaxi tuckert so laut über die Bundesstraße in Richtung Süden dahin, dass Joseph weder ein Wort der anderen Mitreisenden noch das Blöken der beiden Ziegen zu seinen Füßen hören kann. Acht Leute sitzen eng aneinandergedrängt auf den beiden Holzbänken, die provisorisch auf der Ladefläche des umgebauten Pickups angebracht sind und den schrottreifen Wagen zu einem öffentlichen Transportmittel für Mensch und Tier verwandeln. Während ihm erfrischender Wind ins Gesicht bläst – eine Wohltat nach dem stundenlangen Gehen und Warten in der heißen Sonne des späten Nachmittags –, versucht er die geschriene Frage seiner Sitznachbarin zu beantworten. »Was ich in Tamale mache? Ich fahre in die Stadt, um eine Europäerin abzuholen!«, ruft er in ihre Richtung zurück, und trotz des lauten Fahrtlärms hört die Frau neben ihm Stolz in seiner Stimme. »Ich betreibe ein Waisenhaus in meinem Dorf. Und eine Freiwilligenorganisation hat mir endlich wieder eine Volontärin vermittelt.« Die Frau blickt Joseph zuerst verwundert an, deutet dann aber statt einer Frage lachend auf den Boden der Ladefläche. »Nein«, schreit Joseph, ebenfalls lachend, gegen den Fahrtwind an. »Zurück fahren wir nicht mit dem Trotro! Die Organisation hat einen Wagen. Ich muss es nur bis in ihr Büro in der Stadt schaffen, bis zum Manager. Der holt dann gemeinsam mit mir das Mädchen ab, mit einem Jeep. Und bringt uns zurück nach Wuti.« Die Frau deutet jetzt, immer noch lachend, auf sich, sie will mitfahren. Joseph lacht auch und schüttelt den Kopf.

Wir sind im Norden, definitiv. Man kann es sehen, man kann es hören, man kann es riechen. Heiße Luft schlägt uns entgegen, als der Busfahrer für einen letzten Stopp die Türe öffnet und den Passagieren zuruft: »Fünf Minuten Pause. Und dann noch eine Stunde bis nach Tamale!« Am Straßenrand steht ein kleines Gebäude, daneben ein Holzverschlag mit einem Toilettensymbol. Dahinter nichts als Savanne und eine volle, tiefrote Sonne kurz vor dem Untergang.

Joseph sitzt am Rand der geschäftigen Hauptstraße von Tamale und blickt auf die Sonne. Sie ist nur zur Hälfte zu sehen, ist eingeklemmt zwischen zwei hohen Gebäuden und wirkt merkwürdig matt. Schwer zu glauben, dass dieser halbe, dunkelrote Ball tatsächlich dieselbe Sonne sein soll wie die in Wuti. Aber jetzt ist keine Zeit, sich darüber zu wundern. Er hat die große Stadt zwar schneller erreicht als erwartet – zwei Stunden vor der Ankunft seines Gastes –, aber im Chaos dieses viel zu hektischen Ortes muss das Büro der Vermittlungsorganisation erst einmal gefunden werden. Achtsam sucht er sich seinen Weg durch die Menschenmenge und blickt noch einmal kurz in die Richtung, in der die Sonne inzwischen hinter Gebäuden und hupenden Autos verschwunden ist.

Es ist dieselbe Sonne, die in diesem Moment auch in Wuti untergeht. Sie taucht den Ort in warmes Licht, lässt seine Bäume, Lehmhütten und Menschen ein letztes Mal an diesem Tag sanft leuchten. Noch kann die kleine Asanna den dunkelroten Ball zur Gänze sehen, aber in wenigen Momenten – das weiß sie, es passiert jeden Abend – wird er den Savannenboden berühren und kurz darauf verschwunden sein. Asannas Mutter tritt an sie heran und nimmt sie in den Arm. »Komm, wir gehen. Die Suliminga kommt bald.«

»Tamale!«, ruft der Fahrer und hupt zweimal kurz hintereinander. Einige Passagiere seufzen erleichtert, andere blicken nach draußen und versuchen Umrisse jener Stadt zu erkennen, auf die sie fünfzehn Stunden zugefahren sind. Doch es ist stockdunkel, bis auf ein paar lodernde Feuer und vereinzelte Straßenlaternen kann man nichts sehen. Marijke stellt sich auf die Zehenspitzen, zieht ihren Rucksack aus der Gepäckvorrichtung über dem Sitz, schnallt ihn sich auf den Rücken und bringt ihn mit einem leichten Sprung in die richtige Position. Sie hat das schon öfter gemacht – aber als sie versucht, den Brustgurt festzuschnallen, zittern ihre Hände. »Tamale, alles aussteigen!«

Die Bustüre öffnet sich. Angebot trifft auf Nachfrage.

Teil VIII

Perspektiven(-losigkeit)

36. Das Kind[52]

Sie ist da! Gestern ist sie angekommen, spät in der Nacht. Sie heißt Marijke und kommt aus Europa. Sie ist sehr lange gereist, um nach Wuti zu kommen, und den ganzen Weg über hat sie eine große Tasche am Rücken getragen. Wie lange sie bleibt, weiß ich nicht. Ich hoffe, lange. Die letzten Sulimingas waren viel zu kurz hier – kaum hatte ich mir ihre Namen gemerkt, waren sie auch schon wieder verschwunden. Nicht mal bis zum Ende der Regenzeit sind sie geblieben, und danach sind keine Weißen mehr gekommen. Über ein Jahr lang. Deshalb haben wir uns sehr auf Marijke gefreut. Und sie hat sich auch gefreut, gestern bei ihrer Ankunft. Mister Joseph hat sie von der Stadt abgeholt, mit einem Auto. Als sie in Wuti ankamen, war es schon dunkel und sehr spät. Aber wir waren alle noch wach. Als wir das Auto gehört haben, sind wir nach draußen gelaufen und haben laut »Suliminga, Suliminga!« gerufen. Dann sind wir im Kreis um das Auto herumgestanden und die Buben haben gejohlt und die Mädchen ein Lied gesungen. Aber die Buben waren viel lauter, uns konnte man gar nicht hören. Dabei haben wir das Lied extra für Marijke geübt. Drinnen im Auto war Licht, wir konnten Mister Joseph sehen und einen Mann und am Rücksitz Marijke. Sie hat aus dem Fenster geschaut und uns zugewinkt. Wir haben zurückgewinkt und noch lauter gerufen. Dann ist sie ausgestiegen. Alle sind auf sie zu gerannt, jeder wollte sie umarmen und ihre Tasche tragen und ihre Kleidung angreifen und ihr Haar berühren. Marijke hat ganz lange Haare, blond und völlig glatt. Ich habe sie gefragt, ob sie mir auch solche Haare machen kann, aber Marijke war müde und Mister Joseph meinte, sie müsse sich ausruhen. Also haben wir sie zu ihrem Zimmer gebracht, dem Suliminga-Zimmer, das gleich neben dem Waisenhaus liegt und in das Mister Joseph sogar einen Ventilator gestellt hat. »Damit sich unsere Gäste wohlfühlen und ihnen nicht so heiß ist«, hatte er gesagt, als er den Windmacher kurz nach der letzten Regenzeit aus der Stadt angeschafft und in den kleinen Raum gestellt hatte. Aber dann sind keine Gäste mehr gekommen und der Ventilator wurde nie benutzt. Niemand hat das Gerät jemals in Bewegung gesehen und keiner weiß, ob es überhaupt funktioniert. Wahrscheinlich ist es kaputt, denn obwohl wir lange an Marijkes Fenster gelauscht haben, konnten wir kein Geräusch aus dem Inneren des Zimmers hören. Mister Joseph hat auch gelauscht und auf das Geräusch gewartet, und als auch er nichts hören konnte, hat er das Geräusch mit seinem Mund nachgemacht und dabei so komische Laute von sich gegeben, dass wir laut lachen mussten. Das hat ihn böse gemacht und er hat uns verärgert vom Suliminga-Fenster weggescheucht. »Ab ins Bett mit euch«, hat er leise gezischt, doch wir wussten nicht genau wohin und konnten im Dunkeln den Weg nicht gleich finden. Die meisten von uns hatten lange nicht im Waisenhaus geschlafen und konnten sich nicht erinnern, wo ihre Betten waren. Ich aber wusste noch genau, wo mein Bett war – das letzte obere Bett auf der linken Seite, das ist meins. Wenn man genau hinschaut, sieht man am hölzernen Bettrand »Asanna« eingeritzt. Ich und meine Freundinnen haben das im letzten Jahr gemacht, damit wir immer gleich wissen, welches Bett wem gehört und damit es uns nicht einfach jemand aus dem Dorf wegnehmen kann. Irgendwann haben dann alle ihre Betten gefunden, und Mister Joseph hat gesagt, wir sollten jetzt schlafen und so lange in unseren Betten bleiben, bis die Sonne aufgegangen ist und er uns abholen kommt.

Ich konnte lange nicht einschlafen. Alles war so ungewohnt – die Betten, die Geräusche der anderen Kinder, sogar der Busch hat anders geklungen als der vor meinem Haus. Eines der kleineren Mädchen hat leise geweint, aber kurz darauf ist es eingeschlafen und hat dann leise geschnarcht. Die älteren Mädchen haben daraufhin gekichert, und die Buben im Nebenraum konnten es hören und haben mit uns mitgelacht. Ab da fühlte ich mich besser. Einschlafen konnten aber die meisten von uns immer noch nicht, also haben wir geredet. Bis spät in die Nacht haben wir uns zugeflüstert, wie uns Marijkes Kleidung gefiel, was wir über ihre Haare dachten, was wir mit ihr während der nächsten Wochen unternehmen wollten. Alle hofften, dass sie lange bleiben würde und uns möglichst viele Dinge aus ihrer Heimat mitgebracht hatte. Um diese Dinge waren uns die anderen Kinder im Dorf nämlich immer neidisch, auch wenn wir oft gar nicht wussten, wofür sie gut waren. In meinem Zimmer zu Hause lieg seit über einem Jahr eine rote Stoffbinde, auf der in großen Buchstaben »Lufthansa« steht und die ich von der letzten Volontärin geschenkt bekommen habe. »Zum Schlafen« hat sie gesagt, »damit es schön dunkel ist.« Ich weiß bis heute nicht, was sie damit gemeint hat. Wenn die Sonne untergeht, ist es immer dunkel, also trage ich sie manchmal an Sonntagen in der Kirche um den Hals. Vielleicht kann mir Marijke weiterhelfen und mir sagen, was ich damit machen soll. Auf jeden Fall hoffen wir alle auf Geschenke, und heute Morgen hat Marijke schon ein paar verteilt. Gleich nach dem Aufstehen haben wir ein Spiel gespielt, und jeder, der dabei gewonnen hat, hat einen Malstift von ihr bekommen. Ich habe leider verloren, aber Malstifte habe ich ohnehin noch genügend zu Hause. Die bringen Sulimingas immer gerne mit. Mittlerweile gibt es in Wuti so viele davon, dass auch die Kinder, die nicht im Waisenhaus schlafen, welche haben. Das ist gut, so bekommen alle etwas von den Sulimingas. Und die Kinder im Dorf sind nicht so neidisch und weniger gemein zu uns. In der Schule machen sie oft Witze über uns, rufen uns »Sulimingas« und lassen uns bei den Spielen in der Pause nicht mitspielen. »Sie bewundern euch nur«, hat meine Mama gesagt, aber mir wäre trotzdem lieber, sie würden mich wieder mitspielen lassen. Und mir wäre lieber, wenn ich nicht so lange von meiner Mama weg sein müsste. Wenn ich, wie sonst auch, bei ihr in der Hütte schlafen könnte und ihr Fufu essen, statt des langweiligen Eintopfs der Waisenhausköchin. Aber sonst gefällt es mir sehr gut im Waisenhaus. Wir haben viele Spielsachen, bekommen von den Freiwilligen oft Süßigkeiten oder Geschenke und müssen nicht am Feld oder in der Küche arbeiten. Während meine Schwester heute den ganzen Nachmittag über Wäsche hat und meine beiden Brüder am Feld arbeiten mussten, habe ich zuerst mit meinen Freundinnen Fangen gespielt und dann mit Marijke Holzstäbchen aufgesammelt. »Mikado« heißt dieses Spiel aus ihrem Land, bei dem man ganz vorsichtig dünne Ästchen aufheben und ohne zu wackeln aus dem

Haufen ziehen muss. Ich weiß noch nicht, wie ich das Spiel meiner Mutter und meinen Geschwistern erklären soll, aber es hat Spaß gemacht. Und ich glaube, dass ich gewonnen habe. Auf jeden Fall habe ich am Schluss einen Malstift bekommen.

37. Die Freiwillige

Ich bin da! Es ist unbeschreiblich. Alles ist so neu und anders, die Gerüche, die Geräusche, die Luft, die Menschen. Und diese Savanne! Ich konnte die ganze Nacht nicht schlafen vor lauter Aufregung, ich hab kein Auge zugemacht. Diese Kinder! Wie sie auf das Auto zugelaufen kamen, wie sie geschrien und gesungen haben, wie sie sich gefreut haben, als sie mich durchs Fenster sehen konnten. Und alle wollten mir helfen, wollten meinen Rucksack tragen, wollten mir den Weg in mein Zimmer zeigen. Noch nie habe ich so liebe Kinder gesehen, in Europa findet man solche hilfsbereiten Kids nicht. Aber das Zimmer … na ja. Es ist verdammt klein, und es ist unglaublich heiß. Zwar steht neben dem Bett eine Art Ventilator – davon hatte mir Joseph schon im Auto erzählt –, aber das Ding ist so staubig und marode, dass ich es lieber nicht anmachen wollte. Vielleicht konnte ich auch wegen der Hitze nicht schlafen. Und sicherlich auch wegen der vielen Geräusche! Rund ums Haus müssen tausende Tiere wohnen, und alle machen irgendwelche eigenartigen Geräusche. Manchmal bin ich richtig hochgeschreckt, und einmal hab ich mir sogar eingebildet, Kinderstimmen zu hören. Ach, diese Kinder! Ich hab in Holland so lange gewartet und Geld gespart, damit ich hierher kommen und ihnen helfen kann, und jetzt ist es so weit. Sie sehen genauso aus wie auf den Bildern. Die Leute von der Vermittlungsagentur in Accra haben mir in den letzten Tagen schon Fotos von ihnen gezeigt, ein paar konnte ich wiedererkennen. Glaube ich zumindest. War der kleine Bub, der mir die Tür zu meinem Zimmer aufgemacht hatte, Jonathan? Oder Jonas? Oder hatte da Jonah unter dem Bild gestanden? Irgendwie sehen die alle gleich aus. Ich hoffe, ich merke mir die Namen bald, zum Glück hab ich dafür ja zwei Monate Zeit. Joseph hat mir auf der Fahrt alle aufgezählt, alle dreißig. Er war richtig aufgeregt und hat fast die ganze Zeit über geredet, obwohl es schon so spät war. Um acht Uhr abends hat er mich gestern vom Busbahnhof in Tamale abgeholt, gemeinsam mit Thomas. Thomas arbeitet für meine Vermittlungsagentur in Tamale und soll mir helfen, wenn es Probleme gibt. Und er hat uns mit dem Auto nach Wuti gebracht. Dafür war ich ihm echt dankbar. Die Busfahrt davor war der Horror, über fünfzehn Stunden haben wir von Accra nach Tamale gebraucht. Ich hab gedacht, wir kommen nie mehr an. Die zwei Stunden mit dem Jeep waren dagegen reiner Luxus. Obwohl die Straße nicht ohne war! Zwar gab's keinen Stau – ich hab während der gesamten Fahrt nicht mal zehn andere Autos gesehen –, aber diese Sandpisten haben es echt in sich. Während der ersten halben Stunde sind wir noch auf einer halbwegs zivilisierten Straße gefahren, aber nach der Stadt Walewale sind wir links abgebogen und waren plötzlich auf einem holprigen Weg ohne Asphalt und voll roter Erde. Als ich die beiden Männer gefragt hab, ob man auf dieser Straße denn tatsächlich fahren kann, haben sie gelacht und gesagt, dass es noch schlimmer wird. Und nach einer Stunde sind wir dann wirklich nochmals abgebogen, auf einen noch holprigeren, kleineren Weg, und jetzt hat sogar der Fahrer Thomas ernst dreingeschaut. Es hat uns hin und her gebeutelt, und das Auto hat gequietscht, als ob es gleich den Geist aufgeben würde. Aber irgendwie hat es uns doch den ganzen Weg nach Wuti gebracht. Ich konnte die Lehmhütten des Dorfes schon von weitem sehen. Schön sahen sie aus, aber auch ein wenig unheimlich, wie sie da im Dunkeln und inmitten der wilden Natur standen. Vor ein paar der Häuschen standen finstere Gestalten, und alle schauten in die Richtung unseres vorbeifahrenden Wagens. Oft fährt ein Auto hier sicher nicht vorbei. Ich muss zugeben, dass die Menschen auch ein bisschen unheimlich aussahen, mit ihren schwarzen Gesichtern und den schmutzigen Kleidern. Angst hatte ich keine, aber ich hab trotzdem kurz den Talisman an meiner Halskette gedrückt, den mir meine Mutter zum Abschied am Flughafen gegeben hatte. »Wir sind da«, sagte Joseph und deutete dem Fahrer, vor dem bunt bemalten Gebäude am Rand des Dorfes stehenzubleiben. »Wir sind da«, dachte ich mir und wusste nicht, wie mir zumute war. Aber bevor ich noch lange nachdenken konnte, sah ich von allen Seiten diese Kinder an das Auto laufen, diese lachenden, johlenden singenden Kinder. Mädchen und Buben, kleine und große, saubere und schmutzige, und alle mit einem herzzerreißenden Lachen im Gesicht. Die Mädchen winkten mir durchs Fenster zu, die Buben riefen laut und machten mir die Türe auf. Ein wenig mulmig war mir da schon zumute, aber als ich dann ausstieg und alle mich umarmten und um mich herum sangen und tanzten, da war ich einfach nur glücklich. Alle wollten meine Hand halten, richtig gestritten haben sie sich darum.

Während wir zum Waisenhaus gingen, trugen die Buben meinen Rucksack und die Mädchen zupften – schüchtern die kleinen, belustigt die großen – an meiner Kleidung und meinen Haaren. Eines der kleineren Mädchen konnte gar nicht genug bekommen von meinem Zopf, immer und immer strich sie mit der flachen Hand darüber und fragte mich zum Schluss, ob ich ihr nicht auch solche Haare machen könnte. Sie sah so süß aus, wie sie in ihrer kindlichen Bewunderung meine Frisur anstarrte und mit großen Augen nach glatten blonden Haaren fragte. Ich hätte gelacht, wäre ich nicht schon so müde gewesen. Joseph sah mir meine Mattigkeit an und scheuchte die Kinder an der Eingangstür meines Zimmers in ihre Betten. Sie folgten brav und trabten in die Räume des Waisenhauses. Ich fragte mich, ob hier jeden Abend so ein Trubel stattfand und was die Kinder hier machten, wenn sie ganz alleine und ohne Helfer waren. Und es scheinen schon länger keine Helfer mehr hier gewesen zu sein. Mein Zimmer – das »Suliminga-Zimmer«, wie es von allen genannt wird – sah unbewohnt und heruntergekommen aus. Als Joseph mich hinführte, war ich erst mal schockiert. Ein kleiner Raum, mit einem kleinen Fenster und einem kleinen Bett. Es roch muffig, und der Boden war mit Staub bedeckt. »Sand der Sahara« war das, wie mir Joseph erklärte, aber das änderte auch nichts daran, dass man in dem Zimmer kaum atmen konnte. Wenigstens war über dem Bett ein Moskitonetz angebracht. Ich hatte zwar ein eigenes aus den Niederlanden mitgebracht, aber ich wäre viel zu kaputt gewesen und mit der Anbringung heillos überfordert. Nachdem er mich ein drittes Mal auf den Ventilator hingewiesen hatte, wünschte Joseph mir eine gute Nacht und schloss die Türe hinter sich. Ich war allein. Allein in einem kleinen Zimmer, in einem kleinen Dorf irgendwo in Westafrika. Nach der ganzen Aufregung der letzten Wochen war es plötzlich still, um mich herum und in meinem Kopf. Die hektischen Vorbereitungen waren vorbei, das Kofferpacken, das Visumbeantragen, das Reiseapothekeauffüllen, Aufwiedersehensagen, Abschiedsumarmen, das Flughafeneinchecken und Boardkartezeigen, das Luftanhalten beim Starten und Luftanhalten beim Landen, das Begrüßungshändeschütteln, das Erstemalafrikanischelufteinatmen, das Vorbereitetwerden auf das, was jetzt ist. Das alles hatte ich hinter mich gebracht, und jetzt war ich angekommen.

Es dauerte einen Moment, bis ich realisierte, dass es genau dieser Moment war, auf den ich so lange hingearbeitet und gewartet hatte. Ich schluckte den Kloß, den ich in meinem Hals zu spüren begann, hinunter und legte mich aufs Bett. Ich war hier, um zu helfen, um Kinder glücklich zu machen und ihr Leben zu verbessern. Das war mein Ziel, und ich hab gleich heute damit angefangen. Den ganzen Tag über, von frühmorgens bis zum Sonnenuntergang vor einer Stunde, habe ich mich mit den Kindern beschäftigt. Mit den Mädchen habe ich gesungen, getanzt, Memory gespielt und Hausaufgaben gemacht, mit den Buben mein mitgebrachtes Sprungtuch ausprobiert und neue Fußbälle aufgeblasen. Sie hatten so viel Vergnügen den ganzen Tag, man kann richtig sehen, wie sie aufblühen, wenn man Zeit mit ihnen verbringt. Am späten Nachmittag hab ich dann noch das kleine Mädchen auf die Seite gezogen, das gestern so an meinen Haaren interessiert war. Asanna heißt dieser kleine Engel von einem Kind, acht Jahre ist es alt. Ich habe ihr gezeigt, wie man Mikado spielt. Sie konnte zwar kein einziges Stäbchen ohne Wackeln aus dem Stoß ziehen, hatte aber so viel Spaß dabei, dass ich ihr zum Schluss einen Malstift geschenkt habe. Den kann sie sicher brauchen, und ich hab ohnehin so viele von zu Hause mitgenommen.

38. Der Waisenhausdirektor

Sie ist da! Endlich ist wieder eine Suliminga im Waisenhaus! Es wurde aber auch allerhöchste Zeit. Fast ein Jahr lang haben wir gewartet – ich, die Kinder, die Eltern, das Dorf. Alle waren froh, als Marijke gestern Nacht in Wuti ankam. Was für eine Fahrt! In nur zwei Stunden waren wir hier – der ganze Weg von Tamale nach Wuti in zwei Stunden! Kann man sich das vorstellen? Zwei Tage dauert dieser Marsch normalerweise, und selbst wenn ich genügend Geld für das Sammeltaxi auf der Bundesstraße habe, schaffe ich es nicht unter einem Tag. Aber dieses Auto hat uns wie der Wind über alle Straßen getragen, hat uns noch vor Mitternacht wieder zurück nach Wuti gebracht. Ich war froh, zurück in meinem Dorf zu sein, die große Stadt ist nichts für mich. Und wie froh die Kinder erst waren, als sie das Auto ankommen sahen und Marijke aus dem Fenster winkte. Alle kamen sie auf das Auto zugelaufen, alle! Es war der gleiche Trubel, wie bei der Ankunft der letzten Freiwilligen: Die Suliminga in der Mitte, umringt von den singenden, tanzenden, rufenden Kindern. Die Mädchen sangen das Lied, das wir für den Empfang eingeübt hatten, und die Burschen rauften sich um den Rucksack. Marijke hat einen schönen Rucksack, ganz neu und aus festem, buntem Stoff. Er muss teuer gewesen sein. Auch die Kleidung sieht sehr ordentlich und teuer aus. »Es ist eine gute Freiwillige, du hast Glück«, sagte Mister Thomas von der Organisation zu mir, während wir noch drinnen im Auto saßen und Marijke und den Kindern zusahen. »Sie hat Geld, und sie hat keine Angst. Das könnte sich auszahlen.« Mister Thomas muss das wissen. Er arbeitet schon lange für die Organisation und hat viele Freiwillige kommen und gehen sehen. Aber gestern hatte er es eilig, es war schon spät. In einem Monat wolle er wieder vorbeikommen und »Abrechnung machen«, bis dahin wäre er am Telefon in Notfällen erreichbar. Er hoffe aber, dass es diesmal keine Notfälle gäben werde, sagte er, während er den Motor des Wagens wieder anließ. Ich hoffe das auch. Bei unseren letzten Freiwilligen reihte sich ein Notfall an den anderen, folgte eine Malariaerkrankung der nächsten. Thomas musste viel fahren damals, und er fluchte jedes Mal ein bisschen mehr. Mit den beiden Deutschen – unseren ersten Volunteers – hatten wir wirklich Pech. »Verlustgeschäft« hatte Mister Thomas abschätzig gesagt, nachdem wir die beiden nach einem Monat schließlich wieder zum Bus in Tamale brachten und verabschiedet hatten. Es waren die ersten und bis heute die letzten Sulimingas, die in meinem Waisenhaus gearbeitet haben. Es war eine Enttäuschung für uns alle. So viel Arbeit, so viel Vorbereitung hatten wir in das Geschäft gesteckt, und es hatte sich nicht ausgezahlt. Heute bröckelt die Farbe in den Zimmern der Kinder schon ab, und das Dach ist morsch. Dabei wurde es seit der letzten Regenzeit nicht mehr benützt. Marijke hat uns der Himmel geschickt. Sie sieht nicht aus wie jemand, der schnell krank wird. Und sie hat Geld. Das meiste davon bekommt zwar die Organisation, aber wenn sie tatsächlich zwei Monate bleibt, fällt auch für mich einiges ab. Und vielleicht können wir sie überreden, ein neues Dach für das Waisenhaus zu kaufen. Mister Thomas meint, dass die Sulimingas in den anderen Dörfern oft viel Geld ausgeben für Dächer, Betten, Farben, Beton, Matratzen. Vielleicht haben wir ja auch Glück. Auf jeden Fall scheint es Marijke hier zu gefallen. Von ihrem Zimmer war sie beeindruckt, ich glaube, dass ihr vor allem der Ventilator gefallen hat. Sie hat ihn gestern Nacht zwar nicht benutzt, aber wahrscheinlich wollte sie das Gerät einfach schonen. Heute hat sie dann schon den ganzen Tag mit den Kindern gespielt, und auch mit ein paar Leuten aus dem Dorf hat sie schon geredet. Die sind alle sehr gespannt auf unsere Besucherin. Alles wollen sie wissen über sie. Heute war schon Saibu, unser Dorflehrer, bei mir, dann der Pfarrer mit ein paar Leuten aus der Kirche, und den ganzen Tag spazieren neugierige Nachbarn und Kinder aus dem Dorf vor dem Waisenhaus auf und ab. Alle wollen wissen, wer diese Suliminga ist und ob sie etwas bekommen könnten von ihr. Dabei waren am Anfang alle dagegen, alle im Dorf! »Wofür denn so ein Waisenhaus, das brauchen wir doch gar nicht!«, haben sie gesagt, sogar der Pfarrer hat sich in der Sonntagsmesse dagegen ausgesprochen. »Wir haben keine Waisen, also brauchen wir auch kein Waisenhaus«, hat er gesagt, und alle haben zustimmend genickt und böse in meine Richtung geschaut. Den Sonntag darauf habe ich dann meinen Freund, den Lehrer Salifu aus Walaga, eingeladen und zum Sonntagsgottesdienst mitgebracht. »Leute aus Wuti«, hat er am Schluss der Messe gesagt und ist nach vorne zum Altar getreten. »Hört auf euren Bruder Joseph und helft ihm mit seinem Waisenhaus. Es ist eine gute Sache, glaubt mir. Ich habe vor zwei Jahren selbst ein Waisenhaus aufgebaut, in Walaga – und es hat unserem Dorf nur Gutes gebracht. Ihr könnt jeden fragen in meinem Dorf, alle werden es euch bestätigen.« Das hat die Leute beindruckt.

Nach der Messe kamen sie zu mir und wollten Genaueres wissen über dieses Waisenhaus. Ich war froh, dass Salifu da war, denn Genaueres wusste ich selbst nicht, und er konnte alles überzeugend erklären. »Die Organisation in Accra sucht nach Waisenhäusern im Norden. Ihre Kunden, die Freiwilligen, wollen in Waisenhäusern arbeiten, und sie zahlen viel Geld dafür. Also sucht die Organisation Leute wie mich oder Mister Joseph, die in ihren Dörfern Waisenhäuser aufbauen und die Freiwilligen aufnehmen können. Und dafür bekommen wir dann Geld.« »Wie viel, wie viel?«, wollten alle wissen, aber das konnte Salifu nicht genau sagen: »Das ist immer unterschiedlich. Die Sulimingas zahlen direkt an die Organisation, wir bekommen dann einen Teil davon. Aber meistens geben die Sulimingas viel mehr Geld aus und helfen dem Dorf.« Das stimmte die Leute vor der Kirche schließlich um. Wenn die Freiwilligen in Walaga einen Fußballplatz gebaut, in Timbela das Gemeinschaftshaus renoviert und in Siligi eine Bücherei errichtet hatten, warum sollte das Gleiche dann nicht auch in Wuti passieren? An diesem Sonntagnachmittag wurde beschlossen, dass auch Wuti ein Waisenhaus haben sollte, und ich würde dessen Direktor sein. Mit Marijke darf es keine Probleme geben – wenn es auch dieses Mal nicht funktioniert, werden die Leute im Dorf unruhig werden. Aber bis jetzt sieht alles gut aus: Marijke ist wohlbehalten bei uns angekommen, hat sich schon mit den Kindern angefreundet und erste Geschenke verteilt. Malstifte zwar nur, aber es kommt sicherlich noch Besseres nach. Für die Kinder, für mich, für das Dorf. »Win-Win-Situationen« werden entstehen, hatte man in der Organisation zu mir gesagt, als ich voriges Jahr im Mai mit »Volunteer Ghana« die Abmachung zur Zusammenarbeit abschloss. Ein Gewinn für alle.

39. Die Mutter

Sie ist fort. Asanna ist gestern weggegangen, fort ins Waisenhaus. Ich weiß nicht, wie lange sie dieses Mal bleiben wird. Ich weiß nicht, wann sie zurückkommt. Ich weiß nicht, ob sie überhaupt wieder zurückkommt. Ich weiß nur, dass es ihr im Waisenhaus besser geht als zu Hause. Ich hab es noch nie von innen gesehen, aber

Asanna hat mir erzählt, dass sie dort Betten haben und auf Matratzen schlafen anstatt auf dem Boden. Und dass sie dreimal am Tag zu essen bekommen. Asanna mag das Essen dort zwar nicht, aber es tut ihr gut, und sie wird kräftig und stark davon. Das letzte Mal war sie genau einen Mond lang fort, und als sie zurückkam, war sie dick. Und trotzdem hat sie am ersten Abend mein Fufu verschlungen, als ob sie den ganzen Monat gehungert hätte. Dieses Mal wird sie wohl länger bleiben, das sagen zumindest die Leute aus dem Dorf. Zwei Monate lang soll die Suliminga in Wuti sein, zwei ganze Monde lang. Und die Leute hoffen, dass beim dritten Mond schon neue Sulimingas hier sein werden. So wie in den anderen Dörfern auch. Dort kommen und gehen sie ohne Unterbrechung, sind immer da. In Walaga waren zuerst auch nur wenige Weiße vor Ort, manchmal war monatelang kein Fremder im Dorf, und das Waisenhaus blieb leer. Aber dann, in der letzten Regenzeit, kamen welche, zwei Mädchen aus Amerika, und die nahmen andere mit, und danach kamen wieder andere und danach auch. Jedes Mal, wenn Leute aus unserem Dorf in Walaga waren, wussten sie hernach von neuen Sulimingas zu berichten. Und davon, dass Mister Salifus Haus immer größer wurde und sein Bauch immer dicker. Mister Josephs Haus ist immer noch klein, und sein Bauch ist flach wie der eines Knaben. Er hat nicht viel Glück gehabt bisher. Ein einziges Mal waren Sulimingas hier, während der letzten Regenzeit. Aber die beiden Mädchen waren schwächlich und dauernd krank und sind bald wieder nach Hause gefahren. Bis auf ein paar Malstifte haben sie nicht viel hiergelassen. Asanna hat von ihnen eine Stoffbinde aus weichem Material bekommen, aber niemand von uns weiß, was man damit machen kann. Von Stoffbinden wird man nicht satt. Dabei hatte uns Joseph so viel mehr versprochen: »Dein Kind bekommt reichlich zu essen, ein Bett, ein schönes Zimmer. Die Freiwilligen werden ihm

Kleidung kaufen, Schulbücher und viele andere Dinge. Dahamata, glaub mir, es ist das Beste für sie.« Das hatte er gesagt zu mir, nach der Sonntagsmesse vor der Kirche. Ich habe lange darüber nachgedacht. »Was hätte mein Mann dazu gesagt?«, hab ich mich gefragt und fand darauf keine Antwort. Es ist schon so lange her, dass er von uns gegangen ist. Kurz nach Asannas Geburt ist er gestorben, und zurückgelassen hat er mir nichts außer drei hungrigen Kindern. Leicht war es nie, aber irgendwie haben wir es immer geschafft. Wir sind arm, aber mit der Hilfe meiner Familie konnte ich Asanna und ihre beiden jüngeren Schwestern jedes Jahr über die Runden bringen. Aber nur überleben? Ist das genug? »Deinen Kindern könnte es viel besser gehen« haben die anderen Frauen am Markt in Walewale gesagt. An den Markttagen, an denen sich einmal in der Woche alle Bauern aus der Umgebung in der Stadt einfinden und dort ihre Waren verkaufen, war oft die Rede von diesen Waisenhäusern mit den Sulimingas. Einige der Marktfrauen kamen aus Dörfern, in denen es schon ein Waisenhaus gab, und sie erzählten uns anderen oft davon. Die meisten Erzählungen waren gut, von glücklichen Kindern war die Rede, von vollen Medikamentenschränken und manchmal sogar von einer Krankenversicherung. Wir konnten kaum glauben, was wir da hörten. Es klang zu gut, um wahr zu sein. Und das war es wohl auch. Nach und nach wurden die schönen Erzählungen weniger, und wenn die Frauen von ihren Kindern sprachen, waren ihre Stimmen oft traurig. »Mein Kind ist kaum mehr zu Hause bei mir. Und wenn es einmal da ist, will es nicht lange bleiben«, jammerte die junge Nahira aus Silinga an einem der Markttage, und andere Frauen stimmten in ihr Klagen ein. »Meine Tochter kommt auch immer seltener. Sie sagt, im Waisenhaus gefällt es ihr besser, weil sie dort den ganzen Tag spielen kann. Zu Hause muss sie arbeiten, das mag sie nicht.« »Das Gleiche hat mein Sohn vor kurzem zu meinem Mann gesagt! Und dass er die Feldarbeit nicht machen muss, weil die Sulimingas für ihn sorgen!« Verwöhnt seien sie, schimpften die Frauen, verwöhnt und faul. Was soll ich mir jetzt denken? Wäre mein Mann noch am Leben, könnten wir uns gemeinsam beratschlagen. Aber so musste ich die Entscheidung selbst treffen. Ich sagte ja zu Joseph, ich gab ihm mein Kind. Und bis jetzt ist nichts Schlechtes passiert. Aber auch nicht viel Gutes, abgesehen von einem vollen Bauch, ein paar Malstiften und einer Stoffschleife, von der niemand weiß, wofür sie gut ist. Asanna ist wie immer, sie hilft mir im Haushalt und kümmert sich um ihre beiden Schwestern. Diese Arbeit muss ich jetzt wieder machen, zumindest während der nächsten Wochen. In dieser Zeit kann sie wohl kaum verlernen, wie das geht. Aber wenn neue Freiwillige kommen, wenn sie länger bleibt? Unter den Marktfrauen von Walewale werden Geschichten erzählt von Kindern, die nicht mehr arbeiten wollen, nicht mehr arbeiten können, nachdem sie längere Zeit bei den Weißen gewohnt haben. Zwischen den Marktständen machen Schauermärchen die Runde, vor allem jenes von Marcus. Hinter vorgehaltener Hand erzählt man sich von diesem Jungen aus Walaga, der mit seinen achtzehn 18 Jahren eigentlich schon längst erwachsen sein sollte, in Wirklichkeit aber immer noch ein Kind ist. Er soll schon fast ein Mann gewesen sein, als ihn sein Vater vor drei Jahren in das neue Waisenhaus des Dorfes brachte. Er ist zwar weiter gewachsen in der Zwischenzeit und heute ein Hüne, aber er weiß nicht, wie man eine Hacke verwendet oder Jams aus der Erde zieht. Er weigert sich, zu arbeiten und er kann es auch nicht mehr. Weil er zu alt ist, musste er aus dem Waisenhaus ausziehen; weil er zu faul ist, aus seinem Elternhaus. Er findet keinen Platz mehr im Dorf, er ist ein Außenseiter und wird das für den Rest seines Lebens bleiben. Er ist kein Afrikaner, aber er ist auch kein Weißer. Wenn ich an Marcus denke, durchfährt mich ein Schauer. Das ist das Letzte, was ich für Asanna will, das Letzte. Mein Mädchen soll wissen, wie man Essen kocht, Wäsche wäscht, Cassava anbaut und die Ältesten grüßt. Mein Mädchen soll einen festen Platz in der Gemeinde haben, und sie soll eines Tages einen der Unseren heiraten und Kinder mit ihm haben. Warum diese Weißen in unsere Dörfer kommen und sich um unsere Kinder kümmern müssen, das verstehe ich nicht. Gibt es in Europa und Amerika nicht auch Kinder? Aber ich verstehe vieles nicht. Ich war nur ein Jahr in der Schule, und meistens waren die Lehrer nicht da. Ich glaube, dass Asanna heute schon mehr weiß als ich, und das ist auch gut so. Sie soll es später besser haben als ich. Wenn sie fleißig in der Schule ist, wird sie das auch schaffen. Und wenn die Sulimingas ihr dabei helfen, dann kann das nicht schlecht sein. Sie darf nur nicht vergessen, wo sie herkommt.

40. Gut gemeint

Alle meinen es gut. Jeder will das Beste, für sich, für sein Kind, für sein Dorf. Jeder Akteur in diesem Spiel hat gute Gründe für sein Handeln, nachvollziehbare Argumente für sein Tun. Aus ihrem jeweils eigenen Blickwinkel sieht jede Seite das Geschehen anders, individuell, unterschiedlich akzentuiert. Die Perspektiven fokussieren auf Licht – die Schatten, und die, die im Schatten stehen, sieht man durch sie nicht. Niemandem erschließt sich das Geschehen als Gesamtes, doch aus der Totale ist das Gesamtbild düster.

Ich bin seit zwei Tagen in Wuti und fühle mich wie ein Zuschauer eines Theaterspiels. Ich weiß nicht, ob neben mir noch jemand im Publikum sitzt. Ich befürchte, dass ich alleine bin, dass die anderen Anwesenden nicht vollends zusehen wollen oder zusehen können. Eine gute Zeit scheinen sie aber alle zu haben, die Gespräche dieser Tage sind erfüllt von fröhlichen Stimmen und Gelächter. Im langsamen Rhythmus des Dorfes lasse ich mich treiben, von einer Begegnung zur nächsten, von einem ausgedehnten Gespräch zum anderen, und wundere mich nach jedem meiner Spaziergänge etwas mehr: Wie kann etwas, das aus individueller Sicht so gut und verständlich erscheint, in seiner Gesamtheit plötzlich in sein Gegenteil verformt und zu etwas derart Schlechtem verwandelt werden? In etwas, das auf lange Sicht zur Schwächung der Kinder, Familien und Dorfgemeinschaften führt? In etwas, das gesetzlich verboten ist? Marijke, Asanna, Joseph, Dahamata – sie alle gewinnen Nutzen aus dem Waisenhaus, auf unterschiedliche Weise und in unterschiedlicher Intensität. Doch zur gleichen Zeit verlieren sie auch, ohne es zu wissen.

Untergebracht bin ich bei jenem Mann, der sich noch am ehesten der Unrechtmäßigkeit des Geschehens gewahr sein sollte. Aber Joseph wirkt nicht, als wäre er sich irgendeiner Schuld bewusst. Heiterkeit spricht aus seiner Stimme, wenn er mit mir über sein Waisenhaus redet, und Stolz liegt in seinem Blick, wenn er den immer zahlreicher zur Begrüßung erscheinenden Dorfbewohnern neugierige Fragen nach der Suliminga beantwortet. »Es geht ihr gut«, sagt er dann, »sie fühlt sich wohl. Sie wird lange bleiben.« Er ist jetzt ein richtiger Waisenhausdirektor, mit allem, was dazugehört. Dass seine Suliminga mit mir auch gleich noch einen weiteren Besucher mitgebracht hat, kommt ihm zusätzlich zugute. Ich habe mich in seinem Haus einquartiert, das gleich neben dem

Waisenhaus liegt und über ein eigenes Suliminga-Gästezimmer verfügt. »Die Leute haben mich ausgelacht damals«, erzählt er mir jetzt, während er auf einem Plastikstuhl in meinem Zimmer sitzt. »›Niemand wird kommen. Du baust diese Hütte für die Mäuse!‹, haben sie gesagt«, und er lacht jetzt selbst. Dass ich bei ihm wohne, ist wohl nicht nur gut für seine Geldbörse, sondern auch für seine Reputation im Dorf. Joseph lehnt sich entspannt zurück, die Lehnen des billigen chinesischen Plastikstuhls biegen sich dabei gefährlich nach hinten. Doch Joseph scheint das gar nicht zu merken, während er einen tiefen Schluck aus seinem Malzbier nimmt und danach zufrieden auf die Flasche blickt. Der Abend ist spät, der Tag war lang. »Das konnte ich mir vor einer Woche noch nicht leisten«, meint er, während er immer noch auf die Flasche blickt und mit dem Finger über das gelbe Etikett fährt. Fünf Cedi kostet so ein Getränk, über einen Euro, und im Dorf habe ich davon bisher noch nicht viele gesehen. Geschäft gibt es in Wuti keines, aber in einer kleinen Hütte im Ortszentrum – von allen »Tim's Bar« genannt – kann man auf fünf halbleeren Holzregalen aus einigen wenigen Produkten wählen. Neben Suppenwürfeln, Salz, Streichhölzern, Batterien und Butterkeksen sind dort auch ein paar Getränkeflaschen aufgestellt. Ordentlich der Größe nach sortiert, stehen da zwei Star-Bier, drei Flaschen Malzbier und eine ganze Reihe an Coca Cola-Flaschen. »Timotheus hat ganz schön geschaut, als ich heute zu ihm kam und den 5-Cedi-Schein auf den Tisch gelegt habe«, lacht Joseph jetzt wieder, und langsam geht mir das Gerede über das Geld ein wenig auf die Nerven. Er will über Geld reden? Gut, dann reden wir über Geld. »Wie viele Flaschen Malzbier kannst du dir denn kaufen durch dein Waisenhaus?«, frage ich ihn direkt und blicke ihm dabei ins Gesicht.

Im ersten Moment wirkt er überrascht, dann denkt er nach und rechnet. »Eine pro Tag«, sagt er schließlich und nimmt noch einen Schluck aus der Flasche, langsamer diesmal und mit mehr Bedacht. Besonders viel ist das nicht, denke ich mir und weiß nicht, ob mein Gegenüber tatsächlich die Wahrheit sagt. Dieser Mann, der neben mir auf einem verbogenen Plastikstuhl sitzt und seit einer halben Stunde an einem lauwarmen Malzbier nippt, ist verantwortlich für das Geschehen. Er ist es, der in seinem Dorf ein Waisenhaus gebaut, Kinder aus bestehenden Familien rekrutiert und zu falschen Waisen gemacht hat. Er ist es, der Freiwillige unter Vorspiegelung falscher Tatsachen in sein Dorf lockt und sie hier gegen Bezahlung helfen lässt. Er ist es, der mit dem Betrieb eines nicht gemeldeten, nicht notwendigen Waisenhauses ein illegales Geschäft betreibt und gegen das Gesetz verstößt. Und das alles für ein Malzbier pro Tag? Kann dieser Mann tatsächlich der Intrigant, der Profiteur, der Drahtzieher eines illegalen Geschäfts, eines unmoralischen Business sein? Ich kann es mir nicht vorstellen. Joseph wippt auf seinem Stuhl vor und zurück und schaut in die Luft. Leute wie ihn muss es in jedem Dorf hier in der Gegend geben, sie sind die Produzenten und Regisseure ihrer jeweils eigenen und immer unechten Waisenhaus-Welt. Erhalten sie alle tatsächlich so wenig für ihre Show? Wusste mein Gegenüber, dass die Vermittlungsagenturen in Accra den Freiwilligen einen ghanaischen Jahreslohn für ihre Einsätze abverlangten? Dass die freiwilligen Europäer und Amerikaner für jeden Monat ihres Helfens mehrere tausend Euro auf den Tisch legen mussten? Dass Marijke jeden Tag, den sie in Ghana verbrachte, mit umgerechnet vierzig Flaschen Malzbier bezahlte?

Und wusste Marijke, wie viele Flaschen Malzbier ihre Anwesenheit wert war? »Ich habe lange gespart dafür, fast ein Jahr«, sagte sie mir gestern, als wir unter dem Baobab-Baum vor dem Waisenhaus saßen und uns von einem anstrengend heißen Vormittag erholten. »Am Anfang habe ich mich ganz schön gewundert, dass man für Freiwilligenarbeit Geld bezahlen muss. Ich hab immer gedacht, dass Leute dringend gesucht werden, die in Afrika helfen wollen. Dass dort alle froh wären, wenn jemand kommt, der ihnen helfen will. In den Spendenwerbungen und den ganzen Dokus im Fernsehen haben sie immer gesagt, dass Afrika dringend Hilfe braucht und sich die Armen über jede Unterstützung freuen. Aber helfen – und zahlen dafür? Das hab ich am Anfang blöd gefunden und lange nach anderen Möglichkeiten gesucht. Aber es gab keine, bei allen Organisationen musste man Geld bezahlen und den Einsatz buchen wie in einem Reisebüro. Schließlich hab ich das dann gemacht. Und jetzt bin ich hier.« Sie lächelte und strich sich eine Strähne aus dem Gesicht. Sie wollte helfen, und sie war sogar bereit, dafür zu zahlen. Und es schien den Aufwand wert zu sein: Die letzten zwei Tagen wären wunderschön gewesen, meinte sie, und die Arbeit mit den Kindern sehr erfüllend. Sie hätte sich die Kleinen zwar ärmer und bedürftiger vorgestellt, aber insgesamt könne sie den Waisen helfen und ihr Leben deutlich besser machen. Wie? Mit Spielen, Singen, Reden. Mit kleinen Geschenken, wie Malstiften und anderen Mitbringsel. Und mit Zeit. »Diese Kinder sind allein, niemand kümmert sich um sie. Dass da jemand da ist, der sich mit ihnen beschäftigt, ihnen zuhört und Zeit mit ihnen verbringt, ist viel wert und hilft ungemein.« Aber das gibt es doch alles, denke ich mir und kriege meinen Mund trotzdem nicht auf. Es gibt doch Menschen, die für sie da sind. Die mit ihnen reden, sich mit ihnen beschäftigen, sich um sie kümmern. In ihren Familien sind die Kinder aufgehoben, wachsen auf in ihrer eigenen Kultur, können natürlich Teil ihrer Gemeinschaft und ihrer Gemeinde werden. Wusste Marijke das? Ich musterte ihr Gesicht, lange und genau. Sie war mir sympathisch, von Anfang an und auch jetzt noch, nachdem ich mehrere Tage mit ihr verbracht und ihr bei ihrer Freiwilligenarbeit zugesehen hatte. Sie dabei begleitet hatte, wie sie ihren Traum auslebte und dabei die Trennung von Familien erzwang. Sich sozial betätigen durfte und dabei Kinder weg von ihren Müttern, Vätern und Geschwistern riss. Ich hätte sie das gerne gefragt in jenem Moment, unter dem Baobab-Baum. Aber dann konnte man hinter dem dicken Stamm des Baumes eine kleine Hand sehen, und dann eine kleine Schulter und schließlich die kleine Asanna. Sie hatte sich die ganze Zeit über hinter uns auf der anderen Seite des breiten Baumes versteckt und darauf gewartet, dass wir unsere Pause beendeten und wieder zurück ins Waisenhaus gingen. Marijke lachte, zog das Kind an der Hand zu sich und nahm es in den Arm.

Es war nicht leicht dieser Tage, mit Asanna allein ins Gespräch zu kommen. Ständig hielt sie sich in direkter Nähe zu Marijke auf, war innerhalb kürzester Zeit zu einem permanenten Suliminga-Anhängsel geworden. Die Zuneigung war beidseitig, auch Marijke war besonders angetan von dem kleinen Mädchen. Sie überhäufte es nicht nur mit Zeit, sondern auch mit Geschenken. Asanna ist mittlerweile nicht nur Besitzerin einer neuen Schultasche und mehrerer Kleidungsstücke, sondern verfügt seit heute Vormittag auch über ein Handy. Ein altes zwar, mit einem Riss quer über das gesamte Display, aber noch intakt. Sie weiß nicht genau, was sie damit machen soll, also zeigt sie erst mal nur stolz herum. »Damit kann ich jetzt Marijke anrufen, und Marijke kann mich anrufen«, sagt sie jedem, der sie danach fragt, und hält dabei wichtig das Telefon an ihr kleines Ohr. Aber Marijke wird sie nicht anrufen. Ich habe dieses Schauspiel schon so oft erlebt, so viele Male hoffnungsfrohe Erwartung in bittere Enttäuschung umschlagen sehen, dass ich auch dieses Mal nicht mehr daran glauben mag. Die Freiwilligen kommen, die Freiwilligen versprechen, die Freiwilligen gehen, die Freiwilligen vergessen. In den wenigen Wochen, in denen die Weißen da sind, bauen sie ihre Beziehungen zu den Kindern auf, euphorisch und verheißungsvoll, binden ihre vorübergehenden Zöglinge an sich und denken dabei nicht bis an ihre Abreise. Aber irgendwann kommt sie, in den meisten Fällen sehr bald, und die Kinder stehen einmal mehr vor ihrem Waisenhaus und winken den Sulimingas zu, wie sie im Jeep in Richtung Tamale verschwinden und durch das offene Fenster winken und »Ich rufe euch an!« schreien. Zurück bleiben die Kinder, im Staub des abfahrenden Autos, einmal mehr einer Freundschaft beraubt, einmal mehr einem abrupten Beziehungsabbruch ausgesetzt. Und oft hat sich dieser Staub noch kaum gesetzt, da wirbelt das anfahrende Auto neu ankommender Sulimingas bereits den nächsten auf. Und Asanna wird dastehen, ein altes Handy mit einem Riss quer über das gesamte Display in der Hand, und vergeblich auf einen Anruf warten. Für die Freiwilligen geht daheim das normale Leben weiter, für die Kinder gibt es kein normales Leben mehr.

»Denkst du, dass das Waisenhaus gut ist?« Joseph sitzt immer noch in meinem Zimmer, mit gerunzelter Stirn versucht er, meine Frage zu verstehen. »Natürlich«, antwortet er nach einer Weile. »Alle profitieren davon. Alle.« Er hat sein Getränk in der Zwischenzeit ausgetrunken, mit der rechten Hand löst er Stück für Stück des Etiketts ab. »Warum fragst du?« Eine Weile ist es still, dann erzähle ich ihm von meinem Gespräch mit Asannas Mutter vor wenigen Stunden: »Ich habe heute mit Dahamata geredet. Sie hat Angst, dass Asanna nicht mehr nach Hause kommt. Sie hat geweint.« Joseph sagt nichts, zuckt nur unschlüssig mit den Schultern. »Wenigstens hat sie jetzt einen Magen weniger zu füllen. Und ein Kind, das ein Handy besitzt.« Er schnalzt mit der Zunge und reißt das letzte Stück des Etiketts von der Flasche. Leise wiederholt er: »Alle profitieren davon. Alle.«

Teil IX

Das Gegenteil (von Gut)

41. Gegengeschäfte

Die Geschichte der Weißen in Afrika ist eine Geschichte voller Ambivalenz. Eine schöne Geschichte könnte erzählt werden, eine Geschichte von mutigen Entdeckungen und geschaffenen Werken, von geteiltem Wissen und erbrachter Erhellung. Oder aber eine Geschichte von Arroganz, Unterdrückung, Ausbeutung und Gewalt. Es obliegt dem Erzähler, wie er die Geschichte anlegen, wie er sie vermitteln will. Egal aber, ob in optimistischem Ton verkündet oder mit düsterer Stimme vorgetragen, die Wahrheit liegt irgendwo dazwischen. Von den frühesten Entdeckern und Abenteurern des 16. Jahrhunderts bis hin zu den Entwicklungshelfern und modernen Wirtschaftsnomaden der globalisierten Gegenwart hat der schwarze Kontinent Heerscharen an Weißen empfangen, aufnehmen, dulden, überleben müssen, und es waren Gute unter ihnen und Böse. Afrikaner mussten dienen und Gefolgschaft leisten, Religionen annehmen und fremde Götter anbeten, fiktive Grenzen und unverständliche Gesetze respektieren. Doch fanden sie, anders betrachtet, zur selben Zeit nicht auch Arbeit und bezahlten Dienst, wahren Glauben und Frömmigkeit, rechtlichen Schutz und Staatszugehörigkeit? Die Argumente des Für und Wider mögen sich verändert haben über die Jahrhunderte, frei von Kritik war das westliche Engagement in Afrika aber nie. »In meinen Augen sind die Europäer nichts als ein Fluch für den Süden«, sagt der Romanheld in R.B. Cunningham Grahams 1898 erschienenem Werk »Mogreb-el-Acksa«. Um ein Lagerfeuer kauernd und Pfeife rauchend, erzählt er einem kleinen Kreis von Männern von seinen Erfahrungen und Ansichten über die kolonialen Bestrebungen seines Heimatlandes England: »Was bringen die Weißen denn, was es wert wäre, gebracht zu werden? Gewehre, Schnaps, Schießpulver, allzu oft unfaire Geschäfte und schäbige Klamotten, die, obwohl schlecht gewoben, doch imstande sind, jene Stoffe zu verdrängen, die die Frauen dort weben. Sie wecken neue Wünsche, neue Vorstellungen und sehr viel Unzufriedenheit mit allem, was bis dahin ihre Welt ausgemacht hat.« Diese nüchterne Kritik könnte in ähnlicher Form auch heute formuliert werden, hat während der letzten hundertfünfzig Jahre kaum an Gültigkeit verloren. Es mag im 21. Jahrhundert kein »Schießpulver« mehr vom europäischen auf den afrikanischen Kontinent geliefert werden – in den Schiffen, Flugzeugen und Lastwägen, die den Weg von Nord nach Süd antreten, stapeln sich fragwürdige Güter und unheilvolle Produkte aber wie eh und je. Es mutet befremdlich an, dass sich die Kritik eines alten Seemanns aus kolonialen Zeiten nahezu unverändert in einer globalisierungskritischen Streitschrift des 21.

Jahrhunderts lesen ließe. Hat sich denn tatsächlich so wenig verändert? Es ist nicht alles schlecht, was auf den Handelsrouten von Europa nach Afrika gelangte, nicht alles zerstörerisch, was die Weißen den Schwarzen brachten. Es mag viel dabei gewesen sein – und immer noch dabei sein –, das nicht gut war, entbehrlich oder gar ruinös. Es mögen Waren vertrieben worden sein, die lokale Märkte zerstörten, Praktiken vermittelt, die kulturelle Traditionen unterliefen und unwiederbringlich vernichteten. Aber gleichzeitig – damals wie heute – kam auch Gutes. Wissenschaftliche Erkenntnis, technisches Know-How, landwirtschaftliche Praktiken und nicht zuletzt Kapital wurden transferiert, fanden ihren Weg von Nord nach Süd. Brücken wurden gebaut, Krankenhäuser und Schulen errichtet, Straßen und Eisenbahnlinien durch die endlosen Weiten des Kontinents gezogen. Kinder wurden geimpft, Bildungssysteme eingeführt und lokales Personal aufgebaut. Gute Dinge kamen und schlechte – doch egal, welchen Gegenstand die Geschäfte zwischen Europa und Afrika betrafen, gekennzeichnet waren sie immer und vor allem von Ungleichheit.

Das ist es wohl auch, was die Lagerfeuergeschichten von Grahams Romanheld über hundert Jahre später immer noch schaurig erklingen lässt, was die Betrachter der Nord-Süd-Beziehung von damals und heute in ihrem Gefühl der Unsicherheit und Abscheu eint. Nicht das Geschäft selbst ist das Problem, nicht der Austausch zwischen den handelnden Akteuren, sondern das ungleiche Kräfteverhältnis, das zwischen ihnen herrscht. Die Ausgangslage war niemals dieselbe für Afrikaner und Europäer, ihre Verhandlungsposition zu unterschiedlich, als dass jemals ein gerechter Austausch hätte stattfinden können. Und so ist denn das Geben und Nehmen über die Jahrhunderte niemals eine reziproke Interaktion zweier Gleichberechtigter gewesen, sondern unausgeglichen, immer einseitig gesteuert und kontrolliertes Kalkül. Strukturelle Ungleichheit ist eine Grundvoraussetzung in diesem Spiel, und sie muss permanent konstruiert und gehegt werden, will der Sieger weiterhin Sieger bleiben. Von frühen Afrika-Reisenden in ihren ersten Forschungsberichten skizziert und später durch Kolonisatoren am gesamten Kontinent systematisch hervorgebracht wurde zu diesem Zweck die Schaffung von Differenz und Gegensatz: Nord gegen Süd, Weiß gegen Schwarz, Modern gegen Rückständig, Wissenschaftlich gegen Abergläubisch, Reich gegen Arm, Entwickelt gegen Unterentwickelt, Stark gegen Schwach. Diese Polarisierung sollte die eigene Überlegenheit legitimieren, musste den Weißen abgrenzen gegenüber dem unterlegenen Fremden. Auch wenn diese Denke scheint wie ein Relikt aus alten, längst vergangenen Tagen, im alltäglichen Leben des 21. Jahrhunderts ist sie nach wie vor präsent. Sie mag nicht mehr so offen zu Tage treten wie in den Zeiten der Kolonien, aber sie formt die Beziehung zwischen Afrika und Europa, determiniert das Fremd- und Selbstverständnis ihrer Bewohner.

Es ist eben diese Ungleichheit, die auch 500 Jahre nach Beginn der Kolonisierungsgeschichte zwischen den globalen Akteuren der Weltgesellschaft herrscht und deren Denken und Handeln weiterhin bestimmt. Ohne Ungleichheit – und ein nach wie vor existierendes Wissens-, Herrschafts- und Gewaltsystem, das diese Ungleichheit aufrechterhält und reproduziert –, könnte sich das Geschäftsmodell rund um afrikanische Waisenhäuser nicht entfalten. Im Business um hilfsbedürftige Schwarze und hilfeleistende Weiße spiegeln sich Zuschreibungs- und Handlungslogiken wider, die im Zuge jahrhundertelanger europäischer Vorherrschaft am afrikanischen Kontinent hervorgebracht, systematisch aufrechterhalten und global verbreitet wurden, und die nun von findigen

Personen mit Geschäftssinn genutzt und kommerzialisiert werden. Schwarze Opfer, weiße Helfer: Im 19. und 20. Jahrhundert fixe Variablen einer eurozentristischen Weltpolitik, heute Planungsgrößen eines rentablen Businessplanes.

In harmonischer Symbiose vereinen sich dabei koloniale Ideen mit kapitalistischen Verwertungsstrategien und stimulieren einander: Ein im Markt – unter der europäischen und amerikanischen Kundschaft – herrschendes, koloniales Weltbild schafft die Rahmenbedingungen und die Nachfrage für kommerzielle Freiwilligenarbeit; wirtschaftliche Akteure reagieren darauf mit der Schaffung eines adäquaten Angebotes und reproduzieren dabei – der marktwirtschaftlichen Logik kundengeleiteter Produktausrichtung folgend – alte Klischees und koloniale Ideen. Beide Elemente befeuern sich gegenseitig und setzen eine unheilsame Spirale in Gang. Eine Spirale, die in Wuti gerade in Gang kommt. Eine Spirale, die in Walaga an Fahrt verliert. Eine Spirale, die in Guabuliga zertreten wurde.

An diesen drei Orten – allesamt kleine Savannendörfer mit ähnlichem Charakter und Ziel freiwilliger Helfer aus dem Norden – lässt sich deutlich erkennen, wie die kommerziell rentable Symbiose zwischen Kolonialismus und Kapitalismus funktionieren und in welchen Spielarten sie zuwege kommen kann. In allen drei Dörfern hat die Ankunft der Weißen Veränderung gebracht, haben Sulimingas soziale Strukturen verformt und an lokalen Gefügen gerüttelt. Wie destruktiv diese Kräfte arbeiten und zwischen Gut und Schlecht oszillieren können, sehe ich in diesen letzten Tagen meiner Rechercheregise mit schmerzhafter Deutlichkeit. Ich habe Wuti verlassen, mich von Marijke, Joseph und Asanna verabschiedet und bin nach Walaga aufgebrochen. Hier verbringe ich eine letzte

Nacht, bevor mich ein Trotro morgen nach Guabuliga – und damit an den Ausgangs- und Endpunkt meiner Reise – bringt. In Guabuliga habe ich meine Recherche begonnen, in Guabuliga werde ich sie in wenigen Tagen auch abschließen. Und dort wartet ein Häuptling auf die Lösung eines Rätsels.

42. Mit kolonialen Grüßen

»Als Freiwilliger wirst du so wichtig sein, wie du es dir zuvor nicht hättest vorstellen können. Du wirst reisen. Du wirst in eine fremde Kultur eintauchen. Du wirst deine persönlichen Stärken dazu einsetzen, Kinder zu betreuen, auszubilden, zu füttern, zu formen – und zu schützen.«
(Begrüßungstext auf www.globalvolunteers.org)

Barbara nickt zustimmend. Ja, das hat sie alles gemacht. Und noch viel mehr. »Es kommt auf die Motivation an«, sagt sie, während sie auf ihrem zugeschnürten Rucksack sitzt und dabei ihr Gleichgewicht zu halten versucht. »Wenn man will, kann man alles schaffen. Sogar hier.« Sie deutet mit dem Kopf in Richtung des Dorfes, das jetzt im schwachen Licht der untergehenden Sonne ruhig hinter uns liegt. Von unserem Platz aus – dem kleinem Bänkchen am Ortseingang, das zweimal in der Woche als Haltestelle für das Sammeltaxi aus der Stadt dient – sieht Walaga aus wie gemalt. Stünden da nicht ein verrostetes Gefährt mit qualmender Motorhaube und – unter der Motorhaube – ein wild fuchtelnder und laut fluchender Taxifahrer, wäre das Bild ein Bild vollkommener Idylle. So aber ist es ein nüchtern gezeichnetes Stillleben logistischer Realität in Westafrika, mit einem kaputten Fahrzeug im Zentrum und verschwitzten Mechanikern samt müde zusehenden Reisenden rundherum. Ich bin froh, diesmal keiner der Wartenden zu sein und den ganzen Weg von Wuti hierher nach Walaga ohne gröbere Verzögerungen überstanden zu haben. Und ich bin froh, mich für eine langsame Rückreise und Aufenthalte in Walaga und Guabuliga entschieden zu haben. Bis zum Rückflug von Accra nach Wien sind noch ganze fünf Tage Zeit, bis dahin sollte der Besuch der beiden Dörfern und die Busreise in die Hauptstadt möglich sein. Auch Barbara hat Zeit, ihren vierwöchigen Freiwilligeneinsatz lässt sie mit einer Woche Badeurlaub im Süden ausklingen, und auf ein paar Stunden mehr oder weniger kommt es jetzt auch nicht mehr an. »Die Uhren ticken hier einfach langsamer, das habe ich im letzten Monat gelernt. Aber mit der richtigen Moral kann man trotzdem viel weiterbringen«, meint sie und blickt stirnrunzelnd auf die Gruppe der wartenden Fahrgäste. Die meisten Passagiere liegen auf ihren Gepäcksstücken unter dem Schatten der zwei großen Bäume, einige schlafen. »Du hast unser Waisenhaus vor einigen Wochen ja selbst gesehen, du weißt, was wir geschaffen haben.« Ihr Gesicht nimmt denselben stolzen Ausdruck an, der mir auch bei unserem ersten Treffen vor einem Monat aufgefallen war. »Die Frage ist, wie es jetzt weitergeht. Ein Jahr lang waren durchgehend Volontäre da, einer hat den nächsten abgelöst. Ich bin jetzt die Letzte, und niemand weiß, wann und ob die nächsten kommen werden. Wer soll das Waisenhaus jetzt weiterführen?« Sie blickt mich fragend an, als wüsste ich die Antwort. Ich weiß sie nicht, habe lediglich einen Vorschlag: »Afrikaner vielleicht? Jemand aus dem Dorf?« Barbara lacht. »Das glaube ich eher nicht. Nein, es müssen neue Weiße kommen, Volontäre. Ansonsten ist das hier in Nullkommanichts heruntergewirtschaftet.« Sie hat dazu Fotos gemacht, von den Kindern und dem armseligen Leben hier. Über zweihundert Bekannte hat sie direkt angeschrieben, mit einem Spendenaufruf im Text und mitleiderregenden Bildern im Anhang. Über Facebook und ihren Blog erreicht sie mit ihrer Botschaft eine beeindruckende Anzahl an Menschen, und es werden noch mehr sein, sobald sie wieder daheim ist und ihre Homepage online geht. Bildmaterial dafür hat sie jedenfalls genug, eine Auswahl davon zeigt sie mir auf ihrem Smartphone. Von einem Bild wischt sie zum nächsten: dünnes Kind, weinendes Kind, lachende Kindergruppe, leeres Klassenzimmer, weinendes Kind, weinendes Kind. Bilder wie diese habe ich zu Hunderten gesehen, wahrscheinlich auch zu Hunderten selbst gemacht.

Es sind die immer selben Zurschaustellungen afrikanischer Klischees, in den immer selben Farben und aus den immer selben Perspektiven. In den meisten Fällen zwar ungewollt und ohne böswillige Absicht, manifestiert sich in den Abbildungen der Schwarzen durch die Weißen ein latentes Selbstverständnis von Überlegenheit und Bevormundung. Diese bildlich konstruierten Abwertungen mögen unbewusst geschehen, das Internet aber ist voll mit ihnen. In einer Zeit, in der es technisch mühelos möglich ist, jederzeit und an jedem nur denkbaren Ort zu filmen und seine Bilder und Videos sofort an ein breites Publikum zu vermitteln, ist der Fundus an politisch inkorrekten öffentlichen Inhalten kaum mehr zu überblicken. In Millionen von Fotos, Kurzfilmen, Blogs, online Reiseberichten und Social-Media-Beiträgen wird das elende Bild Afrikas immer wieder aufs Neue in den gleichen düsteren Tönen gemalt, unablässig Stereotyp um Stereotyp reproduziert. Abgebildet und beschrieben wird genau das, was man als Besucher abbilden und beschreiben will, und so tragen die meisten medialen Artefakte zu nicht viel mehr bei, als sich selbst und seinem Publikum bereits bestehende und vorgefertigten Vorstellungen zu bestätigen[53]. Den Produzenten derartiger Klischees mag nicht bewusst sein, dass sie durch ihre Kommunikation Vorurteile verfestigen und teils rassistisches Ideengut in den Köpfen der Daheimgebliebenen und Nachfolgenden verankern, doch ihr Tun erhärtet Strukturen globaler Ungleichheit und transportiert koloniale Werthaltungen. Es sind diese Werthaltungen, die siebzehnjährige Schüler aus den Vereinigen Staaten oder neunzehnjährige Studentinnen aus Deutschland glauben machen, mit ihrer schieren Präsenz zur Verbesserung afrikanischer Lebensumstände beizutragen zu können. Und die durch eine kommerziell orientierte Vermittlungsindustrie noch verstärkt und wirtschaftlich genutzt werden.

Wenn – wie im Begrüßungstext von Barbaras Freiwilligenorganisation – davon ausgegangen wird, dass schutzbedürftige, verletzbare Kinder aus Afrika von unqualifizierten und oft kaum älteren Jugendlichen aus Europa und Amerika mit fragloser Selbstverständlichkeit »betreut«, »ausgebildet«, »geformt« werden können, dann liegt dem eine latente Herrschaftsordnung zugrunde, die nicht zuletzt durch eine koloniale Vergangenheit geprägt ist. Jahrhunderte weißer Vorherrschaft in Afrika haben Spuren hinterlassen – selbst bei jenen, die davon nur mehr aus Wikipedia-Artikel erfahren. Entstanden ist und bestehen bleibt dadurch – so die nüchterne Analyse des deutschen Think Tanks »glokal« – »ein Weltbild, nach dem Weiße und WestlerInnen sich als das Maß aller Dinge sehen, sich an die Spitze und als Vorbild vermeintlicher Entwicklung setzen und andere Menschen, Gesellschaften und Lebensweisen als rückständig klassifizieren und abwerten.«[54] Diese Klassifizierung und

Abwertung erfolgt nicht absichtlich, meist sogar aus einer guten Motivation heraus. Barbara wird zu Hause ein Bild von Afrika zeichnen und vermitteln, das sich aus allseits bekannten, wohlerprobten Elementen zusammensetzt und dabei doch am ehesten zur Stimulation von Mitgefühl und Spendengeldern in der Lage ist. Und sie wird damit andere anziehen, in ihnen den Wunsch zu helfen wecken und neue Freiwillige für Einsätze auf afrikanischem Boden gewinnen. Sie werden kommen, mit hehren Idealen, großen Zielen und vollen Brieftaschen, und kurze Zeit später nehmen sie das alles und eine Speicherkarte voller Fotodateien wieder mit nach Hause. Ob sie damit tatsächlich jemandem geholfen haben?

»Es ist eine gegenseitige Charity: Sowohl der Reisende als auch das Partnerland profitieren davon«, meinen die Autoren einer skandinavischen Studie, die die Motivationen für und die Auswirkungen von Freiwilligenarbeit untersucht haben.[55] »Sich selber finden«, »Sich weiterentwickeln«, »Neue Stärken und Fähigkeiten in sich entdecken«, oder »Qualifikationen für den Arbeitsmarkt erwerben«, sehen die Volunteers als zentrale Motive ihres Afrika-Einsatzes und legen damit nahe, dass dieser tendenziell eher der eigenen Selbsterfüllung als dem Wohl der bereisten Menschen und Länder zu dienen hat[56]. Radikalere Kritiker von Freiwilligenarbeit – und dem sich darum herum entwickelnden Tourismus – gehen davon aus, dass die Einsätze in erster Linie und ausschließlich den Freiwilligen selbst helfen, die »Charity« also eine gänzlich einseitige ist. »Ihr Engagement im Entwicklungsland und ihre Arbeit mit den Kindern trägt in keiner Weise dazu bei, die Hintergründe der Armut besser zu verstehen und deren strukturelle Gründe zu hinterfragen«[57], meint etwa Hannah Völkl, die im Rahmen ihrer Feldstudie ghanaische Waisenhäuser erforscht und die Werthaltung europäischer Freiwilliger untersucht hat.

Dieser Mangel an tatsächlicher Empathie wird in zahlreichen psychologischen und psychoanalytischen Studien bestätigt und durch alternative Motivationslagen erklärt. Als zentraler Motor sozialer Betätigung agiert – so fasst der Psychoanalytiker Guggenbühl-Craig die Ergebnisse umfassender empirischer Forschung zusammen – »nicht der Wunsch zu helfen, sondern die Freude und Sucht zu herrschen und den Klienten zu entmachten«[58]. Triebfedern internationaler Unterstützungsarbeit wären damit nicht Selbstlosigkeit und unverfälschte Hilfsbereitschaft, sondern Motive, die bereits frühesten kolonialen Bestrebungen zugrunde lagen. Harsch fasst es der Journalist Horand Knaup zusammen: »Die eigenen Vollmächte, die schlagartig gewachsene Bedeutung, das Ansehen vor Ort sind verführerische Triebkräfte des Helfen-Wollens. (…) Der Kolonialismus von einst kommt in neuem, humanitärem Gewand daher.«[59]

Barbara sieht nicht aus wie eine Kolonialistin. Sie sieht nicht aus wie jemand, der entmachten und über andere herrschen will. Mit ihrer Khaki-Hose, dem weißen Poloshirt und den großen Sonnenbrillen sieht sie aus wie viele der anderen, die zum Helfen nach Afrika kommen und das mit den besten Absichten tun. Meine Kleidung gleicht der ihren, und meine Absichten wohl auch. Macht es Sinn, denke ich mir, ihr jetzt am Ende ihres Einsatzes von den falschen Waisenkindern zu erzählen? Von Mbawunis Mutter? Von den Anstrengungen UNICEFs und der Regierung? Vom Gesetz, das den Aufbau neuer Waisenhäuser verbietet und ihre Arbeit der letzten Wochen in die Illegalität rückt? Irgendjemand sollte es ihr erzählen. Irgendjemand hätte es ihr längst erzählen müssen. Wahrscheinlich hat sie niemanden gefragt. Und genau das ist es wohl, was man ihr zum Vorwurf machen könnte: Sich den Kontext nicht genau anzusehen, blind zu bleiben für die Realität vor Ort und ohne Erfahrung in und an hochsensiblen Institutionen zu arbeiten, das setzt eine falsche Selbsteinschätzung und ein bedenkliches Maß an Überheblichkeit voraus. Seien die Absichten noch so gut, die Auswirkungen derartigen Handelns können es kaum sein.

Das plötzliche Aufjaulen des Motors hallt durch die Nachmittagsschwüle und scheucht einen erschreckt zwitschernden Schwarm Vögel aus den beiden Baumkronen. Mit einem kräftigen Ruck wirft der Taxifahrer die Motorhaube zu und reißt damit die letzten dösenden Fahrgäste aus ihrem Dämmerzustand. Für sie hat das Warten ein Ende, so wie für Barbara ein vierwöchiges Abenteuer in der Savanne Afrikas. Langsam erhebt sie sich, steckt das Handy in die Seitentasche ihrer Hose und übergibt dem Fahrer ihren Rucksack. Während dieser das Gepäcksstück am Dach des Kleinbusses verstaut und mit Seilen festzieht, wendet sie sich noch einmal dem Dorf zu und blickt nachdenklich in Richtung der Lehmhütten. »Ich werde diesen Ort vermissen«, sagt sie, mit echter Traurigkeit in der Stimme. Erst als alle Passagiere eingestiegen sind, dreht sie sich um, nickt mir kurz zu und zwängt sich dann in das volle Fahrzeug. Wenige Momente später ist es verschwunden, nur einmal noch hört man aus der Ferne ein kurzes Aufjaulen des Motors. Unter den beiden Bäumen vor den Toren Walagas ist wieder völlige Stille eingekehrt. Mit langsamen Schritten gehe ich aufs Dorf zu, hinter mir hat sich der Schwarm Vögel wieder in den Baumkronen niedergelassen.

43. Mit kapitalistischen Grüßen

»Armut ist wie ein Löwe. Kämpfst du nicht, wirst du gefressen.« Salifu ist ein pragmatischer Mann, lange Reden sind seine Sache nicht. Seine forschen Augen funkeln, während er spricht, und schweifen dabei rastlos durch den Innenhof des Waisenhauses. »Als Waisenhausdirektor kann ich dieses Biest zwar nicht umbringen, aber mit dem Geld der Freiwilligen zumindest in Schach halten.« Sein Blick bleibt am Eingangstor haften, so als erinnere es ihn an etwas. Salifu hatte mich gleich erkannt, als ich dort am späten Nachmittag stand, hatte mich aufs Freundlichste begrüßt und mir den Stuhl angeboten, auf dem er Momente davor noch selbst gesessen hatte. Jetzt hockt der Waisenhausdirektor neben mir auf einem Sack Mais und lächelt höflich. »Aber jetzt wird es wieder hart. Barbara ist weg, alle sind sie weg«, sagt er und starrt immer noch auf das Eingangstor. Er lächelt jetzt nicht mehr, rutscht stattdessen unruhig auf dem Maissack hin und her. »Das Waisenhaus ist wieder leer, die Kinder sind daheim. Und nur Gott weiß, wann die nächsten Sulimingas kommen.« Beim letzten Satz steht er auf, entfernt sich, entschuldigend auf meinen Stuhl weisend, in Richtung des nächstgelegenen Zimmers und verschwindet im Inneren. Für einen kurzen Moment bin ich alleine. Der Hof des Waisenhauses ist leer und erinnert mich an meinen ersten Besuch hier, vor über zwei Jahren. Die Wände waren nicht bunt und bemalt damals, und die Räume nicht überdacht, aber die Stille war dieselbe. Was für ein Kontrast zu dem Schauspiel vor drei Wochen, als eine laut kreischende Kinderschar das Gebäude belebte und Barbara den noch lauter kreischenden Mbawuni im Sprungtuch in die Höhe bugsierte. Jetzt ist es wieder totenstill, nur ein paar zerplatzte Luftballons am Boden und zwei Kisten mit leeren Cola-Flaschen in der Ecke zeugen davon, dass hier vor kurzem noch vierzig Kinder lebten. Keiner ist mehr da, nur Salifu ist zurückgeblieben. Mit gekrümmtem Rücken und einem Plastikstuhl in der Hand kommt er in den Innenhof zurück, einen fragenden Blick auf mich gerichtet: »Wieso bist du eigentlich hier?« Ich zögere einen Moment. »Weil hier Unrecht geschieht«, stoße ich unvermittelt hervor, den Blick auf das Gesicht meines Gegenübers geheftet. Der scheint sich zu wundern, verständnislos sieht er mich mehrere Augenblicke lang an und lässt sich dann langsam in seinen gelben Plastikstuhl sinken. Eine Weile überlegt er, dann schüttelt er den Kopf und blickt mich wieder fragend an. »Dieses Waisenhaus ist nicht echt«, setze ich zögernd fort. »Es gibt keine Waisen hier, das weißt du ganz genau. Die Kinder haben alle Familie«. Verlegen werfe ich einen Blick auf die Seite, versuche Salifus Reaktion zu erfassen. Der starrt auf den Boden und schüttelt immer noch den Kopf. Er macht keine Anstalten, etwas zu erwidern, also fahre ich fort. »Es ist alles eine Lüge: das Waisenhaus, die Waisenkinder. Eine Lüge, um Freiwillige anzulocken. Ein Lüge, um Geld zu machen.« Ich habe mich in Rage geredet, kann endlich aussprechen, was mich seit Monaten beschäftigt. »Du betreibst hier ein Business, ein knallhartes Geschäft auf dem Rücken der Kinder und der Freiwilligen. Aber was ihr hier macht, du und all die anderen Waisenhausdirektoren, das ist illegal. Es ist verboten!« Den letzten Satz schreie ich fast, er hallt wider in der Stille des leeren Innenhofs.

Salifu sitzt bewegungslos auf dem Stuhl, dann hebt er den Blick vom Boden und sieht mir gerade ins Gesicht. Er verzieht keine Miene, lässt kein Anzeichen einer Gefühlsregung erkennen. »Es ist leicht, von außen zu urteilen«, sagt er endlich, langsam und mit ruhiger Stimme. Sein Blick irrt jetzt nicht mehr von einem Punkt zum nächsten, sucht nach nichts mehr, ist unmittelbar auf mich gerichtet. »Es ist leicht, hierher zu kommen und den Zeigefinger zu erheben. Mit einem vollen Bauch hebt sich der Zeigefinger leicht.« Er lacht kurz auf. »Ich wette, du hast keine Ahnung, wie sich ein leerer Bauch anfühlt. Hattest du denn schon jemals richtig Hunger?« Ich weiß nicht, ob die Frage rhetorisch gemeint war oder tatsächlich eine Antwort erwartet wird. Wann war ich das letzte Mal richtig hungrig gewesen? War ich überhaupt schon jemals richtig hungrig gewesen? Während ich noch darüber nachdenke, legt Salifu nach: »Wir hier kennen den Hunger, und wir können nichts dagegen tun. Es gibt nichts zu tun hier, nichts!« Seine Stimme wird lauter, verliert ihren sonoren Ton. »Die Leute haben keine Arbeit, keine Anstellungen, nicht mal fruchtbares Ackerland. Die nächsten Firmen sind hunderte Kilometer weit weg, und die Behörden und Ämter auch. Und selbst wenn man den weiten Weg gehen würde, man müsste lesen und schreiben können, um dort zu arbeiten. Wer kann das schon?« Salifu lacht kurz auf, Bitterkeit liegt jetzt in seiner Stimme. »Es gibt hier im Dorf einfach keine Möglichkeit, sich einen Lebensunterhalt zu verdienen. Wir sind arm, und wir werden es bleiben.« Jetzt lache ich auf, versuche es mit derselben Bitterkeit wie Salifu und klinge dabei doch zaghaft: »Arm? Barbara musste für ihren Einsatz mehrere tausend Dollar auf den Tisch legen. Ich habe gesehen, dass die Freiwilligen im Monat zwischen 1000 und 3000 Dollar für die Arbeit in den Waisenhäusern bezahlen. Und du willst mir erzählen, du wärst arm?« Salifu lacht wieder, bitterer noch als zuvor und viel bitterer, als ich es je könnte. »3000 Dollar? 6000 Cedi? Das verdiene ich in meinem ganzen Leben nicht. Ich weiß nicht, wohin dieses Geld fließt, aber es fließt sicher nicht zu mir.« Stumm blickt er auf den Boden, stumm starre ich über die Lehmmauer hinweg nach draußen. Das Strohdach des Nachbarhauses ist zu sehen und daneben der lichte Gipfel eines dürren Baumes, ansonsten nur der weite, wolkenlose Abendhimmel.

Es ist tatsächlich ein Mangel an ökonomischen Alternativen, der das Arbeits- und Alltagsleben in den abgelegenen Kommunen der ghanaischen Savanne charakterisiert und limitiert. Neben der Landwirtschaft besteht für die rurale Bevölkerungsschicht keine Möglichkeit der Einkommensgenerierung, und so bleiben die meisten Dorfbewohner – abgesehen von ein paar wenigen, die eine weiterführende Schuldbildung abschließen und einen der raren Lehrer- oder Kirchenposten ergattern können – Zeit ihres Lebens Subsistenzbauern. Die kargen Böden und das ungünstige Klima erschweren die Arbeit und belohnen selbst die härteste Schufterei nur in äußerst bescheidenem Maße. Während ein Hektar Anbaufläche in Europa an die 10.000 Kilogramm Getreide abwirft, sind es in der Sahelzone klägliche 600 Kilogramm. Weder Faulheit noch schlecht ausgeführtes Handwerk ist schuld an der Misere, sondern ein Mangel an fruchtbaren Böden, Bewässerungssystemen, selektioniertem Saatgut, mineralischem Dünger. Und so schuften die Bewohner Walagas, Wutis, Guabuligas und all der anderen Dörfern dieser benachteiligten Landstriche unter menschenunwürdigen Umständen und werden für ihre schweißtreibende Arbeit dennoch kaum belohnt. Wie verheißungsvoll, wie unwiderstehlich einträglich muss da jenes erste weiße Geschöpf erschienen sein, das solch ein Dorf mit vollem Rucksack und voller Brieftasche betrat? Das mehr Geldscheine in der linken Hosentasche stecken hatte als ein Landwirt in einem ganzen Jahr harter Arbeit erwirtschaftet. Das ohne zu zögern Geschenke im Gegenwert eines Sackes Reis verteilen konnte. Und das dafür nichts weiter wollte, als sich ein paar Wochen um die Kinder des Dorfes zu kümmern. Dass sich rund um diese lukrativen Besucher ein Business entwickelt, ein kommerzielles Geschäft institutionalisiert, erscheint mir auf einmal verständlich, einleuchtend sogar. Würde ich hier leben – inmitten trockener Böden und ohne Einkommensmöglichkeiten weit und breit –, ich glaube, ich würde dasselbe tun. Ich würde mich an diesen Grashalm klammern, den einzigen spärlichen Grashalm, den man hier in inmitten der kargen Savanne mit etwas Glück zu fassen bekam, und ihn nicht mehr loslassen.

»Die Idee mit den Waisenhäusern kommt ja nicht von mir«, fährt Salifu plötzlich unvermittelt fort. »Es waren Leute von der Vermittlungsagentur, die mich darauf gebracht haben. Männer, die in einem großen Auto den ganzen Weg von Accra hierher kamen und von Freiwilligen mit viel Geld erzählt haben. Sie suchten nach Waisenhäusern, in denen sie diese europäischen und amerikanischen Touristen unterbringen konnten. Doch die gab es bei uns in der Gegend nicht, also habe ich das Orphanage Walaga gegründet.« Ein wenig Stolz schwingt in Salifus Stimme, aber auch Rechtfertigung. Er weiß, dass er ein rentables Unternehmen führt, er weiß mittlerweile aber auch, dass er es illegal macht. »Ich bin aber nicht der Einzige der das tut« sagt er, einen trotzigen Blick auf mich gerichtet.

Nein, der Einzige ist er in der Tat nicht. Den internationalen Vermittlungsorganisationen steht in der Zwischenzeit ein flächendeckendes Netzwerk aus afrikanischen Partnern zur Verfügung, über das sie ihre Einsätze anbieten und die Endkunden lokal unterbringen können. Über das ganze Land verteilt sitzen Leute wie Salifu – ein jeder mit Waisenhaus und ein paar dutzend, jederzeit abrufbereiten Kindern – und warten nur darauf, bis der Anruf aus Accra kommt und die Ankunft neuer Freiwilliger ankündigt. »Die finanziellen Interdependenzen zwischen den Freiwilligen, den Waisenhausbetreibern und den Vermittlungsorganisationen«, schreibt Hanna Völkl, »führen zu einem ständigen Überfluss und einer konstanten Nachbesetzung von Freiwilligen.[60] Die Nachfrage der Weißen hält in unzähligen Dörfern künstliche Systeme am Laufen, schafft und unterhält artifizielle Mikrokosmen. Im Zuge der frühen Missionierung passierte Ähnliches in Zentralafrika, wie der Journalist und Historiker David Reybrouck etwa aus dem Kongo zu berichten weiß: »Für jedes Kind, das der Dorfvorsteher zur Missionsstation gehen ließ, erhielt er ein Geschenk. Es war also nicht befremdlich, dass einer einmal zu ihm sagte: ›Weißer, erweise meinem Dorf die Ehre, baue hier dein Haus, lehre uns, wie die Weißen leben. Wir werden dir unsere Kinder geben, und du wirst aus ihnen mindele ndombe machen, schwarze Weiße.‹«[61] Ähnlich wie heute in Ghana – wenn auch aus anderes gelagerter Motivation – zögerten einige Menschen nicht, »Kinder als ›Waisen‹ zu betrachten, auch wenn es nach afrikanischer Tradition noch genug Verwandte gab, die sie aufziehen konnten.[62]« Während die Akteure von damals – europäische Missionare – dies in erster Linie taten, um Taufbücher zu füllen und den Erfolg ihrer Bekehrungsversuche zu erhöhen, liegt die Schaffung künstlicher Waisenhäuser im gegenwärtigen Ghana einem ausschließlich kapitalistischen Kalkül zugrunde. »Der Betrieb Waisenhaus ist in Ghana zu einem Geschäft verkommen, zu einer höchst lukrativen und profitablen Unternehmung«, meinte der Kinderschutzbeauftragte der UNICEF, Erik Okrah, in einem Interview und urteilte: »Das Wohl der Kinder steht an zweiter Stelle – an erster Stelle steht der Profit.«[63] Ähnlich sieht es der ghanaische Journalist Mike Owusu, der – jahrelang selbst in einer Freiwilligenagentur tätig – die Machenschaft der Branche recherchierte und in der Daily Graphic zum Schluss gelangte: »Es ist ein lukratives Geschäft – mit Kindern als Vermögenswerten.«[64]

Salifu ist aufgestanden, hat die obere der beiden Cola-Kisten weggehoben und scheint nach einer letzten vollen Flasche zu suchen. Es ist keine mehr da. Was tut man, wenn es weit und breit keine Vermögenswerte gibt? »Ich mache doch nichts Schlechtes«, sagt Salifu, immer noch bei den Kisten stehend, mit leiser Stimme. »Ich helfe den Kindern, ich helfe den Eltern, ich helfe dem Dorf, ich helfe den Freiwilligen. Und ein bisschen helfe ich dabei auch mir.«

Man tut, was man tun kann. Auch wenn es mit dem Gesetz, und auch wenn es mit dem Gewissen in Konflikt steht. Zu einmalig ist die Möglichkeit, mit den Weißen Geld zu verdienen, zu hoch die Belohnung im Gegensatz zu jener der Knochenarbeit, der man hier sonst ein Leben lang ausgeliefert ist. Und so setzen die umtriebigen Entrepreneurs ihre Arbeit unbeirrbar fort, auf Abruf, blind gegen Gesetzestexte und die unübersehbaren Folgen ihres Handelns. Wer will schon von einem Löwen gefressen werden?

44. Kollateralschäden

Welchen Schaden ein künstliches Waisenhaus anrichten kann, sieht man am besten, wenn es nicht mehr da ist. In Walaga kann man genau das dieser Tage tun. Dort steht zwar noch ein Gebäude, das ein bunt bemaltes Schild als »Orphanage« ausgibt – ohne weiße Freiwillige aber ist es nicht mehr als eine Ansammlung von leeren Räumen, eine leblose Struktur aus Lehm und Holz. So wie das Waisenhaus, so verliert auch sein Direktor ohne die Anwesenheit weißer Gäste seine Funktion. Salifu ist jetzt kein Waisenhausdirektor mehr, sondern ein einfacher Dorfbewohner, mit wenig Aufgaben und sehr viel Zeit. Und die Kinder? Die sind wieder Kinder. Sie sind keine Waisen mehr – gewöhnliche afrikanische Jungen und Mädchen sind sie aber auch nicht. Ihr Selbstverständnis, ihre Beziehung zu ihren Familien, ihr Stand im Dorf, das alles hat sich verändert und unnatürlich verschoben. Es wieder zurechtzurücken ist schwierig, und manchmal ist es sogar unmöglich.

»Die Kinder in den Waisenhäusern sind verwöhnt, aber arm«, fasst Hanna Voelkl das paradoxe Ergebnis ihrer empirischen Untersuchung zusammen. »Die Kinder sind einfach verzogene Bengel«, meint dagegen die alte Hawa und spuckt dabei auf den Boden. Die Afrikanerin, die neben mir am Rand des Dorfbrunnens von Walaga sitzt, ist Mutter von acht Kindern und Großmutter von zweiundzwanzig Enkeln. Wie viele Urenkel sie hat, weiß sie nicht, irgendwann hat sie aufgehört zu zählen. Was sie aber weiß, ist, dass keines dieser Kinder – »Kein einziges!« – vergleichbar schlechte Manieren hat wie die Kinder aus dem Waisenhaus. Seit einer halben Stunde sitze ich mit ihr am Brunnen und höre Beschwerde um Beschwerde. Nach dem gestrigen Besuch im leeren Orphanage wollte ich heute einen letzten Tag im Dorf zubringen, mit den Menschen von Walaga über das Waisenhaus sprechen und mit den Kindern, die vor wenigen Tagen noch darin gelebt hatten. Mit Hawa habe ich gleich früh am Morgen eine Gesprächspartnerin gefunden, die zu diesem Thema einiges zu sagen weiß. Und noch viel mehr zu beklagen. »Schau sie dir doch an: Sie haben keinen Respekt vor den Älteren. Sie grüßen nicht, wie es sich gehört. Sie helfen ihren Eltern nicht bei der Arbeit.« Wie zum Beweis dreht sie sich um und richtet ihren Gehstock auf den Brunnen. Der ist zu schwer für sie, lange kann sie ihn so nicht halten. Bevor sie die Kraft verlässt und sie den Stock wieder zu ihren Füßen sinken lässt, beschreibt sie damit einen Halbkreis und deutet auf die jungen Mädchen, die mit ihren Wasserkübeln um den Brunnen stehen. »Siehst du hier ein einziges der Kinder aus dem Waisenhaus?« Ich schaue mir die Mädchen an, sie sind mir gänzlich fremd und unbekannt. »Du wirst keines sehen!«, meint die alte Frau triumphierend. »White Kids arbeiten nicht. Entweder wissen sie nicht, wie es geht, oder sie sind zu faul.« »Oder beides!«, wirft eines der Mädchen ein, die Gruppe bricht in schallendes Gelächter aus. Hawa lacht auch kurz, dann blickt sie wieder ernst: »Die Kinder gehen ins Waisenhaus – und sie sind nicht mehr dieselben, wenn sie wieder herauskommen.«

Das können sie auch nicht. Das Leben im Waisenhaus unterscheidet sich zu fundamental vom Leben draußen, hat zu wenig gemein mit dem harten Alltag des Dorfes, als dass sich bei den Kindern nach einiger Zeit nicht zwangsläufig Verhaltensanpassungen und Persönlichkeitsänderungen einstellen müssten. Der Kontrast zwischen *drinnen* und *draußen*, zwischen den Systemen *Waisenhaus* und *Dorf*, ist groß, in vielen Fällen ist er enorm. Und so unterscheiden sich denn auch die Regeln der beiden Systeme teils drastisch voneinander, herrschen für die Akteure außer- und innerhalb gänzlich andere Anforderungen, Handlungsoptionen und Codes. Für die Kinder, die mal drinnen, mal draußen stehen, die ohne jegliche Mitbestimmung von einem System ins andere gestoßen werden, ist die Kluft nach einiger Zeit kaum mehr zu überwinden. »Westliche Kultur-Oasen«, nennt die Sozialarbeiterin Susan Rosas diese künstlich geschaffenen Orte, an denen Kinder mit einem ihnen völlig fremden Lebensstil konfrontiert werden und sich dadurch nach und nach von ihrer eigenen Kultur entfernen[65]. Der ghanaische Journalist Mike Owuso hat beobachtet, dass Kinder aus Waisenhäusern – oft jahrelang gewöhnt an westliche Werte und Verhaltensweisen – nach dem Verlassen des Heimes immense Schwierigkeiten haben, sich wieder an die afrikanische Kultur und den Lebensstil ihrer Familien anzupassen.[66] Das Leben im Waisenhaus macht sie zu Außenseitern, zu Fremden in ihrer eigenen Gemeinschaft. Dabei spielt diese Gemeinschaft – im afrikanischen Kontext noch viel stärker als im europäischen – eine außerordentlich wichtige Rolle für das Überleben ihrer Mitglieder: »In jeder Kultur ist der ökonomische Erfolg – in unterschiedlichem Maße – an familiäre Netzwerke geknüpft und von sozialer Unterstützung der Gemeinschaft abhängig. Wenn Kinder aus dieser Gemeinschaft herausgerissen und von ihr isoliert werden, dann setzen wir sie unausweichlich dem Scheitern aus«, meint Susan Rosas und bringt damit eine der fatalsten Auswirkungen aufgezwungener Institutionalisierung auf den Punkt[67]. Selbst wenn sich für die Kinder kurzfristiger Nutzen durch die Unterbringung in einem westlich geführten und finanzierten Heim ergibt – etwa durch regelmäßige Nahrung oder neue Kleidung –, mittel- und langfristig überwiegen negative Effekte. So wie Hakeem vor zwei Jahren alleine mit seinen neuen Turnschuhen am Spielfeldrand stand, so stehen heute tausende Kinder alleine in den Ecken ihrer Dörfer, ausgeschlossen, irritiert und meistens nicht einmal mehr mit Turnschuhen in der Hand. Doch es geht um kein Spiel, aus dem sie hier ausgeschlossen werden – es geht um das gemeinschaftliche Leben, an dem sie nicht mehr teilnehmen dürfen. In einem kleinstrukturierten, dörflichen System, das sich durch enge Kooperation ihrer Mitglieder und gegenseitige Unterstützung auszeichnet, kann die Exklusion aus der Gruppe lebensbedrohend werden. Man fällt tief, wenn einem Familie und Dorf das soziale Sicherheitsnetz verwehren. Und man fällt einsam.

»Wie soll dieser Junge jemals eine Frau finden?«, lacht Hawa abschätzig und deutet mit ihrem Stock auf einen jungen Mann, der sich langsam und mit schlurfenden Schritten dem Brunnen nähert. Die Mädchen kichern wieder, ich höre den Namen »Marcus« in ihrem Geláchter. Das ist also Marcus, der ehemalige Waise? Der Junge, der mit der Zeit zu alt für das Waisenhaus und zu arbeitsscheu für seine Familie wurde? Der Afrikaner, der weder ein echter Schwarzer noch ein Weißer ist? Der in den Schauergeschichten besorgter Eltern selbst noch in entlegenen Nachbardörfern auftaucht? »Hi«, sagt Marcus zu mir, nickt den Mädchen zu und setzt sich neben uns auf die Brunnenmauer. Mit seinen Jeans und dem Adidas-Shirt sieht er nicht aus wie die anderen jungen Männer im Ort, nur in seinem Schuhwerk – schwarzen Plastiksandalen chinesischer Produktion – gleicht er ihnen. Die Mädchen kichern. »Kannst du nicht grüßen?«, fragt Hawa verärgert und blickt ihm mit strenger Miene ins Gesicht. Marcus senkt den Blick, steht dann aber nach einem kurzen Moment der Unschlüssigkeit auf und beginnt das Begrüßungsritual. Während des langwierigen Austausches der immer selben Grußformeln – »Dasuba«, »Naaaaa«, »Dinialea«, Naaaa« – wirft Marcus verstohlene Seitenblicke auf mich. Mir scheint fast, als schäme er sich, dieses Ritual vor mir, dem Europäer, aufführen zu müssen. Als es vorbei ist, lacht er mir zu, setzt sich wieder neben mich auf den Brunnen und verwickelt mich in ein wohlvertrautes Gespräch. »Woher kommst du?« »Aus Österreich« »Oh, Österreich. Europa. Nimmst du mich mit?« »Wohin?« »Nach Europa!« Diese Konversation hatte ich während meines ersten Aufenthaltes in Ghana fast täglich geführt, und ebenso oft musste ich ein kaltes »Nein, das geht nicht« in enttäuschte Gesichter schmettern. Unter den Kindern der Waisenhäuser war der Wunsch nach einem Leben in Europa weit verbreitet, die Vorstellung eines sorgenfreien Überflusses in Holland, Deutschland oder Österreich tief verankert. Weil europäische Jugendliche während der Dauer ihres Aufenthaltes einen aus afrikanischer Sicht unermesslichen Reichtum zur Schau stellen, Geschenke verteilen und teure Kleidung tragen, werden die Herkunftsländer der

Weißen als Orte grenzenlosen Wohlstands gedacht. Die ständige Präsentation der westlichen Lebensweise – mit ihrer materiellen Fülle und Sicherheit – lässt in Kinderköpfen das verzerrte Bild eines geheiligten Landes entstehen, und mit ihm den Wunsch dort zu leben. Was von Befürwortern des Freiwilligentourismus als Argument des »kulturellen Austausches« ins Feld geführt wird, sehen Kritiker wie Hanna Völkl gegenteilig: »Voluntourismus produziert stereotypische, völlig überzogene Positivbilder der westlichen Welt und erweckt bei afrikanischen Kindern falsche Hoffnungen.«[68]

»Was willst du denn in Europa, du Bengel?«, mischt sich jetzt Hawa ins Gespräch ein. »Du kannst dir ja nicht einmal ein Busticket in die nächste Stadt leisten.« Die Mädchen kichern wieder. »Nimm lieber eine Hacke in die Hand und geh aufs Feld, zu deinem Vater und deinen Brüdern. Arbeite und verdien dir einen ehrlichen Unterhalt, so wie wir anderen im Dorf auch«, greift Hawa ihn weiter an, und die Mädchen hören jetzt auf zu lachen. Marcus schnalzt mit der Zunge, peinlich berührt über die Schelte vor den Mädchen und dem Weißen. »Warum sollte ich mich abrackern, wofür?«, kontert er trotzig. »Für ein paar Säcke Mais und Reis, für ein paar kümmerliche Cassava-Wurzeln? Nein, sicher nicht. Ich gehe einen anderen Weg.« »Welchen Weg denn?«, lacht jetzt Hawa. »Ich weiß nicht, wohin dieser Weg führen soll. Aber ich kann dir sagen, dass du ihn alleine gehen wirst!« Marcus ist offensichtlich getroffen, er sagt nichts mehr und blickt bedrückt zu den Mädchen. Für die ist er ein »White Kid«, kein Mann, den man ernst nehmen oder gar heiraten könnte. Das Leben im Waisenhaus macht aus afrikanischen Kindern selten afrikanische Erwachsene. Während ihre Altersgenossen im Dorf von klein auf in die Arbeitsabläufe ihrer Familien eingebunden und mit existenzsichernden Aufgaben betraut werden, bleiben die meisten Waisenkinder von manueller Arbeit verschont. Existiert das Waisenhaus irgendwann nicht mehr oder müssen sie es mit achtzehn Jahren verlassen, dann wissen die Mädchen nicht, wie man kocht oder Wäsche wäscht, ebenso wenig wie die Jungen ein Feld bestellen oder Mais ernten können. Bar aller Betriebsmittel für eine lebenssichernde Subsistenzlandwirtschaft und ohne jedes Wissen, das für deren Ausübung benötigt wird, werden sie ohne Schutz und Vorbereitung in das Erwachsenenleben und eine fremd gewordene Gesellschaft entlassen. Eine weiße Freiwillige oder Spenderin kann mit einem zwanzigjährigen Waisenkind nichts anfangen, eine heiratsfähige Afrikanerin aber auch nicht. Und Hawa noch viel weniger: »Hör auf, von Europa zu träumen, und geh aufs Feld! Die Cassava-Wurzeln sind groß dieses Jahr, mach dich an die Arbeit!«

Marcus stößt sich vom Betonrand des Brunnens ab und entfernt sich, ohne Verabschiedung oder sich noch einmal umzudrehen, mit langsamem, schlenderndem Gang. Sein Weg wird ihn aller Wahrscheinlichkeit nach nicht nach Europa führen. Mit etwas Glück, ein wenig Hilfe aus dem Dorf und harter Anstrengung wird er vielleicht irgendwo ein Stück Land bestellen und davon überleben können. Oder er geht in die Stadt und verdingt sich dort als Taglöhner, als Wasserverkäufer oder Marktträger. Die Jahre im Waisenhaus haben ihm keinen guten Dienst erwiesen. Was bleiben wird, ist Fremdheit in der eigenen Kultur und eine unerfüllte Sehnsucht nach einem besseren Leben. Ein Leben, dem er jahrelang so nah war und dabei doch so unerreichbar fern.

45. Die unsichtbare Hand

Die unsichtbare Hand des Marktes langt weit, ihre Finger reichen bis in die tiefste Savanne. Selbst in den abgelegensten Dörfern verrichten sie mit präziser Bewegung ihre Arbeit, setzen dort zerstörerische Kräfte in Gang. Man kann ihnen nicht entrinnen. Und während viele westliche Freiwillige genau das versuchen – vor ihren sinnentleerten heimatlichen Konsumgesellschaften in die ersehnte kapitalismusfreie Zone der afrikanischen Savanne zu flüchten hoffen –, greifen verzweifelte Afrikaner nach genau jenen Fingern und wollen oft gleich die ganze Hand. Und dazwischen, eingequetscht in dieser Berührung und ohne es zu merken, sind es die ghanaischen Kinder und deren Eltern, sind es ihre Dörfer und Gemeinschaften, die leiden und die die langfristigen Folgen dieser Situation zu tragen haben werden. Sie werden bezahlen müssen, wenn die ominöse Hand ihr Dorf schon wieder längst verlassen und ihre Geschäfte andernorts getragen hat.

In Walaga könnte der Zahltag schon nah bevorstehen. Und er könnte glimpflich ausfallen. Wenn es Salifu nicht gelingt, neue Weiße in das Dorf zu holen, wird das Waisenhaus leer bleiben. Die Kinder werden zu Hause sein und dort wie früher leben, im Kreise ihrer Familien aufwachsen und als Teil der Gemeinschaft ihren Platz im Dorf finden. Noch war die Anwesenheit der Sulimingas zu unregelmäßig und zu kurz, als dass sich das Waisenhaus als langfristige Parallelwelt hätte etablieren können. Für Marcus, den Ältesten, war die vierzehnmonatige Gegenwart der insgesamt sechs freiwilligen Helfer nicht besonders günstig, aber für die anderen, zumeist viel jüngeren Kinder, könnten die Sulimingas rasch zu einer verschwommenen Erinnerung verkommen, zu seltsamen

Figuren wirrer Träume. Gelingt es Salifu und der Vermittlungsorganisation aber, neue Freiwillige zu ködern und die Präsenz zahlender Helfer langfristig aufrechtzuerhalten, dann wird auch das Waisenhaus als permanente Institution langfristig bestehen und aus dessen Bewohnern – normalen Kindern – mit der Zeit Waisenkinder machen. Es wäre nicht das erste Dorf, in dem diese schleichende Tragödie Akt für Akt ihren Lauf nimmt. Und es wäre auch nicht das erste Dorf, in dem das ohne das Wissen der meisten Akteure passiert.

Selbst für Salifu bleibt das Geschäft ein einziges Rätsel. So wie er sich immer noch nicht recht erklären kann, warum junge Europäer Geld zahlen für ihre Arbeit, so hat er auch keine Ahnung, ob und wann die nächsten Freiwilligen den Weg in sein Dorf und in sein Waisenhaus finden werden. Die Entscheidungen dazu werden weit weg von Walaga getroffen, im fernen Accra und im noch ferneren Europa. Er hat keinen Einfluss darauf, kann nicht sehen, was im internationalen Volunteer Business vor sich geht. Die Hand ist unsichtbar, und sie bleibt es auch.

Dabei geht sie im Geschäft mit den ghanaischen Waisen noch vergleichsweise subtil und sachte vor. In anderen Zeiten und an anderen Orten des Kontinents machte sich die Hand weit brutaler und unverhohlener ans Werk, dirigierte und nahm sich mit Gewalt, was sie sich zu nehmen wünschte. Mit ihren oft brutalen Schlägen und engen Würgegriffen hat sie die Geschichte Afrikas in den letzten zweihundert Jahren wesentlich mitgeschrieben. Die kapitalistischen Interventionen geschahen dabei nicht allein, unterstützt und gesichert wurden sie durch Schützenhilfe von Staat und Kirche. Von Beginn der Kolonialgeschichte an war es diese »heilige Dreifaltigkeit« – das Triumvirat aus Wirtschaft, Kirche und Staat –, die das Afrika des 18., 19. und 20. Jahrhunderts fundamental prägte und das Leben seiner Bewohner bestimmte. Missioniert, kolonialisiert und kapitalisiert wurde der gesamte Kontinent in einer akkordierten gemeinschaftlichen Intervention von Priestern, Unternehmern und Kolonialpolitikern aus dem Norden. Die staatlichen Kolonialmächte sind mittlerweile verschwunden, mussten ab den 1960er Jahren den Kontinent – zuallererst Ghana, das sich 1957 als erster Staat Afrikas unabhängig erklärte, in Folge dann nahezu alle anderen ehemaligen Kolonien – verlassen und ihre ehemaligen Territorien in die Eigenständigkeit verabschieden. Geblieben sind Missionare und Unternehmer – die einen auf der Suche nach zu bekehrenden Seelen, die anderen auf der Suche nach Rohstoffen und neuen Absatzmärkten.

Das Waisenhaus-Business mag als Erbe dieses Triumvirats gesehen werden, als eine der vielzähligen Langzeitfolgen seines unheilbringenden Wirkens. Kirche, Kolonialpolitik und Unternehmertum haben jeder für sich ein Stück des Weges bereitet, haben mit ihrem Tun Bedingungen für die spätere Entfaltung dieses bizarren Geschäftsmodells geschaffen: Die frühen Missionare mit ihrem Drang nach sozialer Betätigung und Institutionalisierung; Kolonialpolitiker mit der Vermittlung rassistischer Ideen und eurozentristischer Weltbilder; Wirtschaftstreibende schließlich mit der systematischen Kommerzialisierung des humanen »Rohstoffs Waisenkind«[69]. Heute funktioniert das Geschäft, die Absatzmärkte in Europa und den Vereinigten Staaten sind gesichert und noch lange nicht gesättigt. Kirche und Staat werden nicht mehr benötigt, die findigen Unternehmer aus dem Norden und dem Süden finden sich alleine zurecht. Die Geschäfte der globalisierten Gegenwart sind neuen Inhalts und werden durch neue Player geführt – aber gleich ihren Vorgängern aus Triumvirats-Zeiten benötigen sie das Moment der sozialen Ungleichheit für ihr Wirken.

Ungleichheit wird aufrechterhalten, kommuniziert und systematisch genutzt – damals wie heute auf den Schultern und zu Lasten der Armen, der Marginalisierten, der Macht- und der Sprachlosen.

Die Frau neben mir gehört sicher nicht zu den Sprachlosen. Hawas Stimme hallt laut durch die schwere nachmittägliche Stille und lässt ihren Gesprächspartner nur selten und kurz zu Wort kommen. Salifu sitzt gebückt neben ihr auf dem Bänkchen vor dem Dorfeingang und blickt schüchtern zu den drei anderen Männern, die mit mir auf die Ankunft des Sammeltaxis warten. Hätte er gewusst, dass die alte Hawa mich ebenfalls zur Bushaltestelle begleiten und verabschieden würde, wäre er wohl zu Hause in seinem leeren Waisenhaus geblieben. So aber sitzt er seit einer halben Stunde im Schatten des Baobab-Baums, wartet schwitzend auf einen Wagen, in den er nicht einsteigen wird, und muss sich währenddessen von der Dorfältesten zurechtweisen lassen. »Das Spiel kannst du nicht ewig spielen!«, fängt sie wieder von Neuem an. »Sag deinen Geschäftspartnern in Accra, dass sie ihre Sulimingas irgendwo anders hinschicken sollen. Sie können gern als Gäste kommen, oder von mir aus als Helfer für unsere nächste Ernte. Aber wenn sie ein Waisenhaus wollen, dann sollen sie woanders hingehen.« Salifu blickt zu Boden, für ihn ist das Gespräch schon eine geraume Weile zu Ende. Für Hawa aber noch lange nicht, herausfordernd lacht sie dem Waisenhausdirektor ins Gesicht. Als dieser nicht reagiert, wendet sie sich mit ihrer Ansprache den anderen Wartenden zu: »Zuerst kamen die Pfaffen und erzählten uns, was wir glauben und wie wir beten sollten. Dann kamen die Briten und erzählten uns, wie wir unsere Dörfer organisieren und dass wir Steuern zahlen sollten. Und jetzt kommen Geschäftsleute mit großen Autos und erzählen uns, dass wir unsere Kinder in Waisenhäuser stecken und den

Sulimingas überlassen sollen.« Die Gruppe der Männer nickt zustimmend mit dem Kopf, einer von ihnen raunzt einen Satz im lokalen Dialekt in Salifus Richtung. Der braust plötzlich auf: »Ihr kennt die Bedingungen! Es ist eure Entscheidung, ihr werdet zu nichts gezwungen!«, ruft er zuerst in Englisch und fährt dann übergangslos im Mampruli-Dialekt fort. Er spricht schnell und hastig, und mit jeder Entgegnung der anderen wird seine Stimme fester. Zwischen ihm, den drei Männern und Hawa entspinnt sich eine lebhafte Diskussion, die mit jeder Minute lauter wird und der ich äußert gerne gefolgt wäre. Doch die fünf sind so in ihr Gespräch vertieft, dass ich mich nach einer Weile abwende und meinen Laptop aus der Reisetasche ziehe. Als die Melodie des startenden Windows ertönt, blicken die Afrikaner kurz auf, wenden sich dann aber gleich wieder einander zu. Ein weiteres Mal bin ich überrascht, wie befremdlich und surreal mein verschneites Hintergrundbild in dieser trockenen, goldenen Umgebung anmutet.

Ich öffne jenes Dokument, das ich seit Wochen nicht mehr angesehen und trotz wochenlanger Vorort-Recherche mit keinem einzigen zusätzlichen Satz befüllt habe: »Ghana_Das Geschäft mit den Waisen.doc«. Während im Hintergrund unverständliche Gesprächsfetzen melodisch hin und her fließen, überfliege ich die nur zur Hälfte beschriebene Seite: »Geschäftsmodell Waisenhaus. Fragen: (1) Warum werden Waisenhäuser betrieben, welchen Zweck erfüllen sie, was ist das Geschäftsmodell dahinter? (2) Wer steckt hinter dem Geschäft, wer sind die Drahtzieher, wer verdient daran? (3) Welche Auswirkungen haben Waisenhäuser, auf die Kinder, auf die Eltern, auf die Dörfer?«

Für einen kurzen Moment bin ich überrascht. Anders als beim letzten Mal, als ich mir die Fragen durchgelesen und gestellt habe, habe ich jetzt das Gefühl, tatsächlich Antworten auf sie zu haben. Sollten sich die Wochen des Herumreisens, die vielen Gespräche, die Recherchen doch noch ausgezahlt haben? Die diskutierende Gruppe vor mir ist jetzt still geworden, jeder blickt nachdenklich in eine andere Richtung oder auf den Boden. Hawa seufzt geräuschvoll, einer der Männer tut es ihr gleich. Würden die Ghanaer, die mit mir hier gemeinsam unter dem Baobab-Baum sitzen, zustimmen zu meinen Vermutungen, die Antworten auf meine Fragen für richtig befinden? Würden sie bejahen, dass der Zweck von Waisenhäusern in Ghana nicht nur der einer sozialen Einrichtung, sondern der eines kleinen, rentablen Unternehmens ist? Dass hinter dem Geschäft zwei Akteure stehen: Auf lokaler Ebene jener Unternehmer und Direktor, der in seinem Dorf ein Waisenhaus errichtet und dafür Kinder aus der Gegend rekrutiert; auf internationaler Ebene eine Vermittlungsagentur, die Freiwillige aus dem Westen gegen Bezahlung an eben dieses Waisenhaus vermittelt und damit die Institutionalisierung von afrikanischen Kindern antreibt und aufrechterhält? Dass beide daran verdienen, der Vermittlungsagentur aber der weit überwiegende Teil des Gewinns zufällt? Und dass die Auswirkungen dieser Praxis schließlich durchwegs negativ sind, dass die Institutionalisierung psychologische, ökonomische und nicht zuletzt schwerwiegende soziale Probleme für die Kinder und die Eltern mit sich bringt und auf lange Sicht deren Dorfgemeinschaften schwächt? Dass diese negativen Effekte wissenschaftlich belegt sind, die unnötige Unterbringung von Kindern in Waisenhäusern daher politisch unterbunden und illegal ist?

All das würde wohl bestätigen, was die meisten hier seit einiger Zeit fühlen, ahnen und in zunehmendem Maße zu erkennen beginnen. Rund um ihre Waisenhäuser hat sich etwas entwickelt, das nicht ganz mit rechten

Dingen zugeht. Etwas, das ihre Gemeinschaften und ihre Kinder beeinflusst. Und – wie so oft, wenn Weiße in Afrika zugegen sind – etwas, das einige wenige zu Lasten der Mehrheit profitieren lässt. Etwas, das gestoppt werden sollte. Oder?

Um mich herum kommt plötzlich Bewegung in die Gruppe, Köpfe drehen und recken sich in Richtung der Straße, Wartende stoßen ihre dösenden Sitznachbarn an. Leises Motorengeräusch lässt sich aus der Ferne vernehmen. Sollte das tatsächlich schon der Bus nach Guabuliga sein, der Wagen, der mich am Ende meiner Reise zurück an ihren Ausgangspunkt bringen wird? Ich blicke auf Hawa und Salifu, beide nicken. In mir kommt plötzlich Unruhe auf – habe ich mit ihnen und all den anderen Gesprächspartnern der letzten Wochen meine Fragen tatsächlich beantworten können? Habe ich überhaupt die richtigen Fragen gestellt? Das Sammeltaxi ist als kleiner, blauer Punkt am Ende des Horizonts zu sehen, in vagen Umrissen kann man es bei seiner mühevollen Fahrt durch die Schlaglöcher beobachten. Ich habe noch etwas Zeit und tippe hastig eine letzte Frage in das Dokument: *(4) Sollen die Waisenhäuser geschlossen werden?* Ich speichere und klicke es weg, klappe meinem Laptop zusammen und verstaue ihn, auf dem Boden hockend, hastig in meiner Tasche. Als ich mich wieder aufgerichtet habe, steht Hawa vor mir und streckt mir zur Verabschiedung beide Hände entgegen. Während wir uns die Hände schütteln, überlege ich kurz und frage dann: »Sollen die Waisenhäuser geschlossen werden?« Sie erwidert, ohne zu zögern: »Ja. Natürlich.« Sie drückt noch einmal meine Hände, dann lässt sie sie los und geht von dannen. Ich blicke ihr nach. Ob wohl alle so denken wie diese resolute Dame? Ob wohl alle wünschen, die Waisenhäuser ihrer Dörfer würden geschlossen, die Kinder zurück in ihre Familien gebracht? Ich habe genau das in den letzten Wochen immer wieder gehört, habe – meist vorsichtige, manchmal vehement und direkt hervorgebrachte – Kritik vernommen, von unterschiedlichsten Seiten über Befürchtungen und Beschwerden erfahren. Aber würden diese Menschen, die sich um die Auswirkungen des Waisenhaus-Geschäfts sorgen, tatsächlich für deren Schließung eintreten? Würden sie wirklich wollen, dass dieses rentable Business – dieses oft einzig rentable Business, das es in ihren Dörfern gibt – schließt und zahlungsbereite Kundschaft von ihren bescheidenen Dorfökonomien abweist? Und wer sollte diese Aufgabe übernehmen? Ich sehe immer noch Hawa nach, wie sie forsch in Richtung des Dorfes schreitet und dabei, einmal nach links, einmal nach rechts, immer wieder andere Dorfbewohner grüßt. Personen wie sie wären dazu wohl am ehesten in der Lage, könnten in ihren Dörfern Aufklärungsarbeit leisten und in Walaga, Wuti und all den anderen Orten zur Schließung der falschen Waisenhäuser beitragen. In Guabuliga habe das bis vor einem Jahr noch ich gemacht. Und jetzt, zum Ende meiner Reise, möchte ich sehen, was in der Folge passiert ist. Ich werde zum Ausgangspunkt meiner Recherche zurückkehren – dorthin, wo ich vor zwei Jahren zum ersten Mal mit dem Problem konfrontiert worden bin, wo ich über Monate hinweg an dessen Bekämpfung gearbeitet und wo ich jetzt, vor drei Wochen, mit meinen Recherchen zu diesem Buch begonnen habe.

Salifu tippt mir auf die Schulter, ich drehe mich um. Während ich Hawa nachgeschaut und über die letzten Tage meiner Reise nachgedacht habe, hat der Waisenhausdirektor meine Tasche am Dach des Busses verstaut und lächelt mir jetzt entschuldigend entgegen: »Kommst du wieder?«, fragt er. »Ich hoffe, ja«, erwidere ich. »Kannst du dann Freiwillige mitbringen?« Hatte er diese Frage ernst gemeint? Ich schüttle seine Hand, wir lachen beide.

Ich sehe ihn noch eine Weile unter dem Baobab-Baum stehen und mir nachwinken, durch das zerkratzte Fenster winke ich zurück. Während sich der Bus mit ächzenden Achsen die löchrige Sandpiste entlangquält, wird das Dorf kleiner und kleiner, verkommt immer mehr zu einem braunen, lehmigen Punkt in der Ferne und verschmilzt schließlich mit der Landschaft um sie herum. Dass die Zukunft dieses Ortes in nicht unwesentlichem Maße von der Nachfrage eines globalisierten Marktes fernab der ghanaischen Savanne bestimmt wird, ist nicht einfach zu begreifen und noch schwerer zu billigen. Der unsichtbaren Hand gehört ordentlich auf die Finger geklopft.

Teil X

Heim (nach Hause)

46. Rätsel ohne Lösung

Es ist stockdunkel. Die Nacht bricht schnell herein über die Savanne, ohne Vorwarnung wechseln Helligkeit und Dunkelheit einander ab. Ein paar Breitengrade unter dem Äquator ist kein Platz für Übergänge – hier verhandelt die Sonne nicht mit der Nacht. Sie verabschiedet sich nicht, sondern verschwindet grußlos und schnell. Als Europäer erwarte ich jeden Abend Dämmerung und bin dann jeden Abend aufs Neue überrascht, wie rasch und plötzlich die Finsternis über einen hereinbricht. Doch in Guabuliga brauche ich kein Licht mehr, ich kenne das Dorf. Vertraut stehen die dunklen Umrisse der Lehmbauten in der Stille der Nacht, vertraut fließt der sandige Weg zwischen sie hindurch wie ein schwarzer Fluss. Am Ende der Straße, hinter den letzten strohbedeckten Häusern des Ortes, ragt der mächtige Baobab in den finsteren

Himmel und bewegt sich sachte im warmen Wind des Harmattans.

»Der Harmattan bringt den Sand der Sahara mit. Kannst du ihn spüren?« Es sind die ersten Worte, die Häuptling Mahama an mich richtet, seit er mich vor einer halben Stunde von der Endstation des Sammeltaxis abgeholt hat. Es war eine lange Fahrt gewesen, wieder einmal um einiges länger als geplant. Den Sand der Sahara konnte ich während dieser drei Stunden wahrlich spüren. Er kroch durch die Ritzen der geschlossenen Fenster, drängte sich herein, als der Fahrer kurz die Türe öffnete, fand sogar durch die marode Lüftung den Weg ins Innere des Wagens. Irgendwann hörte ich auf mit den Versuchen, ihn abzustreifen oder wegzuschütteln. Ich saß in der zweiten Reihe des Busses, über und über mit einem feinerdigen Film überzogen, und glaubte mich ein Jahr zurückversetzt. Mein Ghana-Einsatz endete damals ebenfalls zur Zeit des Harmattans, und die Hitze, den Staub, die Trockenheit habe ich noch in lebhafter Erinnerung. Jedes Jahr um diese Zeit bläst die Sahara für mehrere Wochen heiße, trockene Luft in den Süden, trägt ihren Duft bis tief in die Länder der Sahelzone und bedeckt deren Bewohner, Häuser und Tiere mit Tonnen über Tonnen an Sand. Alles erhält einen bronzenen Aufstrich, über allem liegt eine erdige Schicht. Man kann sie nicht abschütteln – probiert man es, hat sie sich Momente später auf wundersame Weise wieder selbst aufgetragen. Nur mit ausreichend Wasser kann man sich kurzfristig Erleichterung verschaffen und sich für einige Momente lang sauber fühlen. Ich denke an mein Nachtlager und hoffe, dass dort irgendwo Eimer zum Duschen herumstehen. Und dass ich im Dunkeln den Weg zum Brunnen finde. Mir scheint es finsterer heute als sonst. Den Mond kann ich nirgends erkennen, und ich bin froh, dass sich Häuptling Mahama für einen abendlichen Spaziergang ins Waisenhaus angeboten hat. »Ja, ich kann den Sand spüren. Mehr als mir lieb ist«, sage ich und schüttle demonstrativ mein Hemd. Er lacht und schweigt dann wieder. Ohne ein weiteres Wort zu wechseln, gehen wir langsam die sandige Dorfstraße entlang, stapfen mit gemächlichen Schritten durch die Dunkelheit. Es ist ruhig, bis auf die gewohnte Geräuschkulisse des Buschs ist kaum etwas zu hören. In weiter Ferne sind ein paar lodernde Feuer zu sehen, doch die kleinen, in der Trockenzeit täglich aufflammenden Brandherde sind zu weit weg, als dass man ihr Knistern vernehmen könnte oder gar Angst davor zu haben bräuchte. Als wir am Baobab-Baum vorbei und in Sichtweite des spärlich beleuchteten Waisenhauses gelangen, räuspert sich Mahama: »Und? Hast du dein Rätsel gelöst?« Ich räuspere mich auch, antworte erst nach einigem Zögern: »Ich habe ein paar Antworten gefunden. Und ein paar neue Fragen.« »Das ist oft so bei Rätseln.« Aus dem Dorf ertönt der Schrei eines Hahnes, zwei Hunde antworten mit kurzem, müdem Bellen. Es ist spät, das hört man sogar den Tieren an. »Ich verstehe jetzt, warum es so viele Waisenhäuser bei euch gibt. Ich verstehe, warum sie entstehen, wer sie aufbaut und warum sie so schwer wieder wegzubringen sind. Ich verstehe, warum sie schlecht sind für euch und eure Kinder und warum sie die Regierung verboten hat. Aber ich verstehe nicht, wie etwas so Schlechtes passieren hat können, wo doch alle nur das Beste wollen.« Der Hahn kräht ein weiteres Mal, diesmal antwortet ihm keiner der beiden Hunde mehr. Wir sind nur mehr wenige Schritte von der Eingangstür des Waisenhauses entfernt, als ich meinen Gedankengang zu Ende bringe: »Die Freiwilligen wollen Gutes. Die Eltern wollen Gutes. Sogar die Waisenhausdirektoren wollen Gutes. Und trotzdem entsteht Böses.« ~~Salifu~~ Mahama hält inne. Er schaut zuerst mich an, dann hebt er den Blick und lässt ihn lange auf den Himmel gerichtet. Es ist eine klare Nacht, das Firmament ist über und über mit funkelnden Sternen überzogen. »Das stimmt«, sagt er schließlich, den Blick immer noch nach oben gerichtet. »Es ist ein abscheuliches Gericht, aber zubereitet wird es mit den besten Zutaten.«

Im Inneren des Waisenhauses ist es leer und still. Nachdem die geöffnete Eingangstür langsam und laut quietschend zurück ins Schloss gefallen ist, hört man schlurfende Schritte näher kommen. Im schwachen Schein der einzigen künstlichen Lichtquelle des Gebäudes – einer matten Glühbirne, die in der Mitte des Hofes an einem Baum befestigt ist – lässt sich schließlich der Umriss einer Frau erkennen, die in der linken Hand einen Strohbesen und in der rechten eine Taschenlampe hält. Ich habe sie noch nie gesehen, doch sie scheint mich zu kennen. Sie mustert mich einige Augenblicke lang und erkennt erst dann – einer Schrecksekunde folgend –, dass ihr Dorfvorsteher neben dem Suliminga steht. Respektvoll grüßt sie ihn und wechselt dann ein paar Worte mit ihm, hin und wieder einen Blick auf mich werfend. Ich werde das Gefühl nicht los, dass hier über mich geredet wird. Ich wende mich von den beiden ab, müde von der langen Reise, der Hitze, der unverständlichen Sprache. Der Schein der Glühbirne wird schwächer, während ich langsam über den Innenhof in Richtung der Schlafräume schlendere. Im Zimmer der Buben ist es stickig und dunkel, jemand hat das Fenster geschlossen und außen sogar einen Bretterverschlag angebracht. Die Stockbetten stehen verstreut und leer wie Skelette im Raum herum, ihrer Matratzen entledigt und einzelner Holzleisten beraubt. Die Matratzen haben die Jungs mit heim zu ihren Familien genommen, wahrscheinlich schlafen jetzt die Großeltern oder die ältesten Brüder darin. An der Wand sind gekritzelte Inschriften und vereinzelte Zeichnungen zu sehen, auf dem Boden liegen die Fetzen eines zerrissenen Posters. Ich setze mich auf den Rand eines der Betten, am oberen Ende ist der Name »Hakeem« eingeritzt. Hier bin ich vor zwei Jahren schon mal gesessen. Damals, als es hier noch laut und voll und lebendig war, hat der kranke Hakeem nach seiner Mutter verlangt. Und jetzt, wo es hier still und leer ist, scheint er sie endlich zu haben. Er muss zu Hause bei seiner Familie sein, und alle anderen Kinder auch.

»Die letzten Kinder wurden vorgestern nach Hause gebracht. Das Gebäude ist leer, und Nura muss es jetzt sauber machen«, sagt der Häuptling und deutet auf die Frau, die sich in der Zwischenzeit wieder, Besen kehrend, in das Halbdunkel des hinteren Innenhofes zurückgezogen hat. Er schüttelt lachend den Kopf: »Jetzt ist mein Dorf wieder das, was es vor ein paar Jahren war: Ein Dorf ohne ein Waisenhaus.«

Ich denke an mein Dokument, an die neue Frage, die ich meiner Recherche kurz vor Schluss noch rasch hinzugefügt habe. »Ist das gut?«, frage ich meinen Begleiter und muss dann lange auf eine Antwort warten. »Ich kann es dir nicht sagen«, sagt er schließlich. »Als Vater würde ich dir sagen: Ja, es ist gut. Kinder sollen zu Hause bei ihren Familien leben.« Er macht eine Pause, holt hörbar Luft. »Als Vorsteher des Dorfes aber habe ich so viele verschiedene Menschen zu vertreten. Und ich kann dir nicht sagen, ob die Schließung dieses Waisenhauses tatsächlich gut für alle ist. Für die Leute, die im Waisenhaus gearbeitet haben, ist sie wahrscheinlich nicht gut. Für Joe, den Barbesitzer, für die Marktfrauen und Trotro-Fahrer ist sie wahrscheinlich auch nicht gut. Und für Nura, die dem Waisenhaus und den Sulimingas einmal die Woche Eier und frische Milch verkauft hat, ist sie wohl auch nicht gut.« Mir zieht sich der Magen zusammen, denn der Häuptling spricht Dinge an, die mich während meines gesamten Aufenthaltes in Ghana beschäftigten und die wohl nicht zu leugnen waren.

»Es waren nicht wenige Leute, die keine Freude hatten mit euch damals, die geschimpft haben über die Regierung, die großen Organisationen aus der Hauptstadt und die Sulimingas. ›Sie kommen hierher‹, haben sie gesagt, ›bauen an einem Ort Waisenhäuser und reißen sie an einem anderen wieder ab‹. Man hat nicht verstanden, was passiert. Heute verstehen wir es, und wir wissen, dass es gemacht werden musste.«

Auch wenn mittlerweile nicht mehr der geringste Zweifel daran besteht, dass Kinder bei ihren Familien und auf keinen Fall unnötigerweise in Institutionen aufwachsen sollen, ist die Schließung von Waisenhäusern eine schmerzhafte Arbeit. Denn es ist eine undankbare Aufgabe, die hier zu bewältigen ist: ein ertragreiches Geschäft zu zerstören, in einer Gegend, in der es sonst kaum ertragreiche Geschäfte gibt; ein Haus abzureißen, in dem für hungrige Kinder Nahrung, für nackte Kinder Kleidung, für kranke Kinder Medikamente bereitstehen; einen Weg zu blockieren, der Weiße mit Geld und guten Absichten in die verarmten Dörfer der Savanne führt. Es ist eine Aufgabe, deren Notwendigkeit schwer zu vermitteln, deren positive Auswirkung schwer zu messen und kommunizieren ist. Wer immer sie übernimmt, tritt in der Rolle des Blockierers auf und muss gute Argumente für sein destruktives Tun zur Hand haben. Gegen den Betrieb eines Waisenhauses – mit all seinen kurzfristigen, offensichtlichen und einleuchtenden Vorteilen – zu agitieren, ist ein mühsamer Kampf, in dem man sich kaum Freunde macht. Doch er muss gekämpft werden.

»Lass uns gehen, hier gibt es nichts mehr zu sehen«, lacht Häuptling Mahama, dreht sich um und öffnet mir das Eingangstor. Während sich die eiserne Pforte langsam und mit einem lauten Quietschen von selbst wieder schließt, blicke ich von außen noch einmal in das Innere dieses Ortes, der mir vor zwei Jahren monatelang Arbeitsstelle war. Kurz bevor das Tor zurück in das Schloss fällt, sehe ich ein Stück des zerrissenen Posters aus dem Bubenzimmer, wie es vom Harmattan-Wind sachte über den leeren, blanken Boden des Innenhofes getragen wird. Ich habe dieses Waisenhaus noch nie so leer und verlassen gesehen.

47. Heim nach Hause

Die Kinder sind daheim. Sie leben wieder bei ihren Familien, mit ihren Müttern, Vätern, Großeltern, Onkeln und Tanten, Cousins und Geschwistern. Im familiären Netzwerk erfahren sie wieder die Kultur und den Alltag ihrer Gesellschaft, essen, was ihre Schwestern essen, arbeiten, wie ihre Brüder arbeiten, schlafen, wenn ihre Eltern schlafen, tanzen, wo ihre Nachbarn tanzen. Was dem Außenstehenden erscheint wie ein natürlicher Grundzustand, das ist in Wahrheit das Resultat eines mühsamen und sorgfältig geplanten Prozesses: Einheit wurde wiederhergestellt, wo Einheit vor Jahren mutwillig zerrissen und aufgespalten wurde. Die ehemaligen Waisenkinder Guabuligas – fünfundzwanzig Buben und zwanzig Mädchen – haben vor fünf Jahren ihre Familien verlassen und über diese ganze Zeit hinweg im Waisenhaus am Rande des Dorfes gelebt. Sie wurden größer in dieser Zeit, einige gar erwachsen; sie lernten Weiße aus fernen Ländern kennen und einige Worte ihrer eigenartigen Sprache sprechen; sie bekamen Filme mit gezeichneten Löwen zu sehen und pulsierende Musik zu hören; sie gewöhnten sich daran, in hohen Betten zu schlafen und Handys zu bedienen; sie gewöhnten sich vor allem daran, weg von ihren Familien und bei den Sulimingas zu sein. Dass Lariba, Idrissu und all die anderen nun vom Waisenhaus weg und wieder zurück bei ihren Verwandten sind, an das konnten sie sich erst nach einiger Zeit und vielen durchweinten Nächten gewöhnen. Jetzt sind sie voll und ganz daheim angekommen, sie sind – dem sozialarbeiterischen Sprachgebrauch nach – »re-integriert«.

Hakeem ist eines der letzten Kinder gewesen, das diesen Weg gegangen ist. Wie er jetzt so vor mir sitzt, neben seiner Mutter und seinem ältesten Bruder, erinnert er mich kaum mehr an den kleinen Jungen, dem ich vor zwei Jahren am Krankenbett die heiße Stirn befühlt habe. Mit seinem Bruder teilt er sich jetzt die Rundhütte, vor deren Eingang wir uns vor einigen Momenten niedergelassen haben, und allem Anschein nach fühlt er sich nicht unwohl dabei. »Es gefällt mir daheim«, sagt er, und übersetzt den Satz dann gleich für seine Mutter. Die lächelt auch, fügt dann aber nach einigem Zögern an: »Wir waren alle sehr verunsichert damals, als wir gehört haben, dass das Waisenhaus geschlossen wird. Wir haben uns gefragt: ›Wie können wir unseren Kindern bieten, was die Sulimingas ihnen bieten?‹ Und wir haben uns Sorgen gemacht: ›Wollen die Kinder überhaupt zurück nach Hause?‹ Aber es ist alles gut gegangen.« Sie lächelt wieder, jetzt lächle ich auch. Ich erinnere mich, wie ich mit ihr und den anderen Eltern vor zwei Jahren das erste Mal die Schließung des Waisenhauses besprochen habe. Gemeinsam mit meiner Mitarbeiterin Judith, einer ghanaischen Sozialarbeiterin, versuchten wir der versammelten Elternschaft zu erklären, warum die Unterbringung ihrer Kinder im Waisenhaus nicht gut und eine Rückführung nach Hause notwendig sei. Judith erzählte eindringlich von den negativen Auswirkungen langfristiger Institutionalisierung auf Kinder, führte wissenschaftliche Studien an und las Teile aus der neu verabschiedeten UN-Konvention vor: »Die Familie ist der zentrale Ort für die Entwicklung, das Wachstum, das Wohlbefinden und den Schutz von allen Kindern. Unsere Bemühungen müssen deshalb vor allem darauf abzielen, Kinder in ihre Familien zurückzubringen. Sie müssen befähigt werden, in die Obhut der Eltern oder anderer Verwandter zurückzukehren oder diese von Beginn an gar nicht verlassen zu müssen.«[70] Weil zwar Verständnis, aber kaum Zustimmung unter den anwesenden Familien vorhanden zu sein schien, zitierte Judith zum Schluss der Versammlung noch das Resultat einer psychologischen Forschungsarbeit: »Für alle drei Monate, die ein Kind unter zehn Jahren in einem Heim verbringt, verliert es einen Monat seiner Entwicklung. Die Entwicklung eurer Kinder verschiebt sich jedes Vierteljahr um einen Monat nach hinten!« Das Ende des Satzes hallte im Innenhof des Waisenhauses nach. Eine Zeit lang sagte niemand etwas, dann meldete sich eine der Mütter mit leiser Stimme: »Wenigsten bekommen sie in diesem Monat genug zu essen.« Ich und Judith blickten uns an und wussten in dem Moment beide, dass wir in den folgenden Monaten mit harter Arbeit konfrontiert sein würden.

Darüber, dass Kinder in ihren eigenen Familien aufwachsen sollen, herrscht mittlerweile international durchgängiger Konsens. Weder in der Wissenschaft noch in NGOs oder supranationalen Organisationen besteht ein Zweifel darüber, dass die Institutionalisierung von Kindern wo immer möglich vermieden werden sollte und der Fokus stattdessen auf die Stärkung ihrer Familien gelegt werden muss. Die ghanaische Regierung sieht das genauso und unterstützt – gemeinsam mit UNICEF – seit 2009 die Schließung von Waisenhäusern und die familiäre Rückführung von Kindern. Mit dem Programm der »Re-Integration« wird mit einigem Aufwand genau das wiederherzustellen versucht, was vor der Öffnung neuer Waisenhäuser und der Ankunft der Weißen schon da war. Dieser Prozess ist nicht selten ein Kraftakt. Denn zum einen sind die betroffenen Kinder nach Jahren im Waisenhaus oftmals von ihrer eigenen Familie und Kultur entfremdet und benötigen viel Zeit und Anstrengung, um sich an die ihren und deren alltägliches Leben wieder zu gewöhnen. Zum anderen sind viele Familien aufgrund bitterer Armut und Mittellosigkeit nicht in der Lage, die Funktion auszufüllen, die ihnen Politiker und Pädagogen als »zentraler Motor für die Entwicklung des Kindes« zuschreiben. Auch wenn sie es gerne würden, können sie ihrem Nachwuchs oftmals kein stabiles, materiell abgesichertes Umfeld und damit Rahmenbedingungen für gesundes Wachstum bieten. Beiden Herausforderungen wird seit einiger Zeit mittels ausgeklügelter Programme begegnet, und erste Erfolge scheinen die Initiative zu bestätigen. In den letzten fünf Jahren konnte das Department for Social Welfare – unterstützt durch UNICEF und einige wenige internationale NGOs – an die 1500 Kinder zurück in ihre Familien integrieren. Diese Erfolge beschränken sich aber hauptsächlich auf den Süden des Landes, wie mir Helena Obeng vom DSW vor einigen Wochen bekannte: »In Accra und der näheren Umgebung sind wir mit unseren Bemühungen sehr erfolgreich. Die Waisenhausdirektoren wissen, dass ihr Geschäft illegal ist und dass wir jederzeit bei ihnen vorbeischauen können. Je weiter die Waisenhäuser aber geographisch weg sind, desto schwieriger wird für uns die Kontrolle. Und was oben im Norden passiert, das können wir kaum mehr beeinflussen.«

Dabei wäre genau das bitter nötig, denn im Norden passiert einiges. Waisenhäuser entstehen dort im Wildwuchs, fast monatlich hört man von neu eröffneten Institutionen. Gleichzeitig existiert in den abgelegenen Dörfern der Savanne keine staatliche Kontrolle, und zivilgesellschaftliche Organisationen sind dort kaum zu finden. Eine einzige NGO – der österreichische Verein Braveaurora – engagiert sich in diesem schwierigen Umfeld und verrichtet Re-Integrations-Arbeit im Norden des Landes. Als Projektleiter der Organisation war es – neben vier anderen Dorfentwicklungskomponenten – 2011/2012 meine Aufgabe, das lokale Waisenhaus zu schließen, die Kinder mit ihren Familien wieder zu vereinen und die Verwandten für diese Aufgabe vorzubereiten. Gemeinsam mit einem engagierten Team aus brillanten Sozialarbeiterinnen führten wir die sorgfältig vorbereiteten Rückführungen durch, befähigten Familien durch ein Mikrokredit- und Landwirtschaftsprogramm zu eigenständiger Einkommensgenerierung und versuchten durch Interventionen auf Kommunalebene eine Stärkung der gesamten Dorfgesellschaft zu unterstützen. »Für die Erziehung eines Kindes benötigt man ein ganzes Dorf« sagt ein afrikanisches Sprichwort, und – so die Überzeugung von Braveaurora, DSW und UNICEF – je stärker und resilienter das Dorf, desto weniger anfällig ist es für die Versuchungen kurzfristiger Geschäftemacherei. In Guabuliga ist gelungen, was seit Jahren pädagogisch eingefordert und politisch vorgegeben wird. Doch während hier Familien wieder zusammengeführt wurden, passierte andernorts in der gleichen Zeit genau das Gegenteil. Wie Pilze schossen in den Dörfern der Umgebung neue Waisenhäuser aus dem Boden und machen dort das zunichte, was in Guabuliga durch schweißtreibende Arbeit eben erst geschaffen wurde.

Ich blicke auf Hakeem, der mit flachen Steinen vor sich auf dem Boden einen kleinen Turm zu bauen versucht. Die Steine sind zu uneben, nach dem jeweils dritten oder vierten Versuch kippt die aufeinandergestapelte

Konstruktion um. Nach einer Weile gibt er auf, erkennt, dass ich ihn beobachtet habe, und lacht mir ins Gesicht. Ich freue mich ehrlich, ihn im Kreis seiner Familie, am Hof seiner Eltern zu sehen. Während meines Projekt-Aufenthaltes vor zwei Jahren war ich zwar zuversichtlich, aber doch nicht zur Gänze sicher, ob Re-Integration tatsächlich erfolgreich und zum besten Wohle aller Beteiligten funktionieren konnte. Es gab kaum Erfahrungswerte, Braveaurora hatte sich als eine der ersten zur Umsetzung des neuen Gesetzes gemacht. Heute weiß man, dass das Konzept greift – aber man weiß auch, dass präventive Bewusstseinsbildung und Überzeugungsarbeit geleistet werden müssen, damit die Trennung von Kindern und Familien bereits im Vorfeld vermieden und Re-Integration gar nicht erst notwendig gemacht wird. Alle, die wir damals an dem Thema arbeiteten, steckten wir unsere Energie und Konzentration zur Gänze auf die Rückführung und sorgten uns dabei zu wenig um die grundlegenden Ursachen des Problems. Ich bin froh, dass ich durch meine Rechercheреise nun ausgiebig Zeit hatte, den strukturellen Gründen des Phänomens nachzugehen und dessen bizarre Entstehungsgeschichte niederzuschreiben.

Denn eines ist sicher: Um nicht erst im Nachhinein Schadensbegrenzung betreiben zu müssen, gehört das Problem an seiner Wurzel gepackt. Alle beteiligten Akteure – Eltern, Kinder, Waisenhausdirektoren und nicht zuletzt die westlichen Freiwilligen – müssen frühzeitig für die Folgen ihres Handelns sensibilisiert werden und erkennen, welche Misere hier durch sie und ihr Zutun entsteht. Es ist kein angenehmer Job, aber er muss getan werden, in Afrika, in Europa, in Amerika. Hakeem und seine Mutter tragen bereits jetzt ihren Teil dazu bei: Als »Botschafter der Re-Integration« werden die beiden – gemeinsam mit anderen, wiedervereinten Familien – in die Dörfer der Umgebung reisen und in Schulklassen,

Dorfversammlungen und anderen öffentlichen Veranstaltungen von ihren Erfahrungen mit dem Waisenhaus-Business erzählen. Es sind Menschen wie Hakeem und seine Mutter, wie Hawa und Baba, es sind lokale Häuptlinge, Politikerinnen und NGO-Mitarbeiter, die vor Ort Bewusstsein schaffen und die Entstehung neuer Waisenhäuser von Beginn an verhindern können. Was uns im Westen zu tun bleibt, ist dasselbe bei uns zu Hause zu unternehmen – und erst wenn es gelingt, die Nachfrage nach kommerzieller Freiwilligenarbeit mit Waisenkindern zu stoppen, wird jene fehlgeleitete Industrie keinen Schaden mehr für afrikanische Menschen und deren Gemeinschaften stiften können.

Hakeem hat in der Zwischenzeit einige gleichförmige, flache Steine von seinem großen Bruder zugeschoben bekommen und seinem Turm bereits sechs Etagen verpasst. Jetzt versucht er sich, mit zugekniffenen Augen und konzentriertem Blick, an einer siebten. Nachdem er den Stein abgelegt hat, wackelt die Errichtung kurz, bleibt dann aber ruhig stehen. Besorgt blickt der Architekt zuerst auf sein Bauwerk, dann auf die Umgebung rundherum. Eine falsche Einwirkung von außen, und alles zerfällt. Es ist eine fragile Stabilität.

48. Dilemmata des Helfens

Stünde Afrika ohne die Einmischung von außen nicht besser da? Braucht es ausländische Hilfe überhaupt, braucht es den Westen auf diesem Kontinent? In der Analyse kommerzieller Freiwilligenarbeit stößt man rasch auf universelle Kritikpunkte, die der internationalen Hilfe und Entwicklungszusammenarbeit generell und als Gesamtes zu konstatieren sind.

Beanstandet wird die Entwicklungshilfe seit ihren Anfängen, die Kritik an ihr ist so alt wie sie selbst. Sie hätte mehr geschadet als genutzt, hätte über Jahrzehnte korrupte Regimes gefördert und jegliche Eigeninitiative in den Empfängerländern unterwandert, diene hauptsächlich den Eigeninteressen der Industriestaaten und zementiere deren globale Vorherrschaft. Sie sei über allem paternalistisch, sagen die einen: Der Westen spiele sich auf als besserwisserischer, rechthaberischer, übermächtige Geber und trage genau damit zur Unmündigkeit der Empfängerstaaten bei. Festgefahrene Strukturen globaler Ungleichheit können so nur schwer aufgebrochen werden und reproduzieren sich stetig aufs Neue: »Die Scharen von EntwicklungshelferInnen und ExpertInnen, die von Nord nach Süd wandern, tragen zur Verfestigung dieser eingefahrenen Strukturen bei. Die Menschen im Süden haben Probleme, und die Menschen aus dem Norden verfügen über Lösungen. Dass es im Norden Probleme gibt, für die im Süden problemlösendes Wissen vorhanden ist, ist eine Aussage, für die im Entwicklungsdiskurs kein Raum ist.«[71] Dass für eine derartige Aussage – so wie für Akteure des globalen Südens generell – in der Entwicklungszusammenarbeit bisher kaum Raum vorhanden ist, sehen andere wiederum als Resultat berechneten Kalküls. Solange die Abhängigkeit des Südens von westlichen Staaten aufrechterhalten und gepflegt wird, solange die Zuschreibung von »entwickelt« und »unterentwickelt« die Welt – wie bereits zur Legitimierung der Kolonialpolitik – in zwei Lager teile, so lange könne der reiche Westen seine globale Vormachtstellung zementieren und die politische und wirtschaftliche Kontrolle über die restliche Welt bei sich behalten[72]. Und so lange blieben die Eigeninteressen der internationalen Hilfsindustrie – der »Mitleidsindustrie«, wie es die niederländische Journalistin Linda Polman in ihrem gleichnamigen Buch nennt – gewahrt. Die ist mittlerweile sehr groß: Auf Geberseite tummeln sich 40 Industriestaaten und Schwellenländer, 15 Institutionen der Vereinten Nationen, 20 Finanzinstitutionen und unüberschaubar viele Vereine, kirchliche Hilfswerke und Privatinitiativen. An die 120 Milliarden Dollar stehen der internationalen Entwicklungszusammenarbeit und ihrer geschätzten 37.000 Organisationen jährlich zur Verfügung, 500.000 Personen sind in ihr beschäftigt.[73] Die schiere Größe der Branche ist vielen ein Dorn im Auge und wird in der Öffentlichkeit – gemeinsam mit dem Vorwurf ihrer Ineffizienz – in regelmäßigen Abständen scharf kritisiert. Doch trotz aller Kritik, und obwohl man seit den 1980er Jahren ihr baldiges Ende prophezeit und in regelmäßigen Abständen immer wieder eingefordert hat, ist die Entwicklungszusammenarbeit bisher nicht als Praxis verschwunden. Sie besteht nun seit über 65 Jahren, mittlerweile macht sich die dritte Helfergeneration an die Bekämpfung globaler Problemlagen. Doch Armut und Bedürftigkeit herrschen nach wie vor, fast so, als wäre nichts gewesen.

Was sollte man also tun? Einfach aufhören? So verlockend dies für viele klingen mag, es kann und darf keine Option sein. Kritik ist schnell und einfach formuliert – doch wer schon einmal wahres Elend erlebt hat, der wird sich hüten vor vorschnellen Beurteilungen aus der Ferne. Wenn man sieht, wie ein fünfjähriges Kind an einer Lappalie stirbt, die in Europa innert Minuten behandelbar wäre; wenn man riecht, in welchem Gestank abertausende Menschen ohne Sanitäranlagen eng an eng in verdreckten Slums zusammenleben; wenn man schmeckt, wie sich kontaminiertes Wasser aus ausgetrockneten, verschmutzten Savannenbrunnen im Gaumen anfühlt; wenn man selbst beim Zusehen schwitzt, während Bauern ohne Dünger, Bewässerungsanlagen und landwirtschaftlichem Gerät in stechender Hitze aus dürren Böden kärgliche Lebensmittel zu ziehen versuchen; wenn man hört, wie ein Patient während einer Operation vor Schmerzen schreit, die er wegen leerer Krankenhauskassen ohne Anästhesie überstehen muss; und wer, nach einer Reise vom einen Teil der Welt auf den anderen, fühlt, wie himmelschreiend ungerecht das alles ist; der wird still sein und überlegen, was man gegen diese Ungerechtigkeit unternehmen könnte; der wird spüren, dass zu helfen eine moralische Verpflichtung ist; und der wird sehen, dass – trotz herber Rückschläge und Enttäuschungen – sehr viel Wichtiges erreicht wurde.

Alleine während der Zeit der Millennium Development Goals – die zwischen den Jahren 2000 und 2015 die leitenden Entwicklungsziele für die internationale Zusammenarbeit vorgaben – wurden grundlegende lebensbewahrende Verbesserungen für über eine Milliarde Menschen erwirkt. Die Gesundheitssituation hat sich überall auf der Welt verbessert, die Bekämpfung von Krankheiten wie Malaria oder Tuberkulose hat deutliche Fortschritte erfahren. Die Kindersterblichkeit konnte in den letzten zehn Jahren halbiert werden, die Müttersterblichkeit wurde ebenso um fast 50% reduziert. Sauberes Trinkwasser wird für immer mehr Menschen zur Realität, im Gegensatz zu 76%

im Jahr 1990 haben heute 89% der Weltbevölkerung Zugang dazu. Hungerkrisen treten immer seltener auf, Nahrungsmittelknappheit wurde effektiv bekämpft: 1990 waren 40% aller Kinder Subsahara-Afrikas unterernährt, heute sind es nur mehr 25%. Anstatt zu hungern, können diese Kinder nun immer öfter in die Schule gehen: 78% aller Kinder dieser Welt haben gegenwärtig die Möglichkeit einer Primär-Schulbildung, 1990 waren es gerade mal 52%. Diese Fortschritte wären, vor allem in den ärmsten Ländern dieser Erde, ohne Entwicklungszusammenarbeit undenkbar gewesen. Und sie wurden hart erkämpft. Denn worauf die Kritiker – insbesondere die skandalisierenden unter ihnen – häufig allzu gerne vergessen, ist der äußerst begrenzte Spielraum der Helfer. Realpolitisch ist die Entwicklungspolitik ein Nischenfeld, an allen Ecken und Enden limitiert, ohne Macht und mit wenigen Ressourcen. Es ist völlig utopisch, von einer derartig unterfinanzierten, schwach aufgestellten und lobbylosen Branche die Lösung aller globalen Krisen, Krankheiten und Katastrophen einzufordern. Mit einem jährlichen Budget, das nicht einmal dem Bruttoinlandsprodukt des Kleinstaates Neuseeland entspricht, aller Weltprobleme – von Überbevölkerung über Armut bis hin zu Umweltverschmutzung – Herr werden zu wollen, ist eine Illusion und eine vollkommene Überschätzung der begrenzten Möglichkeiten der Entwicklungshilfe.[74] Solange die Industriestaaten ihr – bereits im Jahr 1970 zum ersten Mal gegebenes – Versprechen nicht einhalten, mindestens 0,7% des Bruttonationalprodukts für eben diese Arbeit zur Verfügung zu stellen, solange wird auch die Erfüllung entwicklungspolitischer Ziele unrealistisch bleiben.

Dabei gäbe es noch viel zu tun. Denn auch wenn sich die Lebenssituation vieler Menschen während der letzten

Jahre verbessert hat, lebt nach wie vor ein beträchtlicher Teil von ihnen unter miserablen Umständen: Rund eine Milliarde Menschen auf dieser Erde sind immer noch arm. Krisen wie die westafrikanische Ebola-Epidemie 2014 führen die Fragilität des hart erarbeiteten, bescheidenen Fortschritts in den benachteiligten Regionen dieser Welt schmerzhaft vor Augen, rücken globale Missstände für kurze Zeit in Nachrichtenbeiträge und in das Gedächtnis der westlichen Welt. Sie schaffen temporär Bewusstsein dafür, dass etwas getan werden sollte, dass etwas beherzt und professionell unternommen werden muss. Auch wenn man es schnell vergisst, sobald die internationalen Nachrichtenagenturen ihre Journalisten abgezogen und Breaking News andernorts gefunden haben: Solange es Armut und Elend auf der Welt gibt, besitzt die Entwicklungszusammenarbeit ihre moralische Berechtigung und hat für mehr Gerechtigkeit auf diesem Planeten zu kämpfen.

Doch sie wird neu gedacht werden müssen. Die Welt hat sich verändert und ist zusammengewachsen, sowohl die Geber als auch die Empfängerstaaten sind der alteingesessenen Entwicklungspolitik müde. »Die alten Thesen gelten nicht mehr, aber sie sind zählebig«, meint der Entwicklungsforscher Franz Nuscheler und bringt damit die entwicklungspolitische Herausforderung der Gegenwart auf den Punkt: Es muss eine neue Art der Zusammenarbeit erdacht und gelebt werden. Sie muss das Konzept der einseitigen Hilfe überwinden und sich in eine Kooperation auf Augenhöhe transformieren. Und sie muss alle Akteure mit einbinden. Denn eines haben die Erfahrungen aus 65 Jahre Entwicklungszusammenarbeit gezeigt – alleine ist den globalen Herausforderungen niemand gewachsen. Es braucht ein gleichberechtigtes Zusammenspiel zwischen allen Beteiligten, es müssen alle eingebunden werden und an einem Strang ziehen: Die Regierungen und öffentlichen Stellen, die zivilgesellschaftlichen Akteure, die Unternehmen eines sozial gesinnten Privatsektors, ein jeder Einzelner und eine jede Einzelne. Und in dieser neuen globalen Partnerschaft für Entwicklung kann und wird auch die Freiwilligenarbeit einen wichtigen Beitrag leisten.

49. Freiwilligenarbeit nutzen

Im Kampf um eine gerechtere und lebenswertere Welt sind alle aufgefordert, mitzukämpfen. Und die Herausforderung wird angenommen: Nie schien das soziale Verantwortungsbewusstsein der Gesellschaft so ausgeprägt, nie das interkulturelle Verständnis, die Empathiefähigkeit und die Handlungsbereitschaft ihrer Mitglieder größer als heute. Es ist ein kollektives Bewusstsein entstanden, das Menschen nicht mehr gleichgültig lässt gegenüber der Art und Weise, wie auf dieser Welt produziert, gehandelt, verbraucht und gelebt wird. Und gleichermaßen ist das Bedürfnis entstanden, sich selbst einzubringen, die Welt durch sein eigenes Zutun zu einem besseren Ort zu machen. In der gesteigerten Bedeutung internationaler Freiwilligenarbeit – ebenso wie in der Entstehung des kommerziellen Freiwilligentourismus – spiegelt sich der unübersehbare Wunsch einer neuen Generation wider, sich sozial zu betätigen und zum Wohle anderer zu engagieren. Was kann einer globalen Gesellschaft denn Besseres passieren, als unter ihren Reihen immer mehr entwicklungspolitisch interessierte, gesellschaftlich verantwortliche und nachhaltig agierende Mitglieder zu wissen?

Diesen Trend gilt es zu nutzen. Es wäre schade und falsch, Freiwilligenarbeit als Gesamtes schlechtzureden und den aufsteigenden Freiwilligentourismus als reine Perversion touristischer Interessen abzuhandeln. Ebenso schade und falsch wäre es, die Dynamik des Sektors zu ignorieren und ihn zur Gänze einer kommerziellen Industrie zu überlassen. Anstatt wie bisher durch Unternehmen kapitalisiert zu werden, sollte der Wunsch zu helfen viel eher durch die Entwicklungszusammenarbeit utilisiert und für dessen Ziele eingespannt werden. Nicht Profit für Firmen, sondern Nutzen für die Entwicklungszusammenarbeit – und damit in letzter Konsequenz für die benachteiligten Menschen dieser Erde – sollte das Resultat der gut gemeinten Beiträge sein.

Und jeder Beitrag zählt, insofern ihm ehrliches Interesse, langfristiges Engagement und fachliche Kompetenz zugrunde liegen. Für Menschen, die Fähigkeiten, Erfahrung und Zeit mitbringen, finden sich auf der ganzen Welt sinnvolle Betätigungsfelder: An Schulen, Kindergärten und Universitäten wird der Unterricht durch inhaltlichen und didaktischen Beistand von besuchenden Pädagogen verbessert; in Kliniken und Hospitälern sind Krankenschwestern, Pfleger und Ärzte nicht nur aufgrund chronischen Personalmangels gern gesehene Helfer; zur Stärkung von zivilgesellschaftlichen und öffentlichen Institutionen bringen Organisationberater mit betriebswirtschaftlichem und sozialwissenschaftlichem Hintergrund zusätzliches Know-How ein; auf den Feldern und in den Viehställen abgelegener Farmen tragen landwirtschaftliche Fachleute mit neuen Produktions- und Erntetechniken zu Ertragserhöhungen ihrer Kollegen bei; das Handwerk der Tischler, Maurer und Schlosser wird auf der ganzen Welt geschätzt und benötigt. Egal aber, ob ein Ingenieur, ein Bauer oder ein Kindergartenpädagoge seine Fachexpertise zur Anwendung bringen will – sein Freiwilligeneinsatz muss sich am Bedarf vor Ort orientieren, an lokale Gegebenheiten angepasst sein und gesetzte Grenzen akzeptieren.

Im Falle kommerzieller Freiwilligenarbeit mit westafrikanischen Waisenkindern sind eben jene – und noch einige andere – Grenzen überschritten worden. Unqualifizierte weiße Jugendliche mit der Fürsorge verletzbarer afrikanischer Kleinkinder zu betreuen, ist weder lokal gewollt noch pädagogisch legitim oder entwicklungspolitisch relevant. Es ist sogar das Gegenteil davon und steht mit der nationalen Gesetzgebung in Konflikt. Diese »Hilfe« schadet mehr als sie nützt, setzt eine gehörige Portion Überheblichkeit der »Helfer« voraus und orientiert sich in erster Linie und viel mehr an ihren Bedürfnissen als an jenen der Menschen vor Ort – und hat damit nichts mit seriöser Freiwilligenarbeit gemein. Dass derartiges kommerzielles Volunteering mit barer Münze zu bezahlen ist, ist konsequent. Und dass es eigentlich abgeschafft gehört, auch. Denn hier wird entwicklungspolitisches Schafsfell über einen Wolf gestülpt, der in dieser Region der Erde nicht beheimatet ist, von den Einheimischen nicht gebraucht wird und sich illegal in den Dörfern der Gegend herumtreibt. Diesen Wolf zu füttern und damit am Leben zu erhalten, nützt niemandem. Er gehört weggejagt.

Für jene, die es ernst meinen mit ihrer Freiwilligenarbeit, für die der Einsatz mehr sein soll als nur Karriereoptimierer oder Abenteuertrip, bieten sich mittlerweile vielfältige Möglichkeiten sinnvollen Engagements. Unter Berücksichtigung einiger einfacher Kriterien lassen sich ernsthafte und entwicklungspolitisch sinnvolle Angebote rasch von den – zahlenmäßig weit überlegenen – unseriösen unterscheiden, können undurchsichtige Anbieter einfach aussortiert werden.[75] Seriöse Freiwilligenarbeit stellt die Menschen, denen geholfen werden soll, in den

Mittelpunkt – für sie muss der Einsatz gut sein, und nicht für Teint und Vita des Volunteers.

Es bleibt zu hoffen, dass sich die Handlungsbereitschaft und Energie der neuen Freiwilligengeneration in richtige Bahnen lenken und tatsächlich für die gute Sache nutzbar machen lässt. Die Gruppe jener, die sich globaler Ungerechtigkeiten bewusst ist und dagegen etwas tun will – und kann! – ist groß wie nie, und allen Prognosen nach wird sie auch in Zukunft weiter wachsen. Immer mehr junge Menschen streben nach sinnvoller Betätigung und haben die Energie und die Zeit dazu; immer mehr ältere Menschen wollen dasselbe und verfügen über die notwendige Erfahrung und das Geld. Aus diesem Pool kollektiver Intelligenz und Fachexpertise kann die Entwicklungszusammenarbeit schöpfen und – bei guter Planung und Harmonisierung mit den eigenen Strategien – Freiwilligeneinsätze zu mehr machen als nur Tropfen auf heißen Steinen. Das wäre gut für alle. Denn ehrenamtliche Helfer und Helferinnen stellen überall auf der Welt Zeit, Herzblut, Erfahrung und Wissen zur Verfügung und erbringen damit Leistungen, die andersartig gar nicht zu gewährleisten und zu finanzieren wären. Sie außen vor zu lassen und in der entwicklungspolitischen Praxis nicht adäquat zu schätzen und zu berücksichtigen, wäre grob fahrlässig und eine Verschwendung dringend benötigter Ressourcen. Denn Freiwilligenarbeit kann eine tragende Säule im Kampf um eine gerechtere Welt sein – solange keine Wölfe an ihrem Fundament scharren.

50. Hakeem und die Menschen

Wenn man den kleinen Hakeem zum letzten Mal sieht, weiß man nicht ob man lachen oder weinen soll. Mit großen Augen und dünnen Armen winkt einem da ein Kind zum Abschied, das immer noch aussieht wie einer Spendenreklame entstiegen. Ein Kind, dem man intuitiv helfen will. Ein Kind, um das man sich aber eigentlich nicht zu sorgen braucht.

Denn Hakeem geht es gut. Er ist kein einsamer, hilfloser Junge, er ist Teil eines großen Gesamten. Er ist integriert in seiner Familie, eingebettet in ein umfassendes verwandtschaftliches Netzwerk mit doppeltem sozialem und ökonomischem Boden. Er wird drin aufwachsen, umgeben von Menschen, die ihn lieben, kennen und kulturell formen. Er wird wissen, wo er steht in der Welt, was sein Platz ist in der Gesellschaft. Er wird hungrig sein und krank, aber seine Eltern werden ihm zu essen geben und ihn gesund pflegen. Und wenn sie es alleine nicht können – weil die Regenzeit wieder einmal zu kurz war oder Medikamente weit und breit nirgends zu bekommen sind –, dann werden ihnen andere helfen, werden Nachbarn, staatliche Stellen oder soziale Vereine aus dem Hintergrund heraus Unterstützung leisten. Hakeem ist sicher – sichererer, als er es auf dem Schoß einer weißen Jugendlichen je war.

Aus seinen Augen lachen pure Freude und Vergnügen, auch jetzt und obwohl er seit einer halben Stunde in der prallen Sonne steht. Er verharrt vor dem Bus und winkt, seit einer gefühlten Ewigkeit und wahrscheinlich noch so lange, bis der Wagen abgefahren und aus seinem Blickfeld verschwunden ist. Die Hitze und das unablässige Winken scheinen ihn nicht müde zu machen, ebenso wenig wie es zuvor der strapaziöse Spaziergang von meinem Gästehaus zur Bushaltestelle vermochte. Mit meiner schweren Reisetasche über der rechten Schulter hat er mich durch das Dorf eskortiert, mit federnden Schritten und lauten Begrüßungsrufen an Nachbarn rechts und links des Weges. Wir haben nirgends Halt gemacht, nur vor dem Waisenhaus sind wir kurz stehen geblieben. Hakeem ließ seinen Blick lange auf den Eingangsbereich geheftet, schweifte mit den Augen hin und her zwischen dem geschlossenen Eisentor und der leeren Stelle rechts oben an der Mauer, wo vorher das hölzerne Schild mit dem Schriftzug »Waisenhaus« prangte. Lediglich ein hellblaues Viereck war dort jetzt zu sehen, sauberer und deutlich heller als der Rest der Wand. »Willst du hinein gehen?«, fragte ich ihn. »Wieso?«, fragte er lachend und fing wieder an zu laufen. Drei Minuten später waren wir beim Trotro angekommen, er immer noch lachend, ich keuchend.

Jetzt, zwei Stunden später, heult endlich der Motor auf. Die beiden Fahrgäste neben mir bekommen davon nichts mit, aneinander gelehnt sind sie gleich nach dem Einsteigen in einen Mittagsschlaf gefallen und schnarchen jetzt leise vor sich hin. Die anderen Passagiere scheinen ähnliches vorzuhaben, nur ein alter Mann vor mir denkt offensichtlich nicht an Schlaf. Er trägt einen traditionellen Kente-Stoff, dessen auffällig helles Muster fließend mit seinem langen, weißen Bart harmoniert. Mit wachem Blick mustert er seine Umgebung. Er beobachtet, wie der Fahrer nach einigen erfolglosen Versuchen mit einem kräftigen Ruck und einem lauten Fluchen den ersten Gang einlegt; er sieht, wie zwei Hunde unter dem Fahrzeug hervorspringen und ihren schattigen Platz mit einem lauten Bellen hinter sich lassen; er beobachtet, wie draußen der kleine Hakeem von seinem großen Bruder an die Hand genommen wird und sich langsam vom Wagen abwendet. »Kennst du diesen Jungen?«, fragt er mich schließlich, weil ihm auch mein Winken nicht entgangen ist. Ich habe diesen Mann noch nie zuvor gesehen, er scheint nicht aus dem Dorf, und sein Englisch ist gebrochen. »Ja«, sage ich. »Er hat fünf Jahre lang im Waisenhaus gewohnt.« Der Alte blickt mich stirnrunzelnd an: »Wo?« »Im Waisenhaus.« Der fragende Gesichtsausdruck weicht nicht von seinem Gesicht, und nach einem weiteren Moment der Ratlosigkeit stößt er den jungen Mann neben sich an. Verschlafen hört der seinem Nachbarn zu und richtet sich dann an mich:

»Er will wissen, woher du den Jungen kennst?« »Aus dem Waisenhaus«, sage ich noch einmal. Mein Gegenüber denkt kurz nach und übersetzt dann für den Alten. Er redet lange, fügt Satz um Satz aneinander. Wie konnte die Vermittlung eines einzelnen Wortes so lange dauern? Endlich nickt der alte Mann, er scheint verstanden zu haben. Er blickt wieder aus dem Fenster. Das Dorf verschwindet nach und nach, auf der Straße in Richtung Ortsmitte sind Hakeem sein Bruder nur mehr als kleine Punkte auszumachen. »Wieso hast du denn das Wort nicht einfach übersetzt?«, frage ich den jungen Mann vor mir. Der hat sich bereits wieder zum Schlafen eingerichtet, die Füße angezogen und den Kopf auf eine zusammengeknüllte Jacke über seiner rechten Schulter gebettet. »Es gibt in unserer Sprache kein Wort dafür«, sagt er und schließt müde die Augen.

Danksagung

Diese Geschichte musste erzählt werden. Dass ich sie erzählen konnte, habe ich besonderen Menschen zu verdanken.

Tiefste Dankbarkeit empfinde ich für den besondersten aller Menschen, für meine Frau Maggie. Ich weiß immer noch nicht, wie man gleichzeitig so schön, klug und tapfer sein kann, aber ich weiß, dass dieses Buch ohne deine Unterstützung nicht zustande gekommen wäre. Dein Rat, dein Mut und deine Antwort auf einen Heiratsantrag in der Savanne waren mir Quellen der Inspiration und Kraft. Hab meinen Respekt, meine Bewunderung und meinen ehrlichen Dank dafür. Meine ewige Liebe hast du schon.

Die Geschichte in diesem Buch hätte nicht erzählt werden können, ohne die Unterstützung der Menschen, von denen sie handelt. Tiefer Dank geht deshalb an alle, die mir ihr Ohr, ihr Vertrauen und ihre Stimme geliehen haben: An Baba, meinen Afrikamediator; an Malam, den Gärtner und Geschichtenerzähler meines Vertrauens; an Häuptling Mahama und Pfarrer Jonathan; an Hakeem, stellvertretend für alle Kinder der Waisenhäuser, die ich in Ghana besucht habe; an Hakeems Mutter, stellvertretend für alle Eltern, mit denen ich in Ghana gesprochen habe; an Joseph, stellvertretend für alle Waisenhausdirektoren, denen ich in Ghana begegnet bin; und an alle anderen Bewohner der Northern Region, die ich im Zuge meiner Recherchen kennenlernen und in die Erzählung einweben durfte. Die Savanne mag karg sein, aber Gastfreundschaft, Lebensbejahung und Weisheit sprießen dort aus allen Ecken und Enden.

Dank und noch viel mehr Respekt gebührt Braveaurora, einer kleinen und gleichzeitig ganz großen NGO. Christin Forstinger, Sarah Kotopulos und Julia Weberbauer engagieren sich in geographisch und inhaltlich schwierigem Terrain und gehen dort neue Wege. Als Teil einer wahrlich lernenden Organisation hat ihr Team keine Angst davor, nach einer falschen Abbiegung zurück zur Weggabelung und dann auf einem unangenehmeren, holprigeren, schwer zu vermittelnden Pfad zu gehen. Für die Begleitung auf dem ersten, schwierigsten Streckenabschnitt danke ich besonders Judith Sanat Kwogana.

Selbst der couragierteste Marsch würde ohne Navigation irgendwann ins Abseits führen. Als Wegbegleitern und -bereitern sei deshalb dem Kinderhilfswerk der Vereinten Nationen – namentlich Johanna Erikkson Takyo, Leiterin des Kinderschutzprogrammes von UNICEF Ghana – und dem ghanaischen Arbeits- und Sozialministerium – namentlich Helena Obeng Asamoah, Vizedirektorin des Department of Social Welfare – gedankt. Ehrliche Gespräche, strategische Beratung und ungebrochene Zuversicht haben die Arbeit im Feld und an diesem Buch in vielerlei Hinsicht qualitativ verbessert.

Für Positionsbestimmungen und Kurskorrekturen aus der Ferne habe ich Kollegen und Kolleginnen der Austrian Development Agency (ADA), der Agentur der Österreichischen Entwicklungszusammenarbeit, zu danken. Engagement und entwicklungspolitische Kompetenz finden sich in derart konzentrierter Kombination wohl kein zweites Mal in Österreich, und mit Margit Scherb und Helmut Hartmeyr durfte ich von zwei der organisationalen Doyennen wichtiges Feedback und Zuspruch erhalten.

Für den mir wichtigsten Zuspruch bedanke ich mich

bereits im Vorfeld: Bei all jenen Helfern und künftigen Freiwilligen, die ihren Einsatz in Afrika sorgfältig überdenken und fernab eines Waisenhauses zubringen werden. Meine Anerkennung gebührt allen, die geholfen haben und denen ich bei ihrem beherzten Engagement begegnen durfte; mein tiefer Respekt und mein Dank gebührt jenen, die helfen werden und durch einen kritischen Blick zu einem überdachten, nachhaltigeren Engagement finden.

Danken möchte ich zum Schluss noch den Familien, die mich in Afrika in ihr Haus und Leben haben treten lassen. Ich fühle tiefe Hochachtung vor all den Müttern und Vätern, Tanten, Onkeln und Großeltern, die sich ihrer Kinder trotz aller Probleme hingebungsvoll annehmen und ihnen inmitten bitterer Armut ein sicheres, förderndes Umfeld zu schaffen versuchen. Ich kann nicht einmal annähernd nachempfinden, was es bedeutet, unter diesen Umständen Kinder großzuziehen. Aber ich kann sehen, wie außerordentlich wichtig es ist.

Sehen und wertzuschätzen kann ich das unter anderem deshalb, weil ich selber mit dem ungeheuren Glück einer starken, bunten und unterstützenden Familie gesegnet bin: Mit Eltern, die mir seit meinen ersten Schritten liebend zur Seite stehen und mich unterstützen, wohin immer mich diese Schritte auch tragen; mit drei Brüdern, mit denen ich trotz aller Unterschiedlichkeiten im gleichen Rhythmus trommeln kann und immer trommeln werde; und mit Großeltern, Onkeln und Tanten, Cousins und Cousinen, die mich zum Teil einer lebendigen Großfamilie machen. Für dieses mittlerweile seltene Privileg, für Feuer und Ruhe auf der Huabn, für kärntnerischen Speck und Käse in der Savanne und für Unterstützung jenseits aller Grenzen danke ich euch aus tiefstem Herzen.

Quellen

Zu den Quellen

Dieses Buch ist ein Tatsachenbericht, sein Inhalt beruht auf wahren Begebenheiten und wurde im Rahmen zweijähriger Recherche- und Schreibarbeit in Ghana und Österreich erstellt. Durch zwei Vorort-Aufenthalte in Westafrika (Juli 2011–März 2012, April 2013), Gespräche mit über dreißig involvierten Akteuren, Beobachtungen und das Studium vorhandener Literatur- und Onlinequellen wurde das Thema multiperspektivisch aufbereitet und validiert. Situationen, Interaktionen und Dialoge wurden als realiter als möglich rekonstruiert, Gespräche mit öffentlichen Stellen aufgezeichnet und im Original wiedergegeben. Namen besuchter Ortschaften und handelnder Personen wurden zu großen Teilen beibehalten und nur in Ausnahmefällen – in denen die Verletzung von Persönlichkeitsrechten zu befürchten stand – abgeändert. Angaben zu geführten Interviews, verwendeten Literatur- und Onlineressourcen und Anmerkungen finden sich im Folgenden.

Interviews

Gespräch mit Helena Obeng Asamoah, Vizedirektorin des Department of Social Welfare. Accra, April 2013

Gespräch mit Johanna Erikkson Takyo, Leiterin des Child Protection Programme von UNICEF Ghana. Accra, April 2013

Gespräch mit Judith Sanat Kwogana, Sozialarbeiterin am Department of Social Welfare. Bolgatanga, April 2013

Gespräche mit Baba »NGO« Seidu, Übersetzer und Mitarbeiter von Braveaurora Ghana. Guabuliga, Juli 2011 – März 2012, April 2013, August 2014

Gespräche mit Malam, Landwirt und Mitarbeiter von Braveaurora Ghana. Juli 2011 – März 2012, April 2013

Gespräche mit Salifu Mahama Tampurie, Häuptling von Guabuliga. Guabuliga, Juli 2011 – März 2012, April 2013

Gespräche mit Tobias K., Magda G., Marijke R., Tatjana N., Mila M., Lukas G., Leo N. und Barbara S., Freiwillige. Accra, Tamale, Bolgatanga und Guabuliga, Juli 2011 – März 2012, April 2013

Gespräche mit Hakeem M., Asanna G., Mbawuni H., Marcus K., Fushena G., institutionalisierte Kinder. Guabuliga, Walewale und Bolgatanga, Juli 2011 – März 2012, April 2013

Gespräche mit Rahamatu K., Dahamata N., Eklimatu S., Mütter institutionalisierter Kinder. Guabuliga und Walewale, Juli 2011 – März 2012, April 2013

Gespräche mit Joseph A., Salifu M., Alhassan N. (Namen geändert), Direktoren und Betreiber lokaler Waisenhäuser. Northern Region, August 2011, April 2013

Gespräch mit Eric Arthur, Geschäftsführer der Vermittlungsagentur »Volunteer Ghana« (beide Namen geändert). Accra, April 2013

Gespräch mit Franz Kolland, a.o. Professor für Soziologie (Schwerpunkt Entwicklungs- und Tourismussoziologie). Wien, Oktober 2013

Gespräch mit Karl Valent, Kultur- und Sozialanthropologe. Wien, Oktober 2014

Gespräch mit Tessa Boudrie, Sozialarbeiterin und UN-Beraterin. Telefonat, Mai 2013

Gespräch mit Philip Briggs, Autor des Ghana-Reiseführers »Bradt Guide«. Accra, April 2013

Gespräche mit Christin Forstinger, Sarah Kotopulos und Julia Weberbauer, Gründerinnen und Vorstandsmitglieder von Braveaurora. Linz, Wien, Guabuliga, Juni 2011 – Oktober 2014

Literatur

Büschel, Hubertus / Speich, Daniel: Entwicklungswelten. Globalgeschichte der Entwicklungszusammenarbeit. Campus Verlag: Frankfurt am Main 2009

Chen, Shaohua / Ravallion, Martin: The Developing World is Poorer Than We Thought, but No Less Successful in the Fight Against Poverty. World Bank: Washington 2008

Csáky, Corinna: Keeping Children Out of Harmful Institutions. Why we should be investing in family-based care. Save the Children: London 2009

Frimpong-Manso, Kwabena: From walls to homes: Child care reform and deinstitutionalisation in Ghana. In: International Journal of Social Welfare (Volume 23, Issue 4, S. 402–409): Malden 2014

Frimpong-Manso, Kwabena: Child Welfare in Ghana. The Past, Present and Future. In: Journal of Educational and Social Research (Volume 4, Issue 6, S. 411–419): Rome 2014

Glokal e.V.: Mit kolonialen Grüßen. Berichte und Erzählungen von Auslandsaufenthalten rassismuskritisch betrachtet. 2., völlig überarbeitete Auflage. Glokal: Berlin 2013

Jonnson, Cecilia: The volunteers – From Missionary Organizations to Volunteer Travel Agencies. Dissertation: Linnaeus University 2012

Kandiwa, Vongai: Caring for African Orphans: A Comparative Review of Existing Institutional Arrangements. Working Paper: Cornell University 2010

Kapuściński, Ryszard: Afrikanisches Fieber. Erfahrungen aus 40 Jahren. Eichborn Verlag: Frankfurt 2010

Knaup, Horand: Hilfe, die Helfer kommen. Karitative Organisationen im Wettbewerb um Spenden und Katastrophen. Beck: München 1996

Lepenies, Philipp: Lernen vom Besserwisser. Wissenstransfer in der Entwicklungshilfe aus historischer Perspektive. In: Büschel, Hubertus / Speich, Daniel: Entwicklungswelten. Globalgeschichte der Entwicklungszusammenarbeit (S. 33–59). Campus Verlag: Frankfurt am Main 2009

Luhmann, Niklas: Formen des Helfens im Wandel gesellschaftlicher Bedingungen. In: Otto, Hans-Uwe / Schneider, Siegfried: Gesellschaftliche Perspektiven der Sozialarbeit, 1. Halbband (S. 21–43). Neuwied: Berlin 1973.

Maag et al.: Commercial VolunTourism. A modern industry. Scandinavian College of Travel and Tourism: Orsa 2012

Meredith, Martin: The State of Africa: A History of the Continent Since Independence. Simon & Schuster: New York 2011

Ministry of Employment and Social Welfare / UNICEF: National Plan of Action for Orphans and Vulnerable Children; Ghana 2010. UNICEF: Accra 2010

Ministry of Employment and Social Welfare / Department of Social Welfare: Care Reform Initiative and the dangers of institutional care. PowerPoint-Präsentation von Mercy M. Pwavra, DSW Bolgatanga. DSW: Accra 2011

Murray et al.: Global malaria mortality between 1980 and 2010: A systematic analysis. In: The Lancet (Volume 379, Issue 9814, S. 413–431): Philadelphia 2012

Nuscheler, Franz: Lern- und Arbeitsbuch Entwicklungspolitik. Dietz: Bonn 2012

Ottacher, Friedbert / Vogel, Thomas: Entwicklungszusammenarbeit im Umbruch. Bilanz, Kritik, Perspektiven. Brandes & Apsel Verlag: Frankfurt am Main 2015

Otto, Hans-Uwe / Schneider, Siegfried: Gesellschaftliche Perspektiven der Sozialarbeit, 1. Halbband. Neuwied: Berlin 1973

Polman, Linda: Die Mitleidsindustrie. Hinter den Kulissen internationaler Hilfsorganisationen. Campus Verlag: Frankfurt am Main 2010

Raymond, Eliza Marguerite / Hall, Michael: The development of crosscultural (mis)understanding through volunteer tourism. In: Journal of Sustainable Tourism (Volume 16, Issue, 5, S. 530–543): London 2008

van Reybrouck, David: Kongo. Eine Geschichte. Suhrkamp Verlag: Berlin 2012

Richter, Linda / Norman, Amy: AIDS orphan tourism: A threat to young children in residential care. In: Vulnerable Children and Youth Studies (Volume 5, Issue 3, S. 217–229): London 2010

UN: Draft UN Guidelines for the Appropriate Use and Conditions of Alternative Care for Children. United Nations: Genf 2007

UNDP: Human Development Report 2014. Sustaining Human Progress: Reducing Vulnerabilities and Building Resilience. United Nations Development Programme: New York 2014

Voelkl, Hanna : Developing an understanding of the experience of children with international short-term volunteer tourists. Dissertation: Brunel University 2012

Williamson, John / Greenberg, Aaron: Families, Not Orphanages. Better Care Network Working Paper Series: New York 2010

Ziai, Aram: Imperiale Repräsentationen. Vom kolonialen zum Entwicklungsdiskurs. In: ZAG – Antirassistische Zeitschrift (Volume 47, S. 39–45): Berlin 2005

Online Quellen

Birell, Ian: Before you pay to volunteer abroad, think of the harm you might do. The Guardian: November 2010 (www.theguardian.com/commentisfree/2010/nov/14/orphans-cambodia-aids-holidays-madonna)

Bucharest Early Intervention Project: Caring for Orphaned, Abandoned and Maltreated Children: Bucharest Early Intervention Project. PowerPoint Presentation 2007 (www.crin.org/docs/PPT%20BEIP%20Group.pdf)

Carmichael, Robert: Cambodia's orphans not really orphans. Deutsche Welle: März 2011 (www.dw.de/unicef-cambodias-orphans-not-really-orphans/a-6481673-1)

Department of Social Welfare: Why not orphanages? DSW: Jänner 2011 (www.ovcghana.org/why_not_orphanages.html)

Forsthuber, Martina: Karriereturbo Ehrenamt. Format: Oktober 2013 (http://www.format.at/service/karriere/karriereturbo-ehrenamt-367880)

Ghana News Agency: Social welfare undertakes reforms. GNA: Februar 2009 (www.ghanaweb.com/GhanaHomePage/ NewsArchive/artikel.php?ID=157564)

Murna, Martha: From Harm to Help in Ghana and Beyond. The Huffington Post: Juni 2012 (http://www.huffingtonpost.com/martha-muna/ghana-children_b_1748238.html)

Owuso, Mike: The illegal orphanage business in Ghana. Daily Graphic: Oktober 2013 (http://mail.ghanaweb.com/GhanaHomePage/NewsArchive/artikel.php?ID=287937)

Rosas, Susan: Voluntourism: A misguided industry. Al Jazeera: Mai 2012 (www.aljazeera.com/programmes/peopleandpower/2012/05/201252183744415684.html)

Rufhus, Juliana: Cambodia's Orphanage Business. The World Post: Juni 2012 (www.huffington-post.com/juliana-ruhfus/cambodias-orphanage-busin_b_1616255.html)

Voelkl, Hanna: Where are the children? Orphanage Voluntourism in Ghana. WhyDev: März 2013 (www.whydev.org/where-are-the-children-orphanage-voluntourism-in-ghana/)

Walker, Chris: Cambodias booming new industry. Forbes: Mai 2013 (www.forbes.com/sites/morganhartley/2013/05/24/cambodias-booming-new-industry-orphanage-tourism/)

Walker, Chris / Hartley, Morgan: Cambodias orphan industrial complex«. The Atlantic: Jänner 2013 (www.theatlantic.com/international/archive/2013/06/cambodias-orphan-industrial-complex/276472/)

Webpages

Globale Kampagne gegen Waisenhäuser
www.orphanages.no

Kinderschutz und Freiwilligentourismus
www.thinkchildsafe.org
www.lessonsilearned.org
www.childsafe-international.org

Nachhaltiger Tourismus
www.tourism-watch.de
www.fairunterwegs.org
www.tourismconcern.org

Interkulturelles Lernen
www.glokal.org

Reintegration
www.bettercarenetwork.org
www.braveaurora.com
www.ovcghana.org

Anmerkungen

1. UNDP 2014: 180
2. Luhmann 1973: 32
3. Glokal 2013: 5
4. Artikel »Karriereturbo Ehrenamt«, Format, August 2013
5. Kapuscinski 2010: 5
6. Antrittsrede von US-Präsident Harry S. Truman 1949 (zitiert nach: Ziai 2005: 44)
7. USAID ist die US-amerikanische Agentur für Internationale Entwicklung, BMZ das Deutsche Bundesministerium für wirtschaftliche Zusammenarbeit und Entwicklung.
8. Endgültig besiegelt und empirisch in seinem Scheitern belegt wurde die Strategie der »Entwicklung durch Wachstum« durch den 1969 vorgelegten »Pearson-Bericht«, der den vorangegangenen Interventionen äußerst schwache Effekte auf Wachstum und Armutsminderung konstatierte (Report of the Commission on International Development. World Bank: 1969. Siehe: http://www.laetusinpraesens.org/docs/infwill/inf5.php)
9. Eine besonders detaillierte Analyse stellt in diesem Zusammenhang der SAPRIN-Report »Policy Roots of Economic Crisis and Poverty: A Multi-Country Participatory Assessment of Structural Adjustment« dar. In dieser 2002 erschienenen Studie zeichnet das »Structural Adjustment Participatory Review International Network« (SAPRIN 2004) anhand der Analyse von 50 Ländern ein umfassendes Bild über die negativen Auswirkungen der Strukturanpassungspolitik dieser Jahre und zeigt auf, wie diese – in eklatantem Gegensatz zur Rhetorik von IWF und Weltbank – zu zusätzlicher Verarmung und gestiegener sozialer Ungleichheit in Ländern des Südens geführt hat. (Siehe: http://www.saprin.org/SAPRIN_Findings.pdf)
10. Chen / Ravallion 2008: 1
11. Glokal 2013: 11ff
12. Lepenies 2009: 33

13. Büschel / Speich 2009: 10

14. Murray et al.: 2012

15. Artikel »Ghana – Family Structure, Family Formation and Family Life«, JRank Articles, Jänner 2000 (Siehe: http://family.jrank.org/pages/703/Ghana-Family-Structure-Family-Formation-Family-Life.html)

16. Artikel »Cambodia's booming new industry«, Forbes, Mai 2013

17. Artikel »Cambodia's orphan industrial complex«, The Atlantic, Jänner 2013

18. Artikel »Cambodia's Orphanage Business«, The World Post, Juni 2012

19. Artikel »Cambodia's Orphanage Business«, The World Post, Juni 2012

20. Richter / Norman 2010: 217ff

21. Bucharest Early Intervention Project 2007: 1ff

22. Joint Council on International Children's Services: Summary Report. Bucharest Early Intervention Study: 2011 (Siehe: http://jointcouncil.org/wp-content/uploads/2011/02/Summary-Report-on-the-Bucharest-Early-Intervention-Study-v.f.pdf

23. Artikel »Why not orphanages?«, DSW, Jänner 2011

24. Ministry of Employment and Social Welfare / UNICEF 2010: 3ff

25. Das »Department of Social Welfare« (DSW) ist als Sozialamt dem Arbeits- und Sozialministerium unterstellt und unter anderem für das Wohlbefinden benachteiligter Kinder und Jugendlicher zuständig. In diesem Zusammenhang verfügt das DSW auch über das Mandat zur Regulierung und Kontrolle der nationalen Waisenhäuser. (Siehe Part VI, of Sub-Part I, Section 105–114 of the Children's Act)

26. Helena Obeng Asamoah (DSW), im persönlichen Gespräch und zitiert nach IRIN (www.irinnews.org/Report.aspx?ReportId=84582); siehe auch: Frimpong-Manso 2014: 415

27. Artikel »Social welfare undertakes reforms«, Ghana News Agency, Februar 2009

28. Williamson / Greenberg 2010: 10f

29. Csáky 2009: 3

30. So gehen etwa Williamson und Greenberg aufgrund empirischen Materials davon aus, dass in Sri Lanka 92% aller institutionalisierten Kinder mindestens ein Elternteil besitzen; in Aserbaidschan 70%; in Liberia gar 98%. (Siehe Williamson / Greenberg 2010: 8)

31. Ministry of Employment and Social Welfare / UNICEF 2010: 20

32. In ihrem »National Plan of Action for Orphans and Vulnerable Children« spricht das Ministry of Employment and Social Welfare von projizierten 1,3 Millionen Waisen (ein Elternteil verloren; 12% der Kinderpopulation) und 127.000 Vollwaisen (beide Elternteile verloren; 1,3% der Kinderpopulation) für das Jahr 2008. Solide Daten aus dem Jahr 2003 weisen für beide Gruppen weniger als den halben Wert (5% bzw. 0,6%) aus. (Siehe: Ministry of Employment and Social Welfare / UNICEF 2010: 20)

33. Csáky 2009: 4

34. Ministry of Employment and Social Welfare / DSW 2011: 5

35. UNICEF Ghana: Programme of Cooperation. Results and Resources Matrix 2013 and 2014, persönlich erhalten von Johanna Erikkson, UNICEF Ghana, März 2013

36. Artikel »Cambodia's Orphanage Business«, The World Post, Juni 2012

37. Maag 2012: 3

38. Artikel »Cambodia's Orphanage Business«, The World Post, Juni 2012

39. Maag 2012: 3

40. David Clemens, Gründer von www.voluntourism.org, zitiert nach Artikel »A misguided industry«, Al Jazeera, Mai 2012

41. Maag 2012: 10

42. Maag 2012: 10f

43. Artikel »Before you pay to volunteer abroad, think of the harm you might do«, The Guardian, November 2010

44. Maag 2012: 11

45. Artikel »Cambodia's Orphanage Business«, The World Post, Juni 2012

46. Artikel »Cambodia's Orphanage Business«, The World Post, Juni 2012

47. Artikel »Before you pay to volunteer abroad, think of the harm you might do«, The Guardian, November 2010

48. Artikel »The illegal orphanage business in Ghana«, Daily Graphic, Oktober 2013

49. Artikel »The illegal orphanage business in Ghana«, Daily Graphic, Oktober 2013

50. Artikel »The illegal orphanage business in Ghana«, Daily Graphic, Oktober 2013

51. Promotion-Videos der Vermittlungsagentur uVolunteer (http://www.youtube.com/watch?v=9VIQvMmHF9I)

52. Die perspektivischen Erzählungen der Kapitel 36, 37, 38 und 39 geben die Sichtweise von europäischen Freiwilligen, ghanaischen Kindern, Waisenhausdirektoren und Eltern wieder. Die Charaktere existieren tatsächlich, für eine anschauliche und detaillierte Beschreibung wurden jedoch mehrere Gespräche des jeweiligen Typus (5 Kinder, 3 Freiwillige, 2 Waisenhausdirektoren, 3 Mütter) idealtypisch zusammengefasst und zu jeweils einer Perspektive verdichtet.

53. Eine Bildersuche im Internet zeigt deutlich, dass die jeweiligen Motive nur sehr geringe Variationen aufweisen und spezifische Bildkompositionen – ähnlich jenen kolonialer Fotografie – besonders häufig vorkommen. Zum Beispiel werden schwarze Menschen oft von oben herab oder auf dem gleichen Bild mit Weißen in einer herabgesetzten Position abgebildet, ebenso wie weiße Menschen besonders häufig im Zentrum einer Gruppe von schwarzen Menschen abgelichtet werden. (Siehe auch: Glokal 2013: 25)

54. Glokal 2013: 11ff

55. Maag 2012: 7

56. Maag 2012: 8f

57. Artikel »Where are the children? Orphanage voluntourism in Ghana«, WhyDev, März 2013

58. Adolf Guggenbühl-Craig: Macht als Gefahr beim Helfer. Karger: Freiburg 1987

59. Knaup 1996: 109

60. Artikel »Where are the children? Orphanage voluntourism in Ghana«, WhyDev, März 2013

61. Reybrouck 2012: 96

62. Reybrouck 2007: 97

63. Eric Okrah, zitiert nach IRIN Humanitarian News and Analysis, Mai 2009 (www.irinnews.org/printreport.aspx?reportid=84582)

64. Artikel »The illegal orphanage business in Ghana«, Daily Graphic, Oktober 2013

65. Artikel »Voluntourism: A misguided industry«, Al Jazeera, Mai 2012

66. Artikel »The illegal orphanage business in Ghana«, Daily Graphic, Oktober 2013

67. Artikel »Voluntourism: A misguided industry«, Al Jazeera, Mai 2012

68. Voelkl 2012: 46

69. Csáky 2009: 12

70. UN 2007: 3

71. Ziai 2005: 4

72. Mit kolonialem Gedankengut würde im gegenwärtigen Entwicklungsdiskurs nach wie vor und – wie einige Kritiker meinen – mit Absicht operiert. Zwar dürfe heute nicht mehr von »unzivilisierten Völkern« oder der »legitimen Vorherrschaft des weißen Mannes« gesprochen werden, die Zweiteilung »zivilisiert / unzivilisiert« wäre seit Truman aber lediglich durch den Dualismus »entwickelt / unterentwickelt« ersetzt und damit in die Gegenwart übernommen worden. Damit bliebe die Gegenüberstellung zwischen der westlichen, als fortschrittlich, freiheitlich und zivilisiert dargestellten »Norm menschlicher Existenz« und den »rückständischen Anderen« erhalten: »Die grundlegende Struktur beider Diskurse ist die Zweiteilung der Welt in einen fortgeschrittenen, überlegenen Teil und einen zurückgebliebenen, minderwertigen Teil.« (Ziai 2005: 1f)

73. Ottacher / Vogel 2015: 42ff

74. Ottacher / Vogel 2015: 91f

75. Charakteristika seriöser Freiwilligenarbeit umfassen u.a. (a) eine genaue Auswahl und intensive Vorbereitung der Freiwilligen sowie kontinuierliche Betreuung vor Ort, (b) kontinuierliche Begleitung und ein intensiver Dialog mit den lokalen aufnehmenden Organisationen, die im Mittelpunkt der Projektplanung und -implementierung stehen, (c) systematische Nachbereitung und Nutzung der Erfahrungen der Freiwilligen für und in der entwicklungspolitischen Bildungsarbeit, (d) gegenseitiges Lernen und interkulturellen Austausch als wichtiges Ziel des Reisens und der Freiwilligenarbeit, (e) den Ausschluss von Kurzzeitaufenthalten in Kinderheimen und (f) Kinderschutz und die Achtung der Rechte von Kindern als integrale Bestandteile jeglicher Projektplanung und -implementierung. Hintergrundinformationen und Details zu Auswahlkriterien finden sich u.a. im Online-Dossier »Voluntourismus – Reisen und Helfen« des Informationsdienstes »Tourismus und Entwicklung« (www.tourism-watch.de/content/voluntourismus-reisen-und-helfen)